LES

# DIVINES FÉERIES

## DE L'ORIENT ET DU NORD.

LES

# DIVINES FÉERIES

## DE L'ORIENT ET DU NORD,

Légendes, Ballades, Gazals, Romances, Myriologues, petits Poèmes indiens, arabes, persans, serviens, turcs, moresques, celtes, scandinaves,

TRADITIONS PITTORESQUES, MYTHOLOGIQUES ET POPULAIRES
DES DEUX MONDES,

## PAR SÉBASTIEN RHÉAL,

Auteur des Chants du Psalmiste.

ILLUSTRATIONS

PAR M<sup>me</sup> RHÉAL ET M. A. FRAGONARD.

DEUXIÈME ÉDITION.

PARIS,

FOURNIER, RUE NEUVE-DES-PETITS-CHAMPS, 50;
LAVIGNE, RUE DU PAON, 1.

1843.

# INTRODUCTION.

La mythologie des Grecs, popularisée par les chants du divin aveugle, a longtemps régné sans partage dans le monde occidental. Notre imagination vénérait ces belles muses syrènes, qui avaient le don de charmer les hommes à leurs concerts répétés par la muse latine, la sibylle du Mont-Aventin. Spectacle singulier! L'Europe chrétienne, adorant toujours dans la poésie les divinités fabuleuses, nourrissait sa philosophie, ses arts, sa législation, au portique et au forum. Cette idolâtrie, entretenue par les études classiques, tout en nous inspirant aux sources d'une antiquité sublime, a fatalement modelé nos idées et notre littérature sur des formes immobiles, bornées, miroirs de clartés plus primitives, en dehors de notre vie morale et de celle des autres peuples; pendant toute une longue période, où n'a vu l'idéal que dans Rome et la Grèce, comme si la Grèce et Rome possédaient seules une théogonie merveilleuse et des rapsodes ingénieux.

Nous ne savions pas, nous savions à peine que les dieux d'Homère avaient des aînés et des jumeaux sur l'Himalaya et sur les monts de la Scandinavie, à l'ombrage de terres inconnues et lointaines, comme les théories de Platon et les proverbes de l'Ecclésiaste avaient leur précurseur et leur écho dans les livres sacrés des Védas, de Confucius et d'Odin. Le mouvement de guerre et d'indépendance qui a ébranlé l'Europe a renoué la chaîne de l'Orient à l'Occident. Un cortége d'illustres voyageurs nous a ouvert les archives monumentales et les livres traditionnels dont les pages religieuses commencent à se révéler.

Magnifiques visions! De nouvelles divinités, étranges et séduisantes, resplendissent de toute part dans de nouveaux olympes. Aux Nymphes, aux Cabires, aux Grâces, succèdent et s'unissent, harmonieux chœur, mille fées, mille génies symboliques multipliés par d'éternelles métamorphoses; une majestueuse trinité de poëtes se lève et vient prendre sa place au banquet des antiques et des modernes : Valmiki, créateur du Râmâyana, l'odyssée indienne; Firdoüzi, l'auteur du Livre des rois persans; Saëmund, le chantre de la Voluspa scandinave. Le domaine des épopées s'agrandit avec celui du dogme, de la science et de l'histoire.

Au-dessous d'eux et à l'entour, chaque peuple, chaque tribu

nous montre ses légendes, ses croyances, ses traditions, romanceros mystérieux de la voix des âges, océan de poésie dont les perles sont des figures célestes. On les retrouve au berceau des familles rustiques, sous la tente des nomades et des sauvages ; elles se réfléchissent dans des chants naïfs, le plus souvent sans nom d'auteur, quelquefois dans un simple souvenir. Tels sont les Moallakât de l'Arabie, les Sagas du nord, les Niebelungen du moyen âge, les poèmes figurés par la danse des Bayadères, et ceux que répète la jeune fille de la Servie ou de l'Écosse. L'auteur du Livre des Rois, que je viens de nommer, dit en tête de son monument : « Les chanteurs allaient racontant beaucoup d'histoires de ce livre, et le monde s'est épris d'amour pour ces récits. » Moi aussi je me suis épris de ces histoires ingénues, qui offrent à mes yeux le symbole de la fraternité des races, et, par un contraste avec notre civilisation aride, j'ai essayé de recomposer les divines féeries.

Semblable à nos vieux ménestrels, j'ai recueilli les traditions mythologiques et populaires, dans tous les lieux dont elles ont enchanté les rives, afin de retracer une sorte d'épopée vivante où chacune ait son image ; tantôt, me transportant par la pensée aux festins des Parsis et des Jarls, j'en ai détaché une coupe riante ou sombre ; tantôt, m'inspirant des poèmes étrangers, je les ai traduits dans la langue sacrée, lorsqu'ils m'ont paru renfermer des traits caractéristiques et précieux ; tantôt j'ai résumé en un tableau rapide les fragments épars d'une légende confuse, ou recréé une fiction, d'après les types que la mémoire en a conservés; d'autres fois j'ai emprunté à la nature une de ses rares merveilles, aux mœurs d'une nation ses poétiques originalités. Je me suis surtout attaché à reproduire les plus gracieuses allégories des mythes, les plus suaves fleurs des littératures. Entre ces dernières, le gazal et le myriologue, dont j'ai transplanté les exotiques parfums, contrastent avec les romances et les ballades, déjà vulgarisées au milieu de nous. Je tenterai peut-être un jour un travail complet, soit sur les diverses formes de poésie, soit sur les croyances et les fables où s'est personnifié le génie des peuples. Les notices que j'ai placées à côté des pièces, pour en faciliter l'intelligence, suffisent à en expliquer le caractère, et donnent la clé de tout un monde fantastique ou légendaire presque ignoré de nos mythologues.

Par un sentiment instinctif, j'ai voulu joindre deux royaumes séparés jusqu'à ce jour : les féeries étincelantes de l'aurore à celles des glaces boréales, le rayon des Péris aux arcs-en-ciel orageux des terribles vierges d'Asgard. Un ensemble plein d'effets, d'harmonies, éclate dans cette magnifique antithèse du ciel, de l'homme et de la nature, où les types idéals se revêtent de voiles mobiles et de couleurs infinies. Millevoye, dans plusieurs parties de son Charlemagne et dans ses chants élégiaques (1), le

(1) Il faut, pour bien l'apprécier, distraire, dans ses œuvres, la partie comprise sous le titre de poëmes et de *chants élégiaques*, de ses pièces académiques, couronnées, selon l'usage, et qui déparent tristement son délicieux recueil. Je me plais surtout à le dire, car Millevoye est peu cité par les écoles modernes, qui prétendent avoir seules importé la forme, la couleur, la mélodie, trois Grâces sublimes, rebelles au joug étroit des académies et des écoles.

chef-d'œuvre du lyrisme français, avait évoqué le premier, à côté d'admirables orientales, les images des sombres visions du Nord. Le jeune poète, frappé d'une fin si précoce, entrevoyait, au-delà d'Homère et d'Ossian, des muses plus rayonnantes et plus nébuleuses. Ce sont elles qui m'ont apparu transfigurées sous l'auréole divine de l'ange de la poésie. Le psalmiste a déposé son théorbe, austère interprète de l'avenir, pour se mêler un instant à leurs danses emblématiques et verser quelques gouttes de myrrhe dans le vase enchanteur des fictions. La poésie et les fables allégoriques, on le sait, présentent les vives peintures des passions et des évènements, des douleurs et des amours, des croyances et des songes. Puissent-elles trouver encore des âmes assez pures pour les comprendre, au milieu de la corruption de l'art et du goût, fille d'une époque matérialiste !

Qu'on me pardonne ces dernières lignes jetées comme un voile sur le mirage éblouissant ; je voudrais n'avoir que des roses à effeuiller, des parfums à répandre, tels qu'à l'aube de ma jeunesse. Mais le voyage riant que j'accomplis sur les ailes de l'harmonie ressemble à un songe, à une musique inventée pour tromper le réel, peut-être pour essayer d'émouvoir un monde sourd à de plus graves accords, ou plutôt pour charmer les jours qui ne sont pas nés. Comment rester insensible au spectacle des misères qui environnent le présent, à celles dont le poids vous accable, aux pensées stridentes et tumultueuses de son âme ? Qui suis-je, hélas ? Barde, rapsode, ménestrel, poète, que sont devenus, entre mille autres ternis, ces titres, ces sacerdoces jadis sacrés, même sous l'habit du mendiant! Demandez à la caricature et à la presse, à nos lois et à nos mœurs... J'ai chanté naguère Dieu, l'humanité, la patrie, et mes chants n'ont été entendus que dans la sphère invisible où retentissent les soupirs du pauvre et de l'opprimé. Aujourd'hui, j'ai tiré de leur brut alliage, du chaos des vieilles langues, et poli, avec l'amour patient du joaillier, des diamants assez nombreux pour enrichir toute une période littéraire. Ces diamants seront-ils recueillis par un interprète studieux, jaloux de les faire connaître au public indifférent, excepté pour certains blasons ou des tableaux cyniques et vulgaires? je l'ignore..... Hâtons-nous d'ouvrir les portes d'ivoire et de nous envoler pour quelques heures dans les royaumes du passé. Suis-moi, troupe amie de lecteurs fidèles, dont j'ai entrevu les larmes ou le sourire sympathique.

# BRANCHE DE CORAIL

A LUCIA.

---

## LES DIWS ET LES PÉRIS (1).

Voyageur, viens goûter l'eau du puits de Zemsem
Et chercher au désert les merveilles d'Irem,
    Harpes sans voix, roses perdues.

Dans des cages de fer aux arbres suspendues
    Par l'ongle des Diws ténébreux,
Les célestes Péris, en chants mélancoliques,
Pleuraient le Ginnistan, ses jardins balsamiques,
    Son paradis mystérieux.
Parfois leurs compagnons, sur des ailes légères,
    Pendant les heures passagères,

(1) Voyez les additions aux notices à la fin du volume (pag. 275).

## VIII

Venaient les visiter avec de doux parfums.
Ainsi le jeune amant sa plaintive gazelle ;
Ainsi vient le ramier revoir sa tourterelle,
Captive du berger aux regards importuns.
O secret ! ces parfums, odorante fontaine,
Chassaient les Diws impurs, troublés par leur haleine,
    Nectar des royaumes fleuris.
On les voyait errer, jaloux, muets et sombres,
Autour des hauts palmiers dont ils suivaient les ombres
Sans pouvoir approcher les célestes Péris.


Lucia, ma Péri, toi dont l'âme regrette
Dans la prison du corps un immortel séjour,
Pour bannir la douleur et l'envieux vautour
Dont le spectre poursuit l'artiste et le poète,
Laisse-moi te cueillir l'odorante amulette
    De la Féerie et de l'Amour.

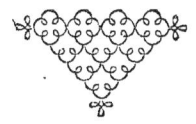

# FÉERIES DE L'ORIENT.

# LA COUPE DE JAMSCHID,

### LÉGENDE ORIENTALE.

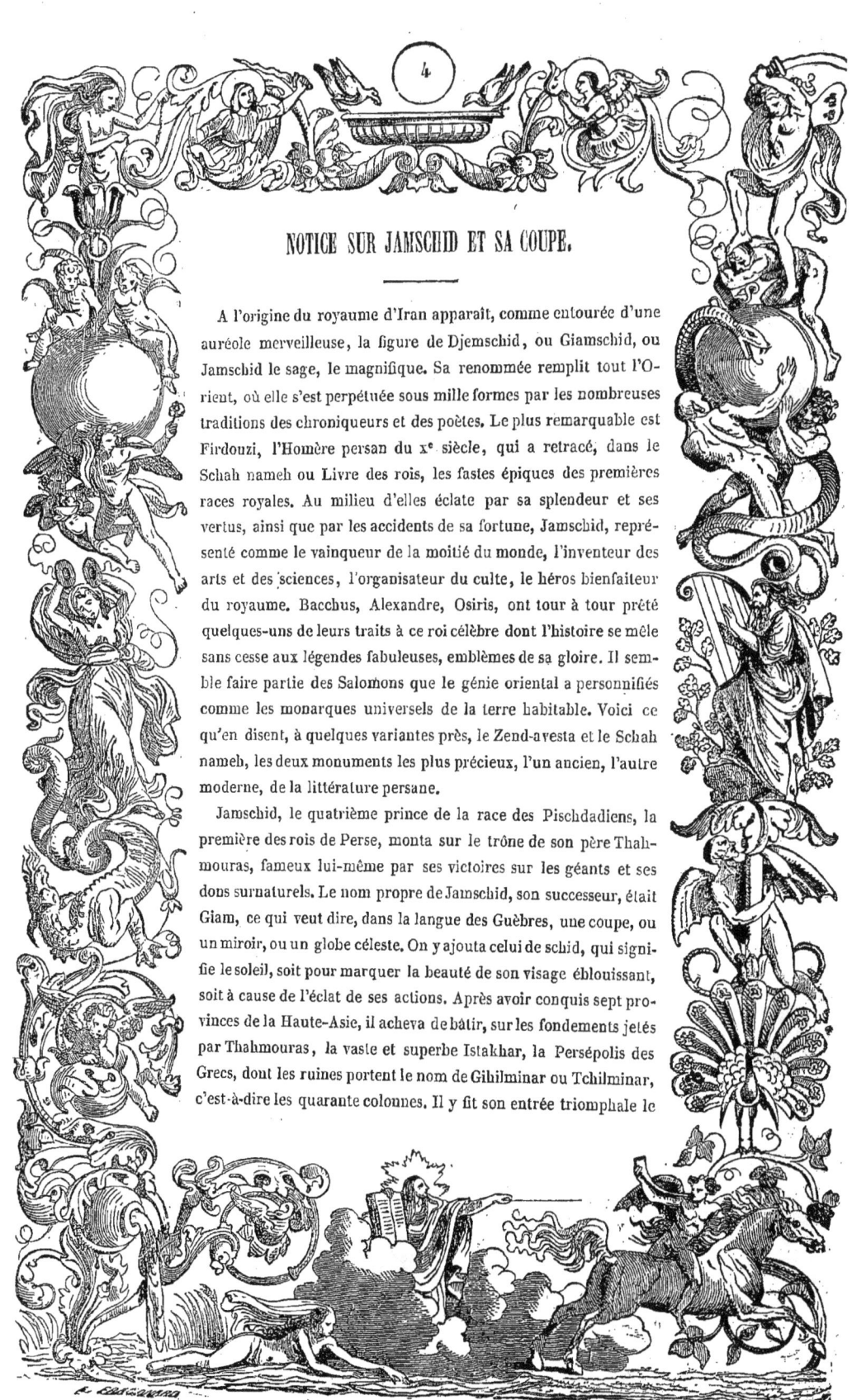

## NOTICE SUR JAMSCHID ET SA COUPE.

A l'origine du royaume d'Iran apparaît, comme entourée d'une auréole merveilleuse, la figure de Djemschid, ou Giamschid, ou Jamschid le sage, le magnifique. Sa renommée remplit tout l'Orient, où elle s'est perpétuée sous mille formes par les nombreuses traditions des chroniqueurs et des poètes. Le plus remarquable est Firdouzi, l'Homère persan du xe siècle, qui a retracé, dans le Schah nameh ou Livre des rois, les fastes épiques des premières races royales. Au milieu d'elles éclate par sa splendeur et ses vertus, ainsi que par les accidents de sa fortune, Jamschid, représenté comme le vainqueur de la moitié du monde, l'inventeur des arts et des sciences, l'organisateur du culte, le héros bienfaiteur du royaume. Bacchus, Alexandre, Osiris, ont tour à tour prêté quelques-uns de leurs traits à ce roi célèbre dont l'histoire se mêle sans cesse aux légendes fabuleuses, emblèmes de sa gloire. Il semble faire partie des Salomons que le génie oriental a personnifiés comme les monarques universels de la terre habitable. Voici ce qu'en disent, à quelques variantes près, le Zend-avesta et le Schah nameh, les deux monuments les plus précieux, l'un ancien, l'autre moderne, de la littérature persane.

Jamschid, le quatrième prince de la race des Pischdadiens, la première des rois de Perse, monta sur le trône de son père Thahmouras, fameux lui-même par ses victoires sur les géants et ses dons surnaturels. Le nom propre de Jamschid, son successeur, était Giam, ce qui veut dire, dans la langue des Guèbres, une coupe, ou un miroir, ou un globe céleste. On y ajouta celui de schid, qui signifie le soleil, soit pour marquer la beauté de son visage éblouissant, soit à cause de l'éclat de ses actions. Après avoir conquis sept provinces de la Haute-Asie, il acheva de bâtir, sur les fondements jetés par Thahmouras, la vaste et superbe Istakhar, la Persépolis des Grecs, dont les ruines portent le nom de Gihilminar ou Tchilminar, c'est-à-dire les quarante colonnes. Il y fit son entrée triomphale le

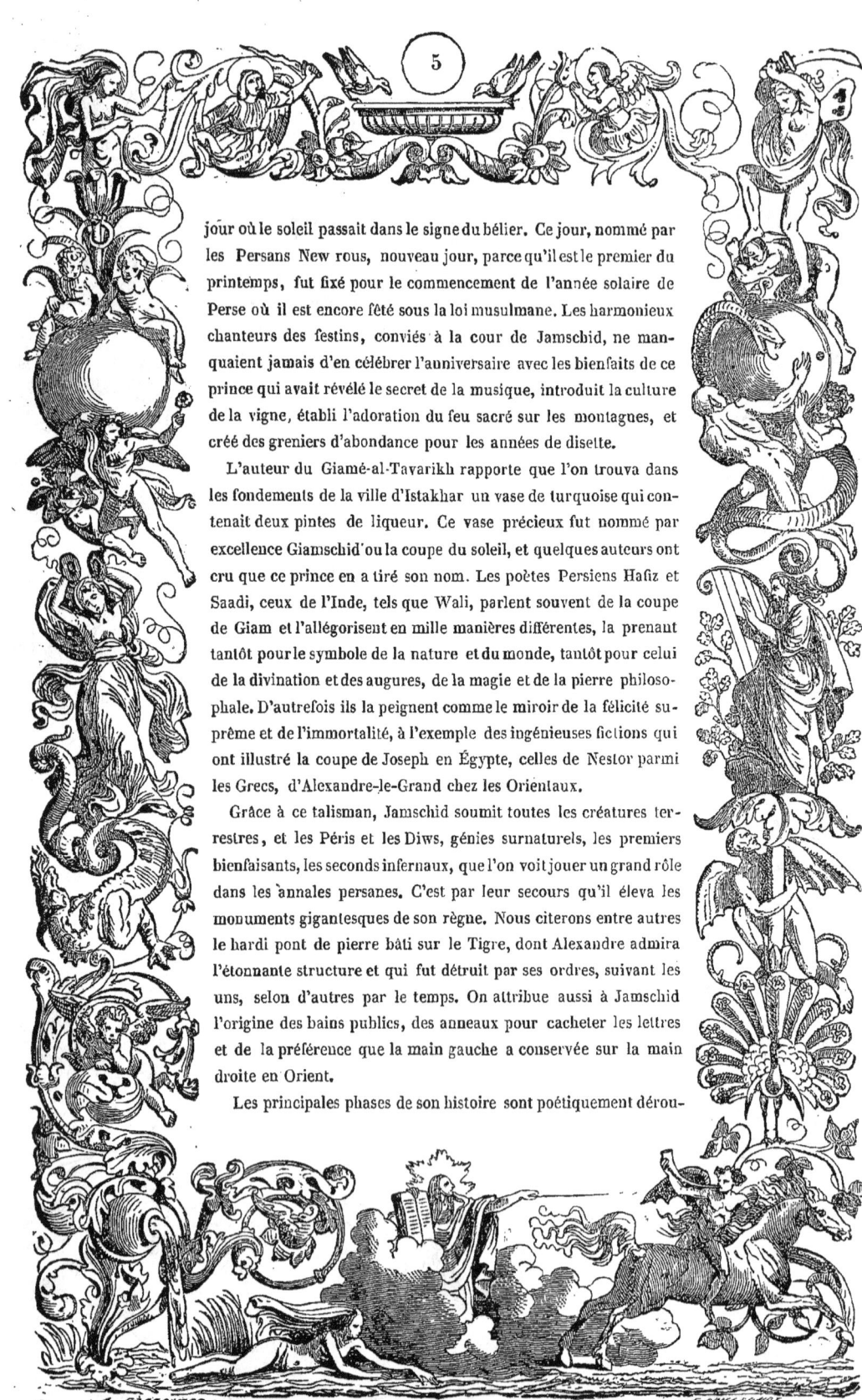

jour où le soleil passait dans le signe du bélier. Ce jour, nommé par les Persans New rous, nouveau jour, parce qu'il est le premier du printemps, fut fixé pour le commencement de l'année solaire de Perse où il est encore fêté sous la loi musulmane. Les harmonieux chanteurs des festins, conviés à la cour de Jamschid, ne manquaient jamais d'en célébrer l'anniversaire avec les bienfaits de ce prince qui avait révélé le secret de la musique, introduit la culture de la vigne, établi l'adoration du feu sacré sur les montagnes, et créé des greniers d'abondance pour les années de disette.

L'auteur du Giamé-al-Tavarikh rapporte que l'on trouva dans les fondements de la ville d'Istakhar un vase de turquoise qui contenait deux pintes de liqueur. Ce vase précieux fut nommé par excellence Giamschid ou la coupe du soleil, et quelques auteurs ont cru que ce prince en a tiré son nom. Les poètes Persiens Hafiz et Saadi, ceux de l'Inde, tels que Wali, parlent souvent de la coupe de Giam et l'allégorisent en mille manières différentes, la prenant tantôt pour le symbole de la nature et du monde, tantôt pour celui de la divination et des augures, de la magie et de la pierre philosophale. D'autrefois ils la peignent comme le miroir de la félicité suprême et de l'immortalité, à l'exemple des ingénieuses fictions qui ont illustré la coupe de Joseph en Égypte, celles de Nestor parmi les Grecs, d'Alexandre-le-Grand chez les Orientaux.

Grâce à ce talisman, Jamschid soumit toutes les créatures terrestres, et les Péris et les Diws, génies surnaturels, les premiers bienfaisants, les seconds infernaux, que l'on voit jouer un grand rôle dans les annales persanes. C'est par leur secours qu'il éleva les monuments gigantesques de son règne. Nous citerons entre autres le hardi pont de pierre bâti sur le Tigre, dont Alexandre admira l'étonnante structure et qui fut détruit par ses ordres, suivant les uns, selon d'autres par le temps. On attribue aussi à Jamschid l'origine des bains publics, des anneaux pour cacheter les lettres et de la préférence que la main gauche a conservée sur la main droite en Orient.

Les principales phases de son histoire sont poétiquement dérou-

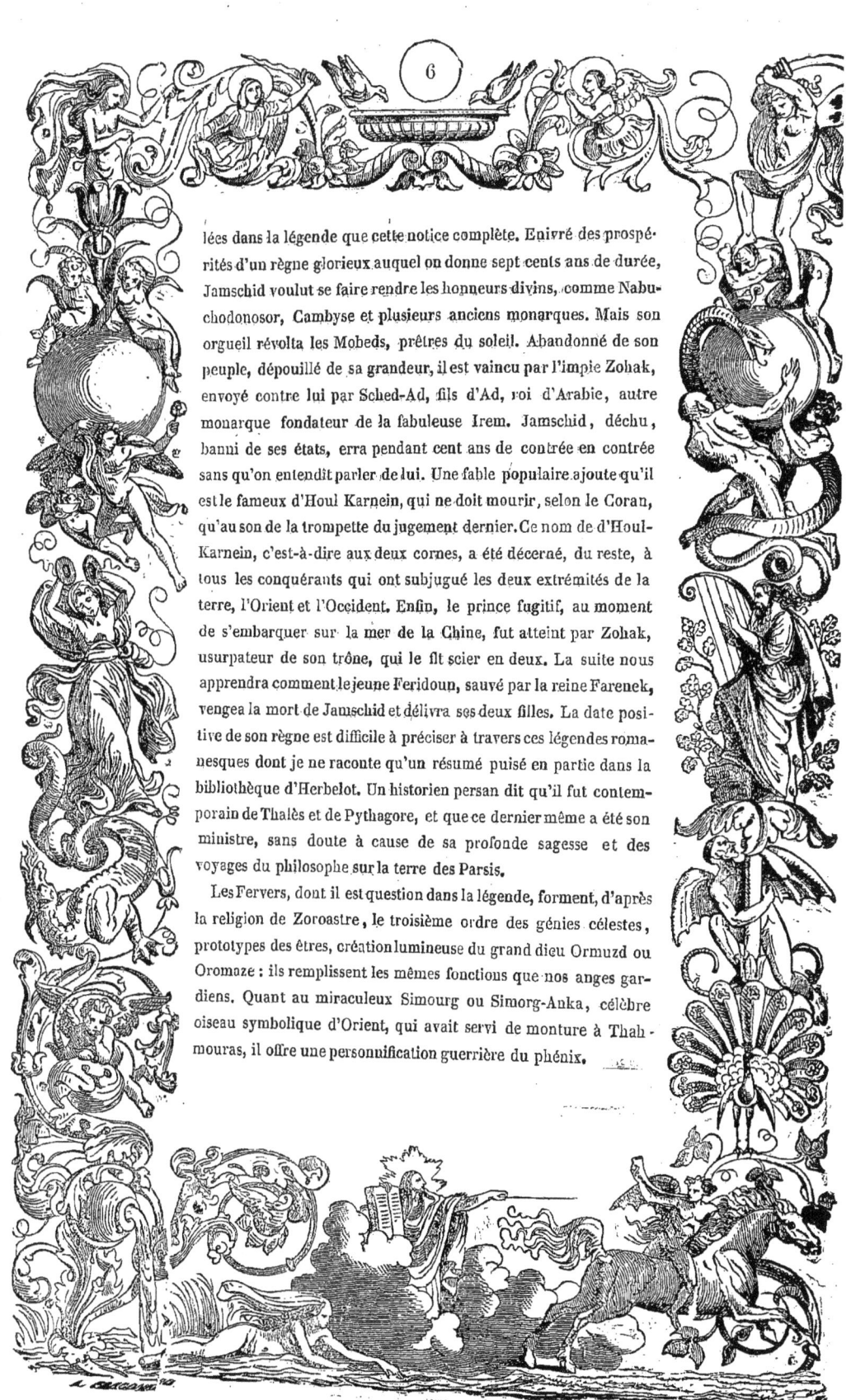

lées dans la légende que cette notice complète. Enivré des prospérités d'un règne glorieux auquel on donne sept cents ans de durée, Jamschid voulut se faire rendre les honneurs divins, comme Nabuchodonosor, Cambyse et plusieurs anciens monarques. Mais son orgueil révolta les Mobeds, prêtres du soleil. Abandonné de son peuple, dépouillé de sa grandeur, il est vaincu par l'impie Zohak, envoyé contre lui par Sched-Ad, fils d'Ad, roi d'Arabie, autre monarque fondateur de la fabuleuse Irem. Jamschid, déchu, banni de ses états, erra pendant cent ans de contrée en contrée sans qu'on entendît parler de lui. Une fable populaire ajoute qu'il est le fameux d'Houl Karnein, qui ne doit mourir, selon le Coran, qu'au son de la trompette du jugement dernier. Ce nom de d'Houl-Karnein, c'est-à-dire aux deux cornes, a été décerné, du reste, à tous les conquérants qui ont subjugué les deux extrémités de la terre, l'Orient et l'Occident. Enfin, le prince fugitif, au moment de s'embarquer sur la mer de la Chine, fut atteint par Zohak, usurpateur de son trône, qui le fit scier en deux. La suite nous apprendra comment le jeune Feridoun, sauvé par la reine Farenek, vengea la mort de Jamschid et délivra ses deux filles. La date positive de son règne est difficile à préciser à travers ces légendes romanesques dont je ne raconte qu'un résumé puisé en partie dans la bibliothèque d'Herbelot. Un historien persan dit qu'il fut contemporain de Thalès et de Pythagore, et que ce dernier même a été son ministre, sans doute à cause de sa profonde sagesse et des voyages du philosophe sur la terre des Parsis.

Les Fervers, dont il est question dans la légende, forment, d'après la religion de Zoroastre, le troisième ordre des génies célestes, prototypes des êtres, création lumineuse du grand dieu Ormuzd ou Oromaze : ils remplissent les mêmes fonctions que nos anges gardiens. Quant au miraculeux Simourg ou Simorg-Anka, célèbre oiseau symbolique d'Orient, qui avait servi de monture à Thahmouras, il offre une personnification guerrière du phénix.

## LA COUPE DE JAMSCHID,

LÉGENDE ORIENTALE.

Vers la contrée où chantent et fleurissent
Les frais jardins et les oiseaux d'Iran,
Où l'ambre et l'or partout s'épanouissent
   Comme l'auréole du paon;

Vers la contrée où le gazal soupire,
Aussi divin que le bulbul des soirs,
Où l'encens croît dans l'air que l'on respire,
   Où les fleurs sont des encensoirs;

Vers la contrée où la fête des roses
A pour concert l'amour et le printemps,
Où le soleil boit les larmes écloses
   Sur cent calices palpitants;

Vers la contrée où de riants génies
Charment les cieux, les forêts et les eaux,
Où la mer baise avec mille harmonies
    Et les perles et les coraux;

Vers la contrée où près des flots humides
Trône Ispahan aux vallons séducteurs,
Moins merveilleux que ses tissus splendides
    Brodés de vivantes couleurs;

Vers la contrée où la nocturne robe
Sème l'éther de mille diamants,
Où l'ombre est douce, où le voile dérobe
    Les beautés aux yeux enivrants;

Régnait jadis, selon la vieille histoire,
Le beau Jamschid, étoile de l'Indus;
Mainte légende au loin conte sa gloire
    De l'Araxe jusqu'au Taurus.

L'oiseau Simourgh, protecteur de sa race,
Coursier ailé, doué de la raison,
Planait sur lui des hauteurs de l'espace,
    Comme un mystérieux griffon.

Phénix divin, des temps impénétrables
Il avait vu les abîmes béants,
Et Thahmouras sur ses flancs redoutables
  Vainquit les diws et les géants.

Grand Thahmouras! ton héritier fidèle,
Le front orné du diadème d'or,
Réfléchissait ta splendeur paternelle
  Et semblait l'augmenter encor.

Mais, noble don, trésor plus magnifique,
Plus précieux que le royal anneau,
Il possédait une coupe magique,
  Pareille au stellaire flambeau.

Un pur ferver, gardien de son enfance,
Lui révéla ce miracle enchanté,
Lorsqu'il traçait dans sa vaste opulence
  Les fondements d'une cité.

Jamais agate, au féerique bocage,
N'eut les vertus de ce vif talisman;
Il contenait un céleste breuvage,
  Digne du monarque persan.

Heureux le roi de la coupe sacrée!
Tout s'y peignait comme dans un miroir,
L'onde, la terre, et l'auguste empyrée,
Le temps, l'espace, aurore et soir.

On y lisait d'éclatantes syllabes,
Où la sagesse avait mis son parfum,
Et l'art occulte admiré des Arabes,
A la flèche agile, au front brun.

Présent d'Ormuz, un philtre intarissable
Étincelait dans son flanc sidéral :
Philtre vainqueur dont le charme ineffable
Enfante un délire idéal.

Quand il buvait cette limpide essence,
Du firmament les rideaux se levaient;
Le bleu saphir ouvrait sa voûte immense,
Et les fervers apparaissaient.

Source d'extase! éblouissants prestiges!
Son œil avide y puisait tour-à-tour
Et la science aux antiques prodiges,
Et les voluptés de l'amour.

Mage doté par la grâce immortelle,
Il renferma ce présent radieux,
Et chaque jour une ivresse nouvelle
  Venait remplir son cœur joyeux.


Avec sa coupe il possédait deux filles,
Blanches beautés, au regard de Péri,
Le front voilé, ravissantes jonquilles,
  Reines du parterre fleuri.


L'aînée avait la taille gracieuse
Du vert cyprès souple et majestueux ;
L'autre, l'éclat de la lune rêveuse ;
  Jamschid les aimait toutes deux.


Inaccessible au fond de sa demeure,
Il savourait leur tendre épanchement,
Et dans leur vue oubliait l'ombre et l'heure,
  Même l'azur du firmament.


Fuyant le bruit d'une pompe empruntée,
Il écoutait leur aveu virginal :
« Vous préférez votre coupe enchantée
  » A nous, à votre ciel natal.

» O père aimé! les rossignols, les sources
» Que l'on entend couler sous les palmiers,
» Sont bien plus doux que les lointaines courses
   » Avec les esprits familiers.

» Que cherchez-vous dans cette coupe étrange?
» Nos traits naïfs sont vos chastes miroirs.
» A vos regards nous offrons sans mélange
   » Nos deux amours, nos deux espoirs. »

Elles disaient. Baigné de leurs caresses,
Jamschid gardait un cœur calme et pieux:
Tout protégeait leurs naïves tendresses;
   Sa gloire montait jusqu'aux cieux.

Diws et Péris, soumis à sa puissance,
Et les oiseaux reconnaissaient sa loi;
Son peuple heureux, ravi de sa présence,
   Révérait le superbe roi.

Le fier Timour, Darius, Alexandre,
Soleils brillants du monde oriental,
N'atteignent point ce qu'il sut entreprendre;
   Salomon seul fut son égal.

D'abord ouvrant leur illustre carrière,
Il amollit le fer pour les guerriers,
Forgea les dards, la lance meurtrière,
 Et les armures des coursiers.

Puis, vers la paix tournant bientôt son âme,
Il façonna le lin, la soie et l'or,
Instruisit l'homme à mélanger leur trame,
 A vêtir la peau du castor.

Des mois, des ans, par les signes lunaires,
Par le solstice et le cours des saisons,
Il ordonna les fastes séculaires,
 Les jours de fête et de moissons.

Il évoqua les vagues harmonies
Dont la musique enivre les déserts,
Et modula ses notes infinies
 Sur le théorbe des Fervers.

Il divisa les tribus consacrées,
Prêtres, guerriers, artisans, laboureurs;
Du Dieu suprême, aux flammes éthérées,
 Il fit adorer les splendeurs.

Les Diws impurs, creusant l'argile en moule,
Sous son regard construisirent des bains,
Des monuments admirés de la foule,
Un hôpital cher aux humains.

Des éléments il perça le mystère;
Rien ici-bas n'était clos à ses yeux,
Dans l'Océan, au ciel, ni sur la terre,
Ni dans les gouffres ténébreux.

Il découvrit les pierres lumineuses,
Le rubis rouge et le saphir d'azur,
Des minéraux les vertus précieuses,
L'ambre jaune odorant et pur.

Son art profond divisa ces merveilles;
Il révéla les parfums, doux nectar,
L'encens, la myrrhe aux odeurs sans pareilles,
Le musc, l'eau de rose et le nard.

De la nature exhumant les richesses,
Il composa les dictames puissants,
Sucs merveilleux, plantes enchanteresses,
Baumes, remèdes bienfaisants.

JAMSCHID ET SES FILLES.

Voulant sonder tout secret, toute chose,
Sur un navire il parcourut les mers;
Il pénétra dans toute énigme close,
    Tous les êtres de l'univers.

Pendant l'exil de ce lointain voyage,
Dans l'abandon ses filles gémissaient;
A son retour, il baisa leur visage,
    Où de blanches perles roulaient.

Puis il monta sur son trône immuable,
Formé d'or pur et de mille rubis;
Les saints Mobeds, son conseil vénérable,
    Siégeaient sur de riches tapis.

Alors, prenant la coupe étincelante,
Il s'admira dans son miroir de feu,
Et, s'abreuvant de la liqueur brûlante,
    Il s'écria : « Je suis un Dieu !

» Sous le soleil il n'est rien qui m'égale ;
Ma voix créa les terrestres jardins,
Le dais du soir et l'aube matinale,
    La pourpre et les orbes divins.

» J'ai des flots bleus tiré la perle humide,
Fixé du temps les nombres éternels,
Dompté l'abîme et la mort homicide;
    Mon trône luit sur les autels.

» Qu'à mon image on taille des idoles
Pour m'adorer dans ma triple grandeur;
Que l'encens brûle avec les girandoles
    Devant Jamschid le créateur!»

Or, à ces mots les oiseaux s'envolèrent;
Le ciel devint rouge comme du sang;
Les saints Mobeds, indignés, se voilèrent
    Dans l'horreur du jour menaçant.

Un bruit sinistre au loin remplit l'espace
Depuis l'Irak jusqu'aux monts éperdus;
Les Diws guerriers, à l'ardente cuirasse,
    Armèrent les peuples émus.

Jamschid troublé versa des flots de larmes;
Sur le parvis la coupe se brisa.
Avec sa force et sa gloire et ses charmes,
    Soudain son bonheur s'éclipsa.

BLASPHÈME DE JAMSCHID.

Il perdit tout, couronne et pierreries :
Dans un palais gardé par les dragons,
Le sort livra ses deux filles chéries
   A Zohak, le fils des démons.

Ainsi tomba ce monarque sublime,
Comme jadis le roi de Chanaan,
Tous ces esprits dont l'orgueil fut le crime,
   Depuis l'ange jusqu'au Titan.

# PLAINTES
## D'ARNEWAS ET DE SCHÉRINAS,

SUITE DE LA LÉGENDE.

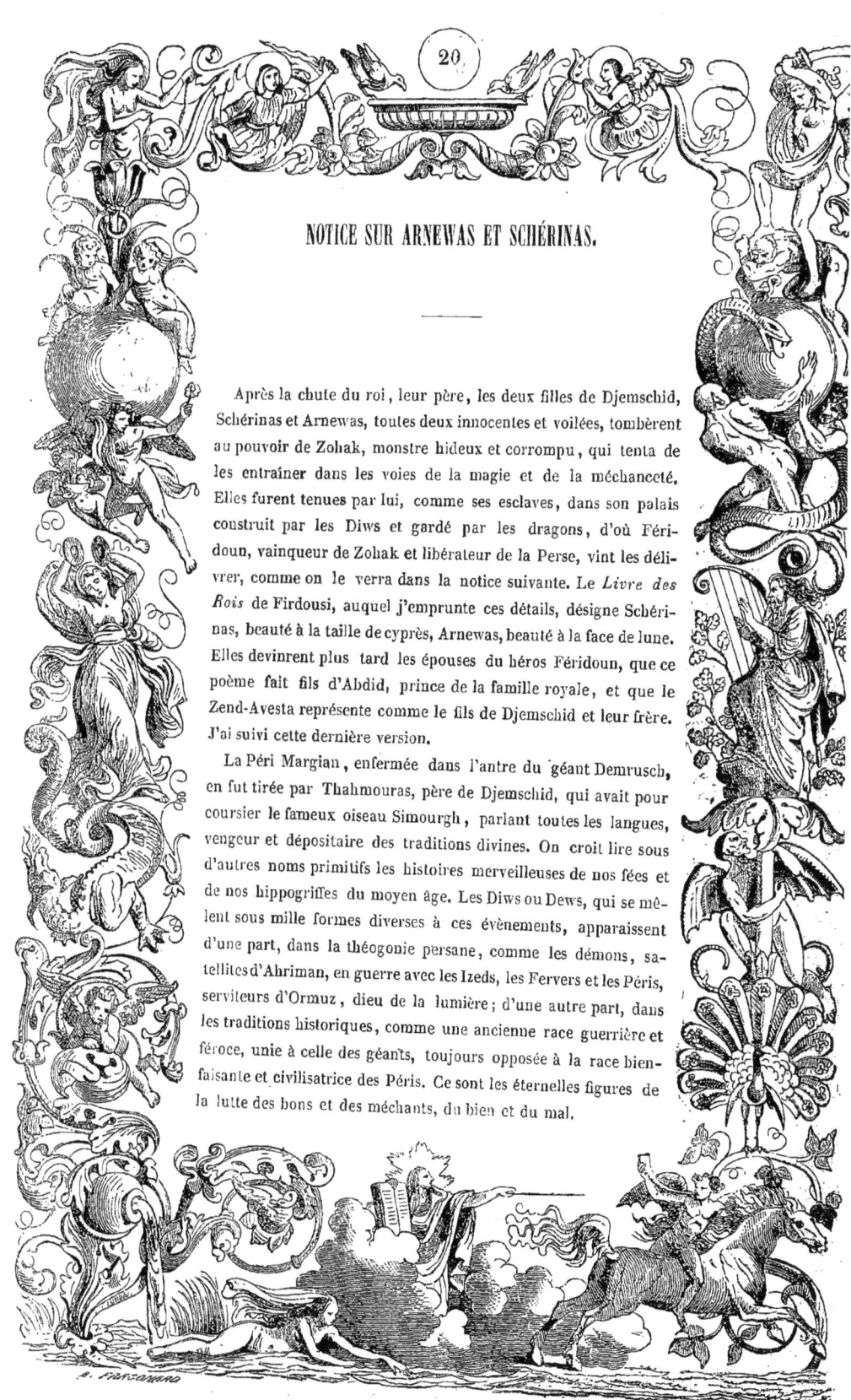

## NOTICE SUR ARNEWAS ET SCHÉRINAS.

Après la chute du roi, leur père, les deux filles de Djemschid, Schérinas et Arnewas, toutes deux innocentes et voilées, tombèrent au pouvoir de Zohak, monstre hideux et corrompu, qui tenta de les entraîner dans les voies de la magie et de la méchanceté. Elles furent tenues par lui, comme ses esclaves, dans son palais construit par les Diws et gardé par les dragons, d'où Féridoun, vainqueur de Zohak et libérateur de la Perse, vint les délivrer, comme on le verra dans la notice suivante. Le *Livre des Rois* de Firdousi, auquel j'emprunte ces détails, désigne Schérinas, beauté à la taille de cyprès, Arnewas, beauté à la face de lune. Elles devinrent plus tard les épouses du héros Féridoun, que ce poëme fait fils d'Abdid, prince de la famille royale, et que le Zend-Avesta représente comme le fils de Djemschid et leur frère. J'ai suivi cette dernière version.

La Péri Margian, enfermée dans l'antre du géant Demrusch, en fut tirée par Thahmouras, père de Djemschid, qui avait pour coursier le fameux oiseau Simourgh, parlant toutes les langues, vengeur et dépositaire des traditions divines. On croit lire sous d'autres noms primitifs les histoires merveilleuses de nos fées et de nos hippogriffes du moyen âge. Les Diws ou Dews, qui se mêlent sous mille formes diverses à ces évènements, apparaissent d'une part, dans la théogonie persane, comme les démons, satellites d'Ahriman, en guerre avec les Izeds, les Fervers et les Péris, serviteurs d'Ormuz, dieu de la lumière; d'une autre part, dans les traditions historiques, comme une ancienne race guerrière et féroce, unie à celle des géants, toujours opposée à la race bienfaisante et civilisatrice des Péris. Ce sont les éternelles figures de la lutte des bons et des méchants, du bien et du mal.

## PLAINTES D'ARNEWAS ET DE SCHÉRINAS,

SUITE DE LA LÉGENDE.

Heureuses les Péris, les conques, les colombes !
   Les Péris volent dans les cieux ;
   Les conques rasent les flots bleus ;
Les oiseaux dans les airs chantent leurs nids joyeux.
   Captives au fond de nos tombes,
   Nous nous consumons dans ces lieux.

Nous avons pour gardiens les Diws aux sombres ailes,
   Des géants noirs, affreux guerriers ;
   Jamais l'ombrage des dattiers
Où nous allions ouïr la voix des tourterelles.
   Les vipères sont moins cruelles
   Que Zohak aux bras meurtriers.

La blonde Margian dans un antre enfermée
   Ne sentit pas tant de douleurs.
   Thahmouras, touché par ses pleurs,
Écrasa le géant, source de ses malheurs.
      Colombe, aperçois-tu l'armée
      De nos vaillants libérateurs ?

Féridoun, cher espoir, caché dans les montagnes,
      Écoute notre long soupir ;
      Hâte-toi ! viens nous secourir,
Nous, filles de Jamschid, tes royales compagnes.
      Rends la lumière à ces campagnes,
      Et la paix à l'Iran martyr.

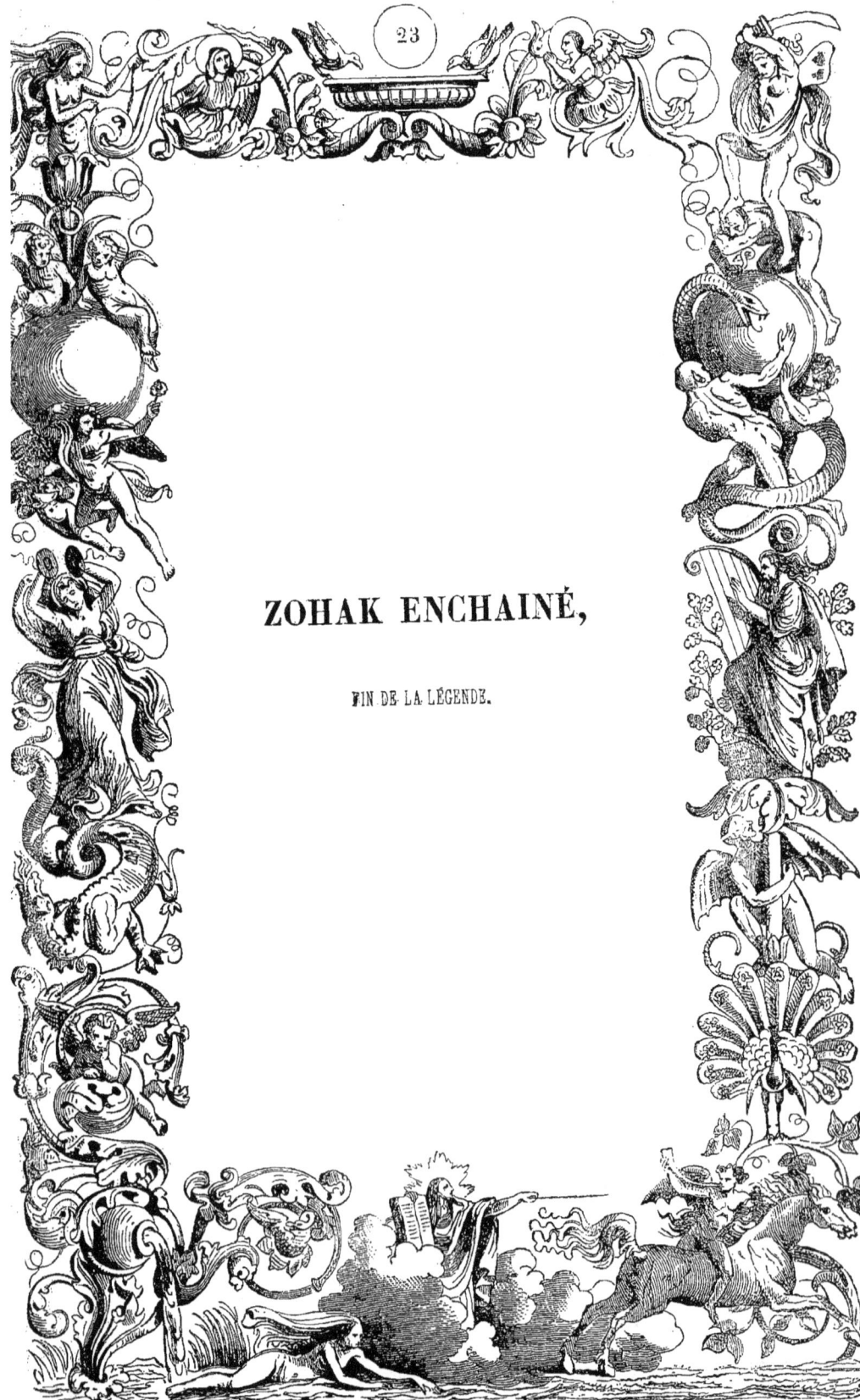

# ZOHAK ENCHAINÉ,

FIN DE LA LÉGENDE.

## NOTICE SUR ZOHAK.

Zohak, cet Arabe usurpateur du trône de la Perse, était fils parricide d'un Diw et de la sœur de Djemschid ; le démon Ahriman habitait dans son cœur ; et, à la place où il lui avait imprimé un baiser, deux serpents sortis de ses épaules les rongeaient sans cesse. Le tyran ne pouvait calmer leur rage qu'en leur donnant tous les jours des cervelles d'enfants à dévorer. On l'appelait pour cela, et à cause de sa laideur, l'homme à *face de serpent*. Ses cruautés finirent par soulever les Persans.

Il avait fait périr Abdid, de la famille de leurs rois, et son fils *Féridoun* avait été caché par sa mère Farenek, jusqu'à ce qu'il fût en âge de combattre Zohak et de venger la mort de son père et de tant d'autres victimes. En effet, un forgeron, nommé Kaweh, lève l'étendard de la révolte. C'est son tablier d'ouvrier qui, fixé au bout d'une lance, sert à rallier autour de lui une nombreuse armée de mécontents. Il va au-devant de Féridoun ; celui-ci se met à la tête de l'armée, envahit les états et le palais de Zohak, délivre les deux filles de Djemschid, Scherinas et Arnewas, enchaîne Zohak et le lie nu sur des rochers où il meurt d'une mort lente et ignorée.

Le Démavend, sur les rochers duquel Zohak fut enchaîné par Féridoun, plusieurs disent dans une caverne, est le pic le plus élevé des monts Elbours, voisins du Caucase. Étrange rapport! Le lieu de la scène et le châtiment extraordinaire de ce Titan du crime rappellent le supplice de Prométhée, un des premiers bienfaiteurs de la race humaine. Kaweh, le forgeron qui leva l'étendard de la révolte contre Zohak, avait eu seize enfants massacrés pour servir aux festins abominables des serpents de ce monstre ; son tablier d'artisan, qui servit d'enseigne à l'armée des insurgés victorieux où combattait Féridoun, fut plus tard brodé de perles et d'or et devint l'étendard royal de la Perse. Le Douzakh, lieu de ténèbres impures, était l'enfer d'Ahriman.

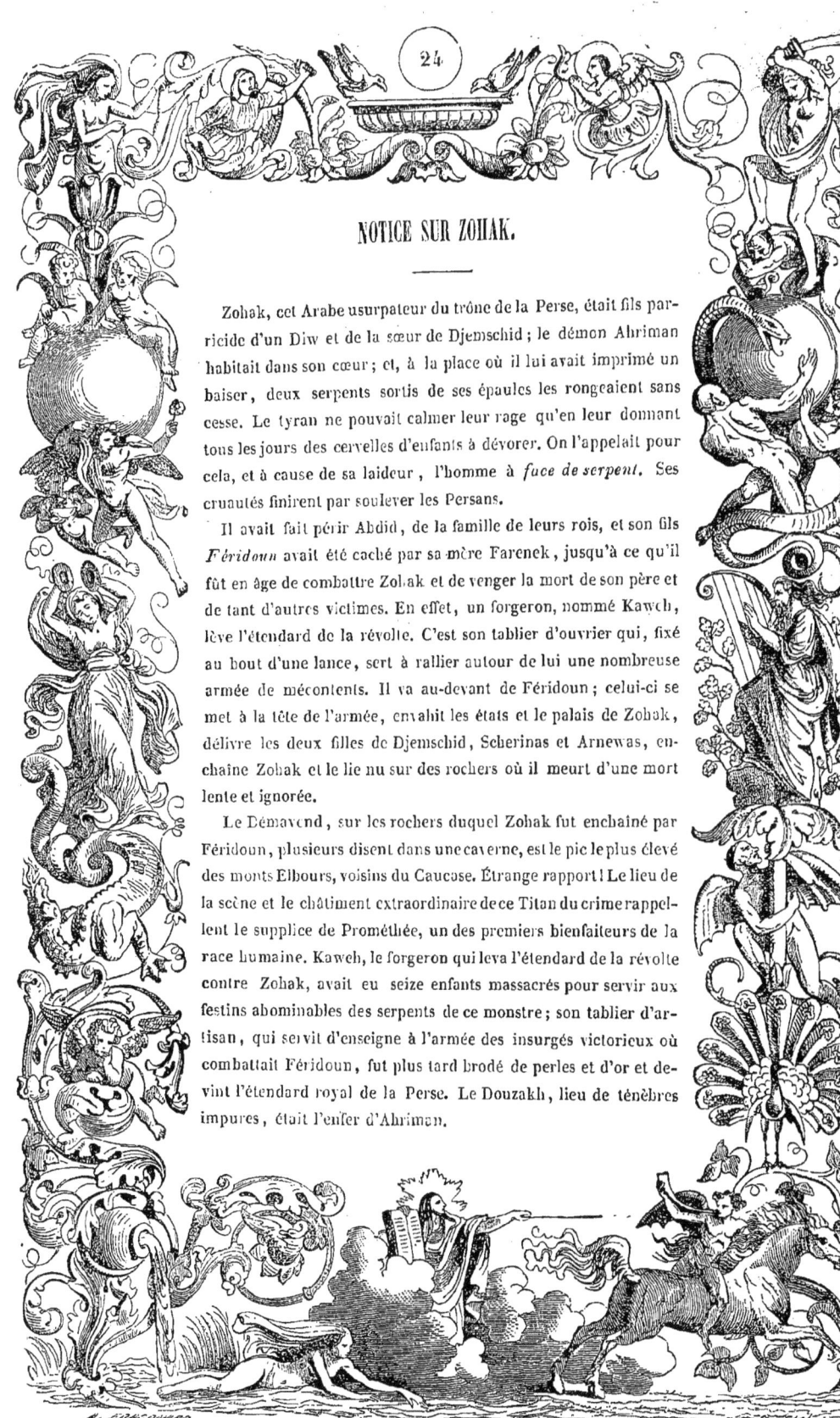

ZOHAK ENCHAINÉ.

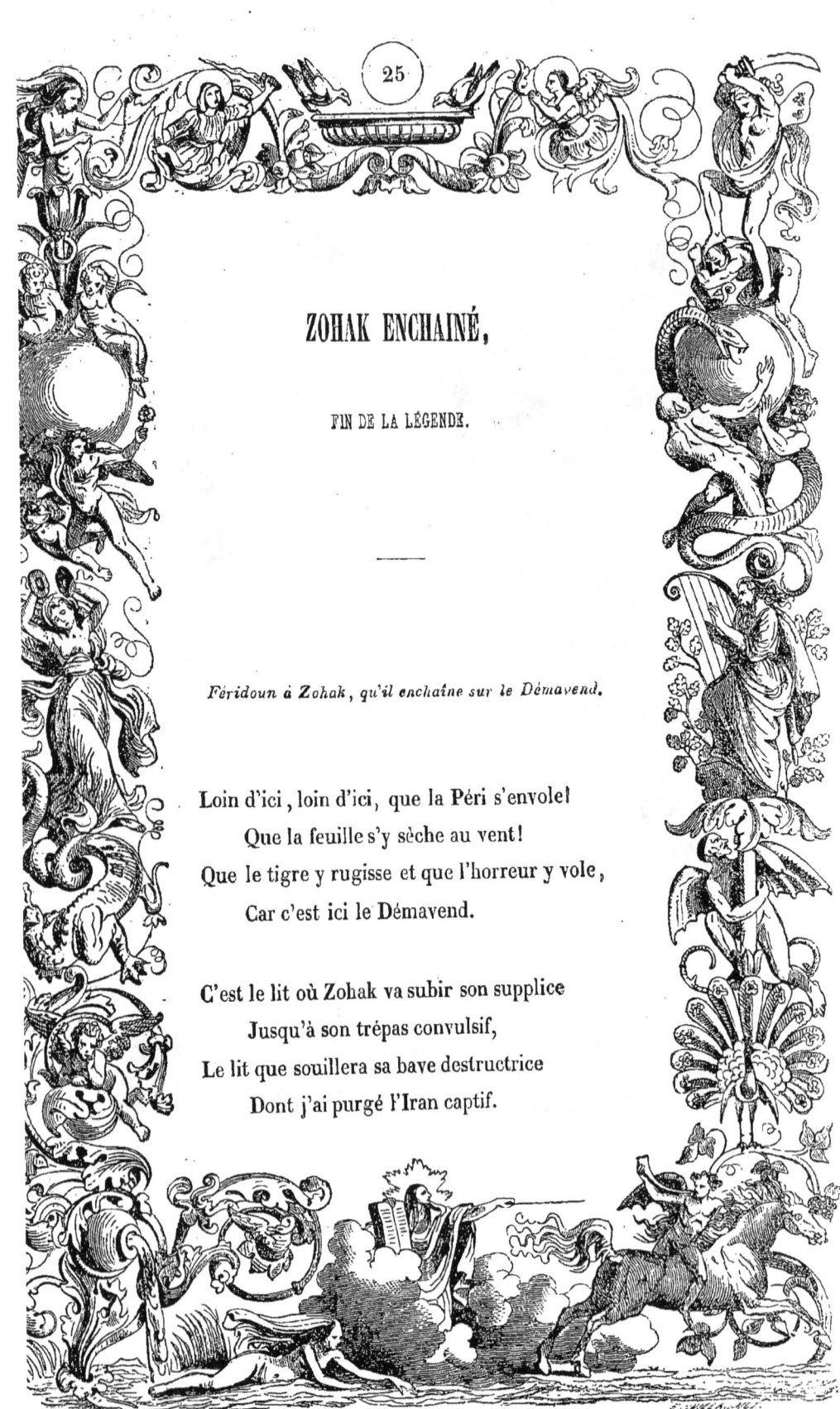

# ZOHAK ENCHAÎNÉ,

FIN DE LA LÉGENDE.

*Féridoun à Zohak, qu'il enchaîne sur le Démavend.*

Loin d'ici, loin d'ici, que la Péri s'envole !
    Que la feuille s'y sèche au vent !
Que le tigre y rugisse et que l'horreur y vole,
    Car c'est ici le Démavend.

C'est le lit où Zohak va subir son supplice
    Jusqu'à son trépas convulsif,
Le lit que souillera sa bave destructrice
    Dont j'ai purgé l'Iran captif.

Triomphe, ô noir Zohak, sur ton rocher aride,
    Trône du crime et de la nuit.
L'aile des Diws s'abat sur ton front parricide,
    Et l'enfer te roule son bruit.


Tu fis périr Jamschid, le juste, le superbe ;
    Tu teignis de sang son palais.
Qu'il retombe sur toi comme un venin sur l'herbe!
    Je t'ai vaincu, ris désormais.


Triomphe, ô cœur impie, où sifflent les couleuvres,
    D'Ahriman impur compagnon !
Te voilà donc cloué dans tes infâmes œuvres,
    Toi qui te vendis au démon !


L'Iran t'a vu passer, comme une plaie immonde,
    Lié sur le dos d'un chameau,
Tandis que le Simourgh, à la serre profonde,
    Grondait sur ta route, ô bourreau !


Le Démavend, terni par ta hideuse face,
    Retentit de tes hurlements.
Ris donc, toi qui riais du meurtre de ma race;
    Insulte au ciel, aux éléments.

Vil geôlier, qu'à ton sein la lente mort s'attache
    Avec ses lugubres terreurs!
Souffre sept mille fois ce que ton aspect lâche
    Fit souffrir à mes nobles sœurs.

Le sang dans la prunelle et l'écume à la bouche,
    Invoque les dieux infernaux.
Les démons et les dieux sont sourds, tyran farouche,
    Comme tu le fus à nos maux.

Tes deux serpents maudits te fouillent chaque veine.
    Qu'ils redoublent leurs nœuds perçants!
Eux que tu nourrissais, dans ta joie inhumaine,
    Des cervelles des innocents.

Que les âmes, planant dans les tempêtes sombres,
    Te reprochent chaque plaisir!
Que le cri du chacal et la meute des ombres
    Autour de toi viennent mugir.

Que Kaweh, ton effroi, dresse à ton œil sauvage
    Son tablier, drapeau vainqueur;
Que ses nombreux enfants, dévorés par ta rage,
    Te pressent d'un cercle vengeur!

Reste là nuit et jour, à l'aube, au crépuscule,
    Étouffé par l'hydre rampant.
Que la grêle te frappe et le soleil te brûle,
    Homme à figure de serpent !

Ris : tu seras rongé par les doubles vipères,
    Compagnes de tes derniers jours ;
Elles disputeront tes membres adultères
    A l'ongle altéré des vautours.

Quand ta chair tombera sous leur gueule infectée
    Moins que ta lèvre, ô noir Zohak,
Ton âme de maudit sera précipitée
    Dans les ténèbres du Douzakh.

Loin d'ici, loin d'ici, que la Péri s'envole !
    Que la feuille s'y sèche au vent !
Que l'hyène y rugisse et que l'horreur y vole,
    Car c'est ici le Démavend.

# LA CLÉ,

GAZAL.

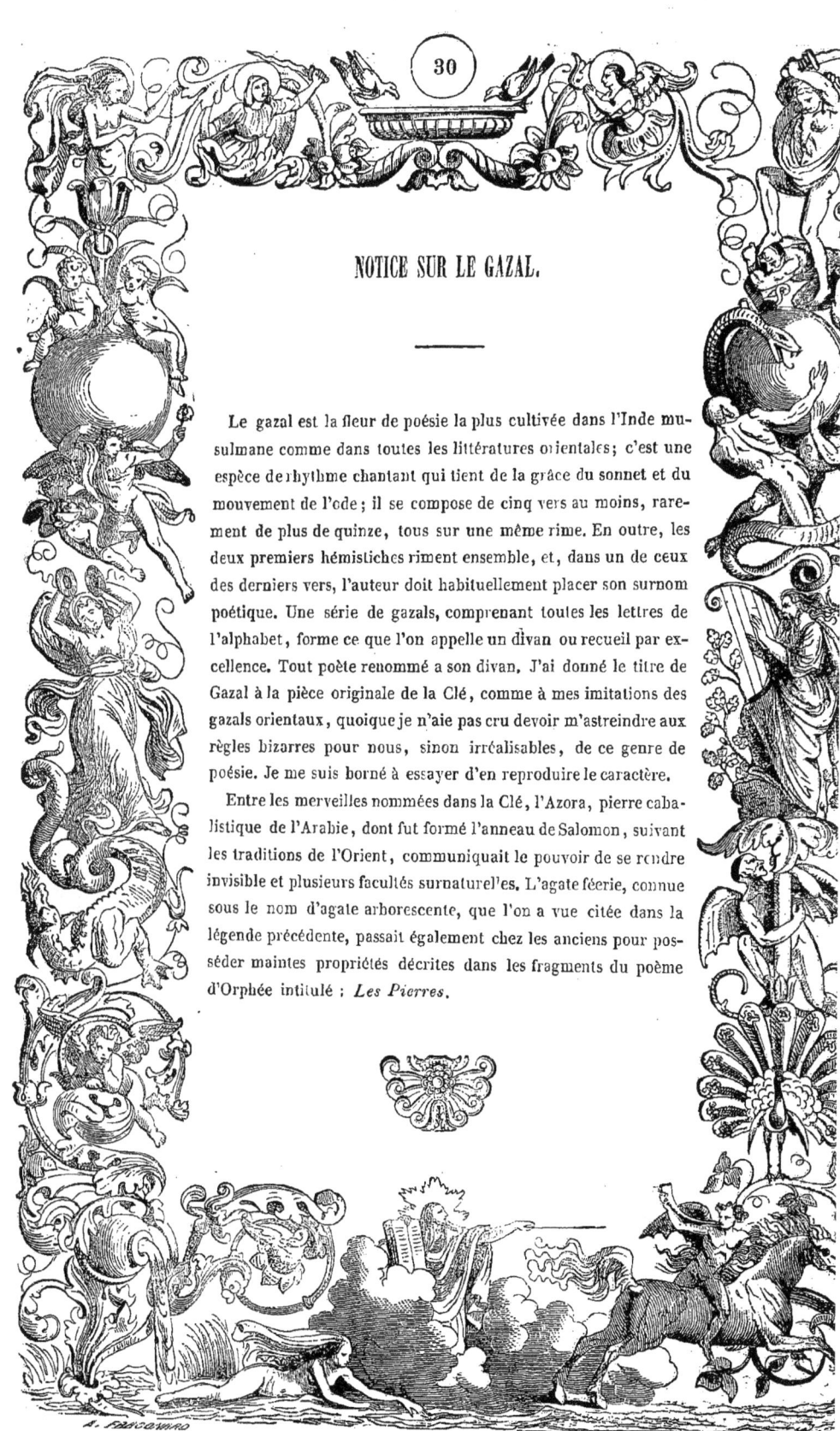

## NOTICE SUR LE GAZAL.

Le gazal est la fleur de poésie la plus cultivée dans l'Inde musulmane comme dans toutes les littératures orientales; c'est une espèce de rhythme chantant qui tient de la grâce du sonnet et du mouvement de l'ode; il se compose de cinq vers au moins, rarement de plus de quinze, tous sur une même rime. En outre, les deux premiers hémistiches riment ensemble, et, dans un de ceux des derniers vers, l'auteur doit habituellement placer son surnom poétique. Une série de gazals, comprenant toutes les lettres de l'alphabet, forme ce que l'on appelle un divan ou recueil par excellence. Tout poète renommé a son divan. J'ai donné le titre de Gazal à la pièce originale de la Clé, comme à mes imitations des gazals orientaux, quoique je n'aie pas cru devoir m'astreindre aux règles bizarres pour nous, sinon irréalisables, de ce genre de poésie. Je me suis borné à essayer d'en reproduire le caractère.

Entre les merveilles nommées dans la Clé, l'Azora, pierre cabalistique de l'Arabie, dont fut formé l'anneau de Salomon, suivant les traditions de l'Orient, communiquait le pouvoir de se rendre invisible et plusieurs facultés surnaturelles. L'agate féerie, connue sous le nom d'agate arborescente, que l'on a vue citée dans la légende précédente, passait également chez les anciens pour posséder maintes propriétés décrites dans les fragments du poème d'Orphée intitulé : *Les Pierres*.

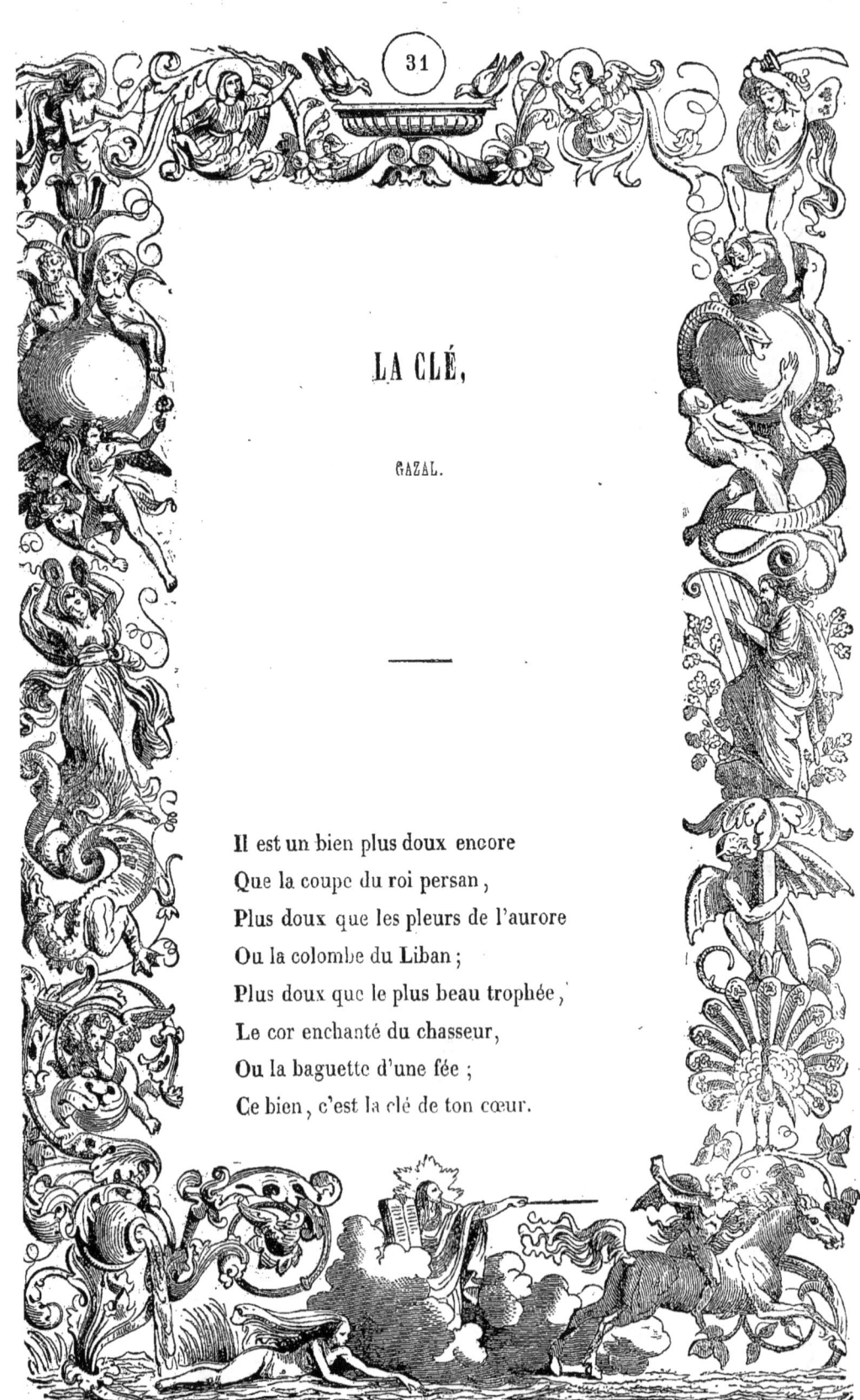

# LA CLÉ,

GAZAL.

---

Il est un bien plus doux encore
Que la coupe du roi persan,
Plus doux que les pleurs de l'aurore
Ou la colombe du Liban ;
Plus doux que le plus beau trophée,
Le cor enchanté du chasseur,
Ou la baguette d'une fée ;
Ce bien, c'est la clé de ton cœur.

Il est un bien plus beau, plus rare
Que le phénix mélodieux,
Plus beau que le nocturne phare
Ou l'Azora mystérieux,
Au-dessus des trésors des mages,
Au-dessus de la volupté,
Au-dessus des livres des sages;
C'est la clé de la vérité.

Il est un bien plus riche encore
Que la mitre de Pharaon,
Plus beau que l'arc septicolore
Ou le palais de Salomon,
Plus doux que l'ambre et l'harmonie
Ou d'Astarté le chœur joyeux;
Ce bien, c'est la clé du génie
Par qui s'ouvrent les vastes cieux.

# LA PÉRI.

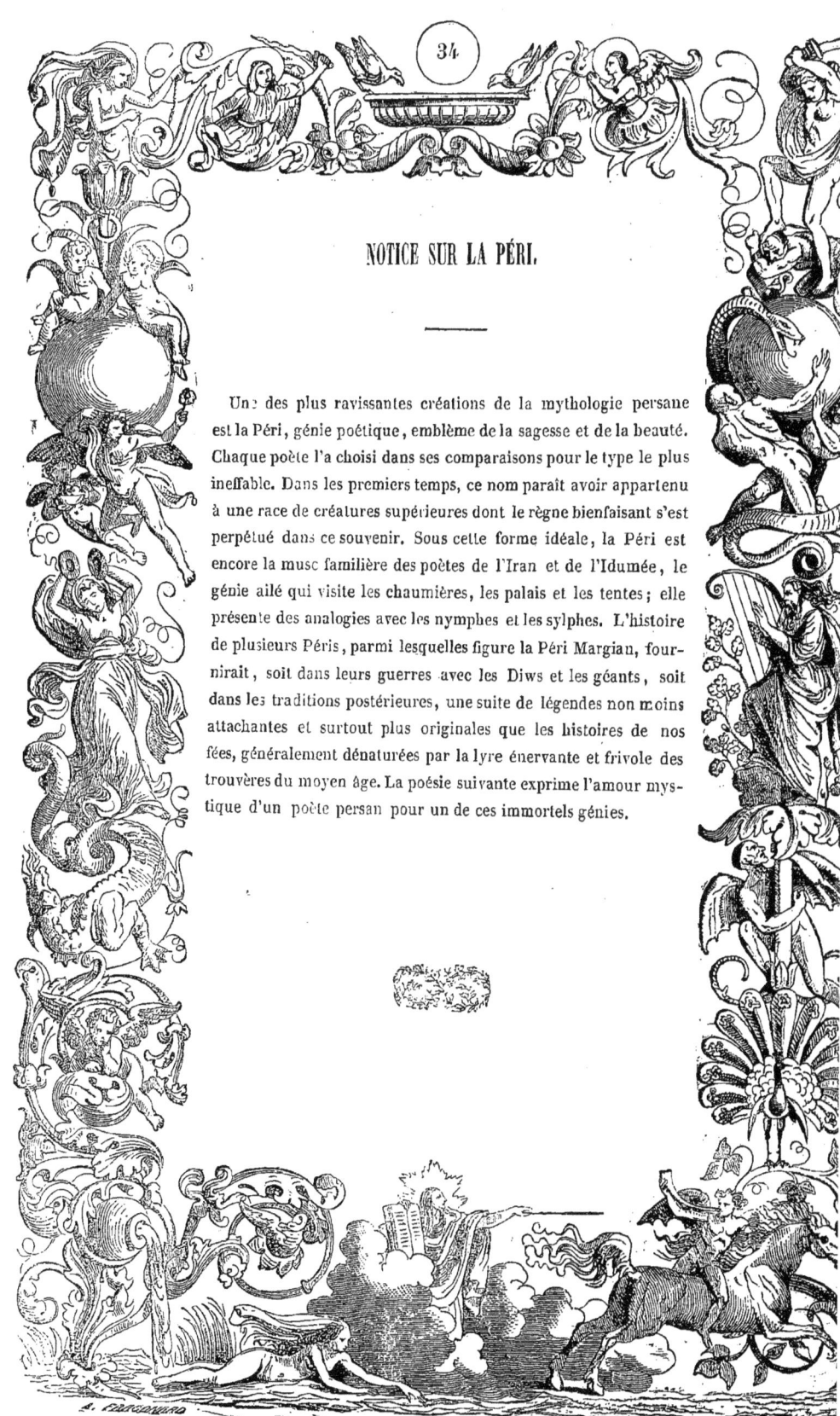

## NOTICE SUR LA PÉRI.

Une des plus ravissantes créations de la mythologie persane est la Péri, génie poétique, emblème de la sagesse et de la beauté. Chaque poète l'a choisi dans ses comparaisons pour le type le plus ineffable. Dans les premiers temps, ce nom paraît avoir appartenu à une race de créatures supérieures dont le règne bienfaisant s'est perpétué dans ce souvenir. Sous cette forme idéale, la Péri est encore la muse familière des poètes de l'Iran et de l'Idumée, le génie ailé qui visite les chaumières, les palais et les tentes; elle présente des analogies avec les nymphes et les sylphes. L'histoire de plusieurs Péris, parmi lesquelles figure la Péri Margian, fournirait, soit dans leurs guerres avec les Diws et les géants, soit dans les traditions postérieures, une suite de légendes non moins attachantes et surtout plus originales que les histoires de nos fées, généralement dénaturées par la lyre énervante et frivole des trouvères du moyen âge. La poésie suivante exprime l'amour mystique d'un poète persan pour un de ces immortels génies.

LA PERI

## LA PÉRI.

Du sein de ta splendeur, ô Péri lumineuse,
Fais rayonner sur moi la clarté glorieuse
　　De ton regard divin.

Miroir éblouissant d'amour et de puissance,
Tu sembles réfléchir dans ta brillante essence
　　Leurs monades sans fin.

Ton trône de smaragde éclate comme l'aube
Et les plis onduleux de ta céleste robe
　　Sont de myrrhe et d'azur.

Un arc aux sept couleurs forme ton diadème ;
La nuit a répandu sur ta beauté suprême
　　Son charme le plus pur.

Comme le doux regard de la lune sereine
Apaise le flot noir, tu calmes, souveraine,
  Le trouble de mes sens.

Mon esprit, agité dans sa prison mortelle,
S'éclaire, comme l'onde où le disque étincelle,
  A tes feux ravissants.

Le souffle de ta lèvre exhale au loin les roses
Des jardins de Bagdad et les perles écloses
  Dans le fond de la mer.

Tes contours sont formés d'harmonie et de grâce ;
L'opale du matin se lève sur ta trace
  Dans ton limpide éther.

Quand ton œil radieux s'abaisse sur ma vue,
Je tressaille et frémis comme la vague émue
  Sous le disque vainqueur.

Pâle, joyeux, ravi dans le lac du délire,
Je puise une autre vie et je sens une lyre
  S'éveiller dans mon cœur.

Parfois, dans le sommeil, vision éthérée,
Tu penches à demi ton aile diaprée,
　　　Au doux frémissement.


Je crois voir une étoile, à la blanche figure,
Descendre et s'exprimer dans un vague murmure
　　　A mon ravissement.


Quand tu parles, je meurs. Ineffable harmonie,
Je crois ouïr les chants de la sphère infinie
　　　Dans le son de ta voix.


Resplendis, douce étoile, autour de ma demeure;
Charme par ton pouvoir le vol pesant de l'heure
　　　Et le désert des bois!


Descends de ce royaume, harmonieux modèle,
Où flottent les rayons de la source immortelle,
　　　Avant de s'incarner :


Paradis merveilleux où règne chaque essence,
Où la beauté, l'amour, la foi, l'intelligence,
　　　Brillent sans se faner.

Tu brûles à jamais, ô flamme incorruptible,
Comme un vivant soleil de la sphère invisible
    Dont tu ceins la beauté.


O Péri, viens souvent consoler mon martyre;
Viens me montrer la source où mon extase aspire,
    Dans l'immortalité !

# MORED ET NARVA,

ÉGLOGUE AFRICAINE.

## NOTICE SUR MORED ET NARVA.

Cet épisode tragique est imité du poëte anglais Chatterton, dont le douloureux suicide a fourni naguère le sujet d'un drame de M. de Vigny, qui a le premier popularisé son nom en France. Comment ne pas admirer la merveilleuse richesse de ce génie adulte que d'orgueilleux lords prétendus protecteurs ont laissé périr de désespoir et de faim, à l'exemple de notre Gilbert et de tant d'autres nobles victimes? L'auteur de si éloquentes inspirations n'avait pas dix-huit ans à sa mort. Le sentiment de la belle poésie est si peu répandu parmi nous, que l'édition moderne de ses œuvres traduites est descendue au dernier rabais. Je me suis empressé d'en détacher ce diamant, qu'on me saura gré d'avoir tenté de faire apprécier d'un public plus nombreux, et dont j'offre tout l'honneur à sa mémoire. Les dieux et les cérémonies, dont il est question dans Mored et Narva, sont tirés des traditions et des coutumes des peuplades africaines. On peut facilement reconnaître dans Chalma, terrible idole à trois têtes, une espèce de Siva fétiche. La peinture animée de la danse sauvage, qui sert de préambule au récit des chastes amours du prêtre Narva et de la jeune Mored, est empreinte d'une originalité puissante, égale aux magnificences de Byron. Quoi de plus ravissant que la description de ces côtes pittoresques, où plane le Makaw, frère de l'aigle, et cette vierge Pythie, muse et conductrice de la ronde magique, espèce d'incantation tout-à-fait dans le goût des tribus noires de la Guinée!

LA PRÊTRESSE AFRICAINE.

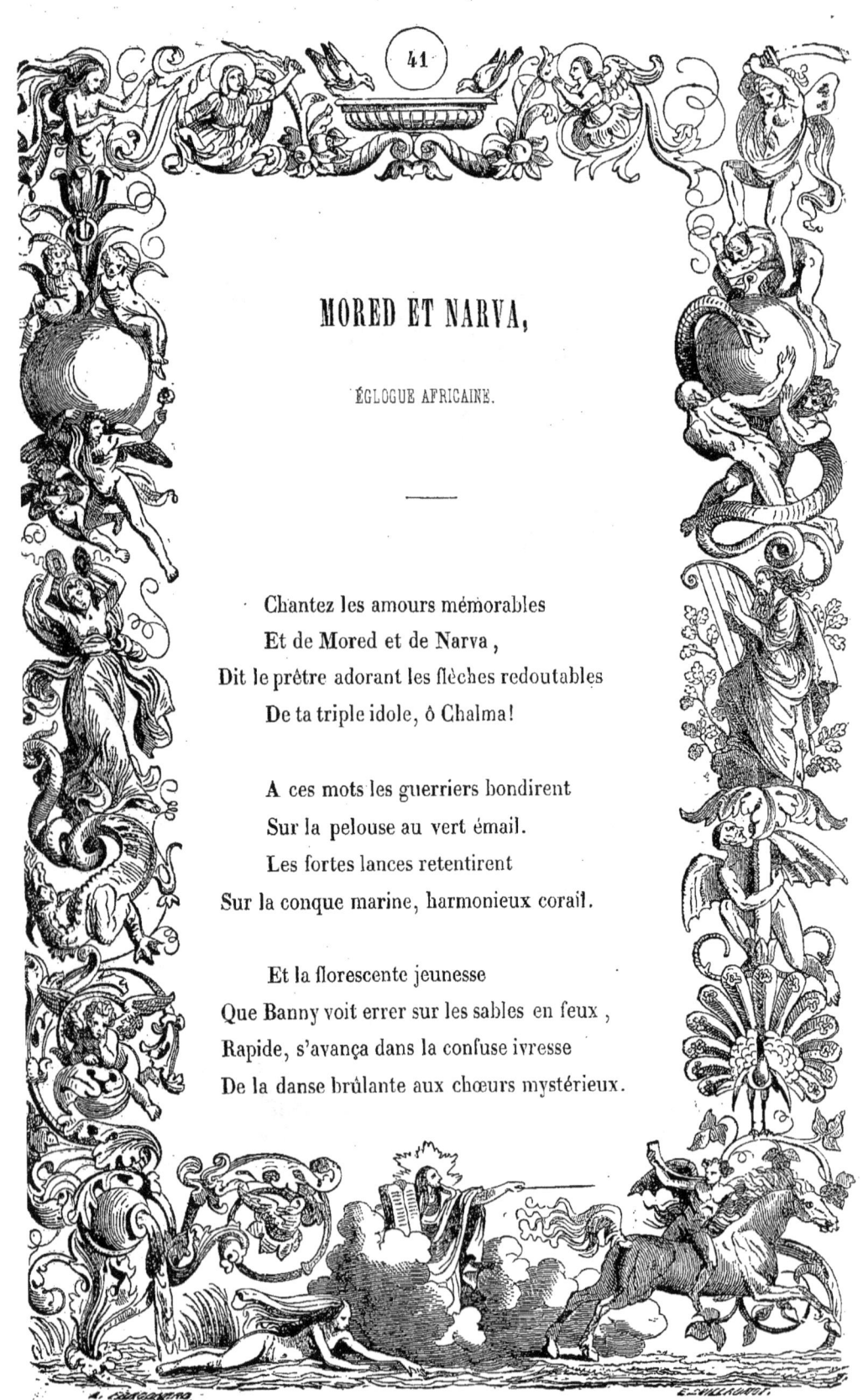

# MORED ET NARVA,

### ÉGLOGUE AFRICAINE.

---

    Chantez les amours mémorables
    Et de Mored et de Narva,
Dit le prêtre adorant les flèches redoutables
    De ta triple idole, ô Chalma!


    A ces mots les guerriers bondirent
    Sur la pelouse au vert émail.
    Les fortes lances retentirent
Sur la conque marine, harmonieux corail.


    Et la florescente jeunesse
Que Banny voit errer sur les sables en feux,
Rapide, s'avança dans la confuse ivresse
De la danse brûlante aux chœurs mystérieux.

La vierge, haletante, et les yeux dans l'espace,
  Comme sur les ailes du vent
Vole aux cimes du mont d'où son regard embrasse
La terre de Chalma, Chalma, foudre vivant !


  Gloire à Chalma qui lance les orages,
    Au dieu dont le tonnerre luit
    Dans les ténèbres de minuit !
  Gloire à Chalma qui pousse les nuages
    En tourbillons sanglants
Et brise sur l'écueil les vaisseaux chancelants !
  Gloire à Chalma dont le nom magnifique
    Brille au loin comme un étendard
Des rochers de Lupa jusques au Calabar !
  Gloire à Chalma, dieu qui garde l'Afrique,
    La brune amante du soleil,
Et ses riantes sœurs, de roses couronnées,
    Les îles fortunées
Où sourit la nature en son printemps vermeil,
    Où le front bleu de l'aubépine
    Sous les pleurs du matin s'incline,
    Où le gingembre parfumé
    Jusqu'au sommet de la colline
Rampe à travers les fleurs du vallon embaumé !

La vierge, que la brise entraîne,
A dansé trois fois hors d'haleine
Dans l'ombre des arbres sacrés.
Pareils aux nuages livides,
Les enfants des jeux homicides
Accourent, bondissants, par la fête enivrés.

Aussi légers que des gazelles,
Ils traversent la plaine, et leurs pieds sont des ailes.
Agiles, penchés vers le sol,
Ils tournent enlacés. Voici la ronde immense,
Tantôt comme une onde en démence,
Ou rasant la terre en son vol.

Tantôt du granit rouge, à la tête immobile,
Elle peint les anneaux bordant un lac tranquille ;
Tantôt ces monts, gigantesque rempart,
Dont la chaîne s'étend de l'antre du Lorbar
Jusques aux régions lointaines, ténébreuses,
A l'impénétrable confin,
Où règnent à jamais les ombres nébuleuses,
Les secrets de la nuit sans fin.

La danse ardente multiplie

Autour du tronc sacré son orbe impétueux.
  Furieuse, elle se replie
  Dans le sein du bois orageux.
  Ainsi, quand se lève l'automne,
  L'essaim des feuilles tourbillonne
  Avec la brise des adieux.


Ainsi, du jour mourant quand la splendeur colore
  Les flots lointains d'un amoureux baiser,
   Les vagues viennent se briser
  En tourbillons d'écume et de phosphore
   Sur la grève de Toddida.
Leur cascade s'élève, ondoyant météore,
  A l'antre divin de Chalma,
Et meurt près du palais sur la côte sonore
   Où l'ingénieux ouvrier
Dore l'arc diapré, la lance magnifique,
Et rassemble les fils, tissu frais et magique
  De l'écorce du vert palmier ;
   Sur la côte retentissante
Où les pâles enfants d'un soleil sans vigueur
  Poursuivent l'or, objet de leur ardeur,
Et changeant de climats dans leur vie inconstante,
  Ne font que changer de douleur.

OFFRANDE DE MORED.

Bruyante et fugitive,
Pareille à l'onde convulsive,
La ronde environna l'arbre majestueux
Jusqu'à l'instant où, dans les plaines vertes,
Les guerriers fatigués sur les fleurs entr'ouvertes
Se couchèrent silencieux.

Alors, debout, la prêtresse inspirée,
Modulant chaque son,
Chanta l'histoire sacrée,
Et le chœur réveilla les échos du vallon.

LA PRÊTRESSE.

Loin des sables ardents du riche Calabar,
Loin des cieux où blanchit la matinale étoile,
Où murmure le vent dans l'antre du Lorbar,
Dorment sous un funèbre voile
Les âmes de Mored et du chaste Narva.
Ouvre-leur ton ciel, ô Chalma !

Tous deux dorment dans la poussière
Et comptent au nombre des morts ;
Leur souvenir, douce lumière,
Brillera longtemps sur ces bords.
Notre voix, cymbale plaintive,
Redira leurs amours touchants.
Leur vie a passé fugitive
Comme la jeune fleur des champs.
Dans la grotte des races mortes,
O Chalm ! récompense leur foi ;
Du sépulcre ouvre-leur les portes,
Pour qu'ils s'élèvent jusqu'à toi !


Dans le temple du dieu, prêtre vierge et fidèle,
Narva s'avançait beau comme le jour naissant,
Quand le Makaw, perdu dans la voûte éternelle,
　　Fixe son astre éblouissant.
La grandeur de son âme, invisible étincelle,
　　Consuma ce mortel puissant.


Aux lieux où la Zinza limpide
Serpente dans le val humide
Parmi les roseaux murmurants,
Croissait une fleur plus charmante

Que la lune dans l'eau dormante
Et tous les parfums enivrants.
Noir était son jeune visage,
Comme la source du Volta,
Dans le fond du gouffre sauvage
Où le dieu tonnant l'enfanta.


Un jour, menant son faon dans la pieuse enceinte,
Elle aperçut le prêtre et l'aima. Fatal jour!
Narva même oublia l'autel, la robe sainte;
    Rien ne put guérir leur amour:
Prières, pleurs, soupirs, gémissements, contrainte.
    Leurs tourments doublaient chaque jour.


Pourrai-je trouver, ô mon âme,
Des accents pour peindre leur sort?
Embrasés d'une égale flamme,
Unis pour l'hymen de la mort,
Dans l'onde ils se précipitèrent
Du haut de la roche d'Hyga;
En mourant leurs voix s'écrièrent:
(Tu les entendis, ô Chalma!)

. . . . . . . . . . . . . . . . . . . . . . .
Leur adieu s'exhala sur la rive fleurie
Où le flot vint les abîmer.
« Dieux du ciel, prenez notre vie;
Il nous est interdit de vivre pour aimer! »

SACRIFICE DE MORED ET DE NARVA.

# LA ROSE,

GAZAL.

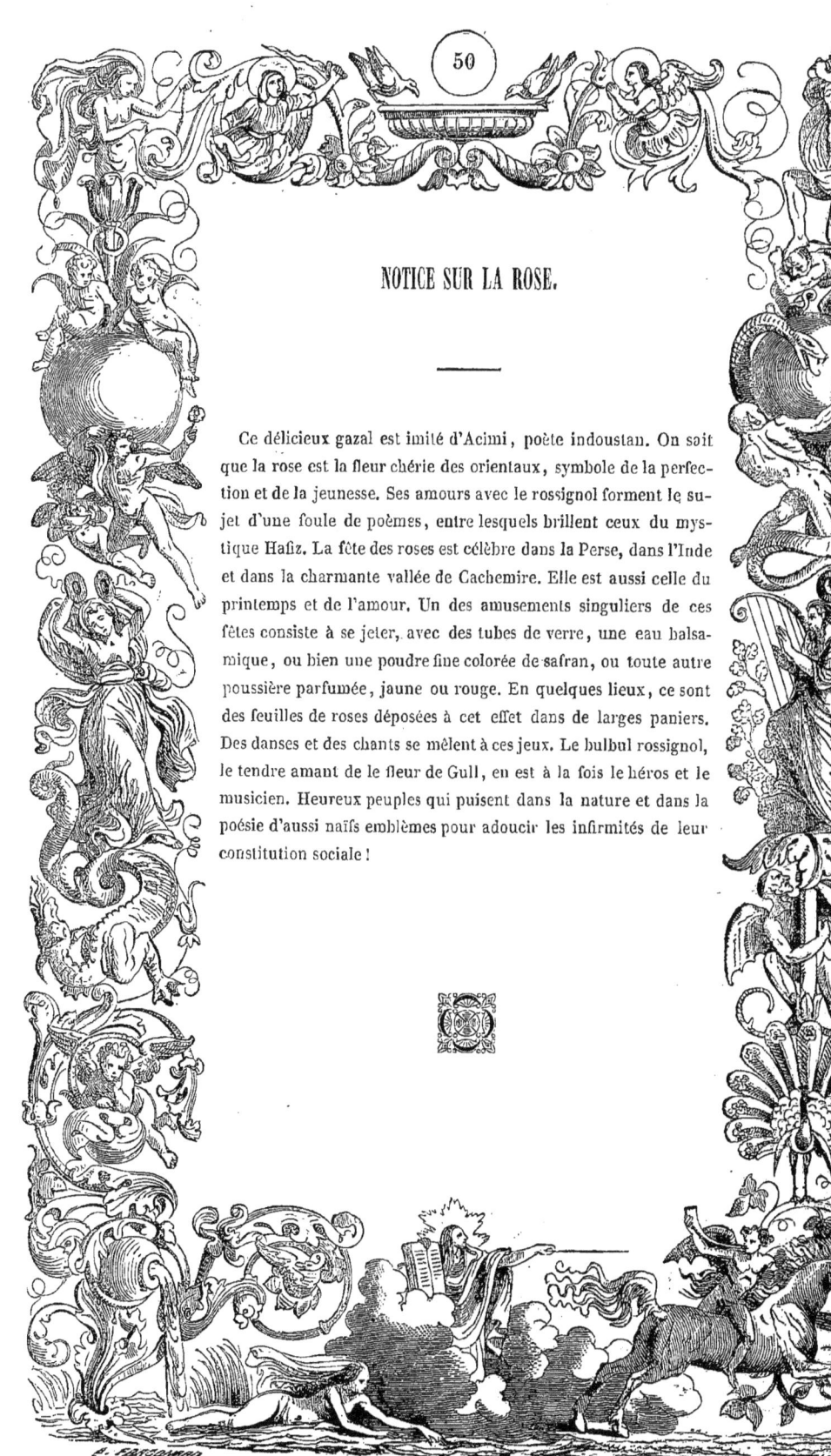

## NOTICE SUR LA ROSE.

Ce délicieux gazal est imité d'Acimi, poète indoustan. On sait que la rose est la fleur chérie des orientaux, symbole de la perfection et de la jeunesse. Ses amours avec le rossignol forment le sujet d'une foule de poèmes, entre lesquels brillent ceux du mystique Hafiz. La fête des roses est célèbre dans la Perse, dans l'Inde et dans la charmante vallée de Cachemire. Elle est aussi celle du printemps et de l'amour. Un des amusements singuliers de ces fêtes consiste à se jeter, avec des tubes de verre, une eau balsamique, ou bien une poudre fine colorée de safran, ou toute autre poussière parfumée, jaune ou rouge. En quelques lieux, ce sont des feuilles de roses déposées à cet effet dans de larges paniers. Des danses et des chants se mêlent à ces jeux. Le bulbul rossignol, le tendre amant de le fleur de Gull, en est à la fois le héros et le musicien. Heureux peuples qui puisent dans la nature et dans la poésie d'aussi naïfs emblèmes pour adoucir les infirmités de leur constitution sociale !

# LA ROSE,

## GAZAL.

Le jour où la rose naissante,
Reine des fleurs et des matins,
Dans sa splendeur éblouissante
Parut au trône des jardins,
Autour de sa tige embaumée
Mille rossignols amoureux
Accoururent, troupe enflammée,
Moduler des accords joyeux.

L'automne vint froide et chagrine.
De cette rose il ne resta
Pas même une feuille, une épine,
Dans le jardin qu'elle enchanta.

Triste, le maître du parterre
Me montra le lieu désolé
Où le bouton croissait naguère,
Où le calice avait brillé.

Et moi, voyant le sort rapide
Des choses du monde mortel,
Je sentis ma paupière humide
Sous les eaux du chagrin cruel.
La nuit j'en répandis encore
Comme le flambeau des veilleurs.
Je tombai sans force à l'aurore,
Tant m'avaient affaibli mes pleurs.

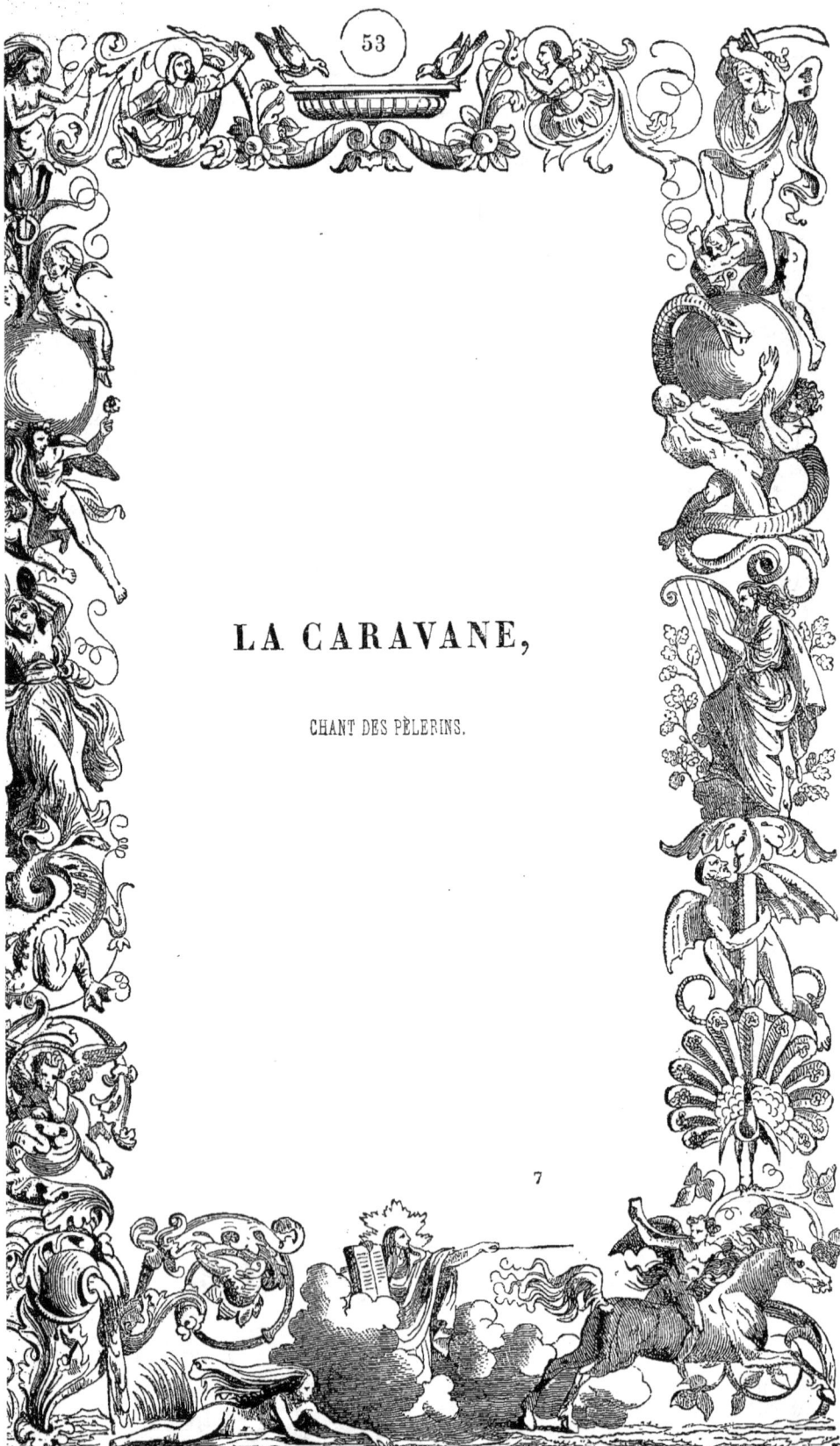

# LA CARAVANE,

CHANT DES PÈLERINS.

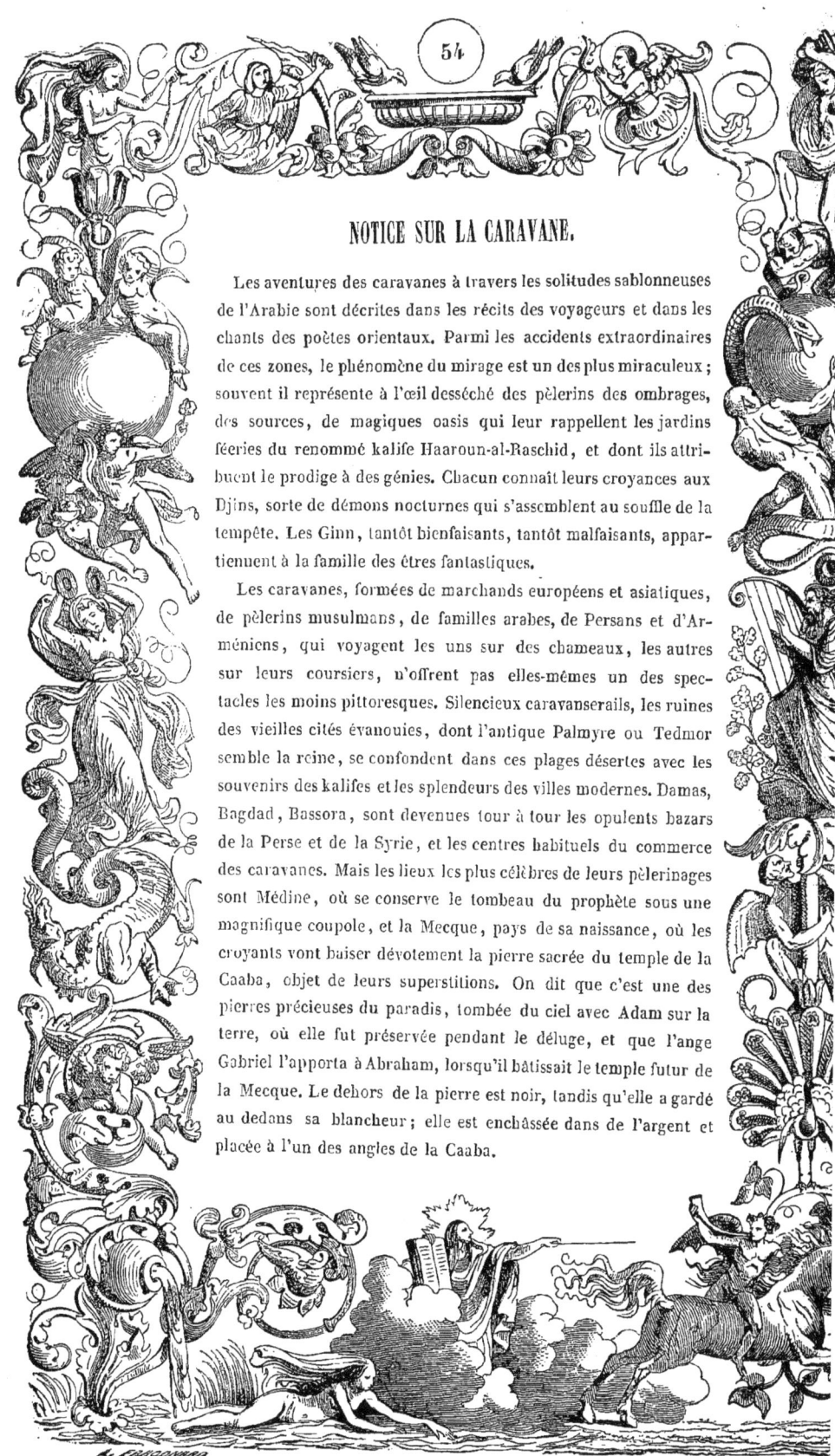

## NOTICE SUR LA CARAVANE.

Les aventures des caravanes à travers les solitudes sablonneuses de l'Arabie sont décrites dans les récits des voyageurs et dans les chants des poètes orientaux. Parmi les accidents extraordinaires de ces zones, le phénomène du mirage est un des plus miraculeux ; souvent il représente à l'œil desséché des pèlerins des ombrages, des sources, de magiques oasis qui leur rappellent les jardins féeries du renommé kalife Haaroun-al-Raschid, et dont ils attribuent le prodige à des génies. Chacun connaît leurs croyances aux Djins, sorte de démons nocturnes qui s'assemblent au souffle de la tempête. Les Ginn, tantôt bienfaisants, tantôt malfaisants, appartiennent à la famille des êtres fantastiques.

Les caravanes, formées de marchands européens et asiatiques, de pèlerins musulmans, de familles arabes, de Persans et d'Arméniens, qui voyagent les uns sur des chameaux, les autres sur leurs coursiers, n'offrent pas elles-mêmes un des spectacles les moins pittoresques. Silencieux caravansérails, les ruines des vieilles cités évanouies, dont l'antique Palmyre ou Tedmor semble la reine, se confondent dans ces plages désertes avec les souvenirs des kalifes et les splendeurs des villes modernes. Damas, Bagdad, Bassora, sont devenues tour à tour les opulents bazars de la Perse et de la Syrie, et les centres habituels du commerce des caravanes. Mais les lieux les plus célèbres de leurs pèlerinages sont Médine, où se conserve le tombeau du prophète sous une magnifique coupole, et la Mecque, pays de sa naissance, où les croyants vont baiser dévotement la pierre sacrée du temple de la Caaba, objet de leurs superstitions. On dit que c'est une des pierres précieuses du paradis, tombée du ciel avec Adam sur la terre, où elle fut préservée pendant le déluge, et que l'ange Gabriel l'apporta à Abraham, lorsqu'il bâtissait le temple futur de la Mecque. Le dehors de la pierre est noir, tandis qu'elle a gardé au dedans sa blancheur ; elle est enchâssée dans de l'argent et placée à l'un des angles de la Caaba.

LES PÈLERINS DE LA MECQUE.

## LA CARAVANE,

CHANT DES PÈLERINS.

―――

Le vent du désert souffle, allons, o dromadaire !
Fends les vagues de sable et porte nos trésors :
    Perles d'Iran, grains de rosaire,
Diamants de Golconde, ivoire de Lahors,
    Brillants tributs des caravanes.
Porte avec nos sachets nos voiles diaphanes,
    Notre ambre, le rubis ardent,
Des colliers, des parfums pour les brunes sultanes,
    Pour les reines de l'Occident.

  Voyageurs, à toutes les villes
  Nous avons ravi leurs écrins ;
  Nous avons traversé les îles,
  Des monts les crêtes immobiles,
  Et les mers aux vastes bassins.
  Nous avons pris au Cachemire
  Ses tissus, riants papillons,
  Son corail au fluide empire,

Au Bérhar, l'encens et la myrrhe,
A Timor, ses riches filons,
Sa pourpre à la conque marine,
Ses merveilles à Bassora ;
Nous avons salué Médine,
Baisé dans la Mecque divine
La pierre de la Caaba.

Nous avons vu mille féeries,
Des kiosques aux cent couleurs,
D'éblouissantes pierreries,
Des murs semés de broderies,
Des oiseaux semblables aux fleurs.
Le jour, quand luisent les coupoles,
Cent glaces, vives girandoles,
Y font danser des auréoles ;
La nuit, on entend tour à tour
Des esprits la voix séductrice,
A l'heure où la lune propice
Caresse l'odorant calice
De la tige qui meurt d'amour.

Nous avons vu dans cent contrées
Des femmes blanches et cuivrées
Ou par un beau soleil dorées,

Exhalant le nard du santal.
Nous avons ouï sur les plages
Le bruit caché des coquillages
Qui murmurent tous les langages,
Dormi sous l'ombre du nopal.
Quand le Simoun bat notre tête,
Les Djins volent dans la tempête
En tourbillons impétueux.
L'oasis parfois se découpe
Comme une radieuse coupe
Ou comme un fantastique groupe
De Palais, de Péris, de dieux.

Mais rien ne vaut le ciel de la patrie aimée,
Nos tentes, nos harems, la retraite embaumée
    Où sont nos mères et nos sœurs.
Assises dans l'angoisse, elles pleurent sans cesse,
Et donnent leur aumône en signe de tendresse
    Aux derviches, aux voyageurs.

Quand découvrirons-nous nos demeures natales?
Quand sonnera l'instant de poser nos sandales
    Sous les abris hospitaliers?
Quand verrons-nous Bagdad, la terre de promesses?

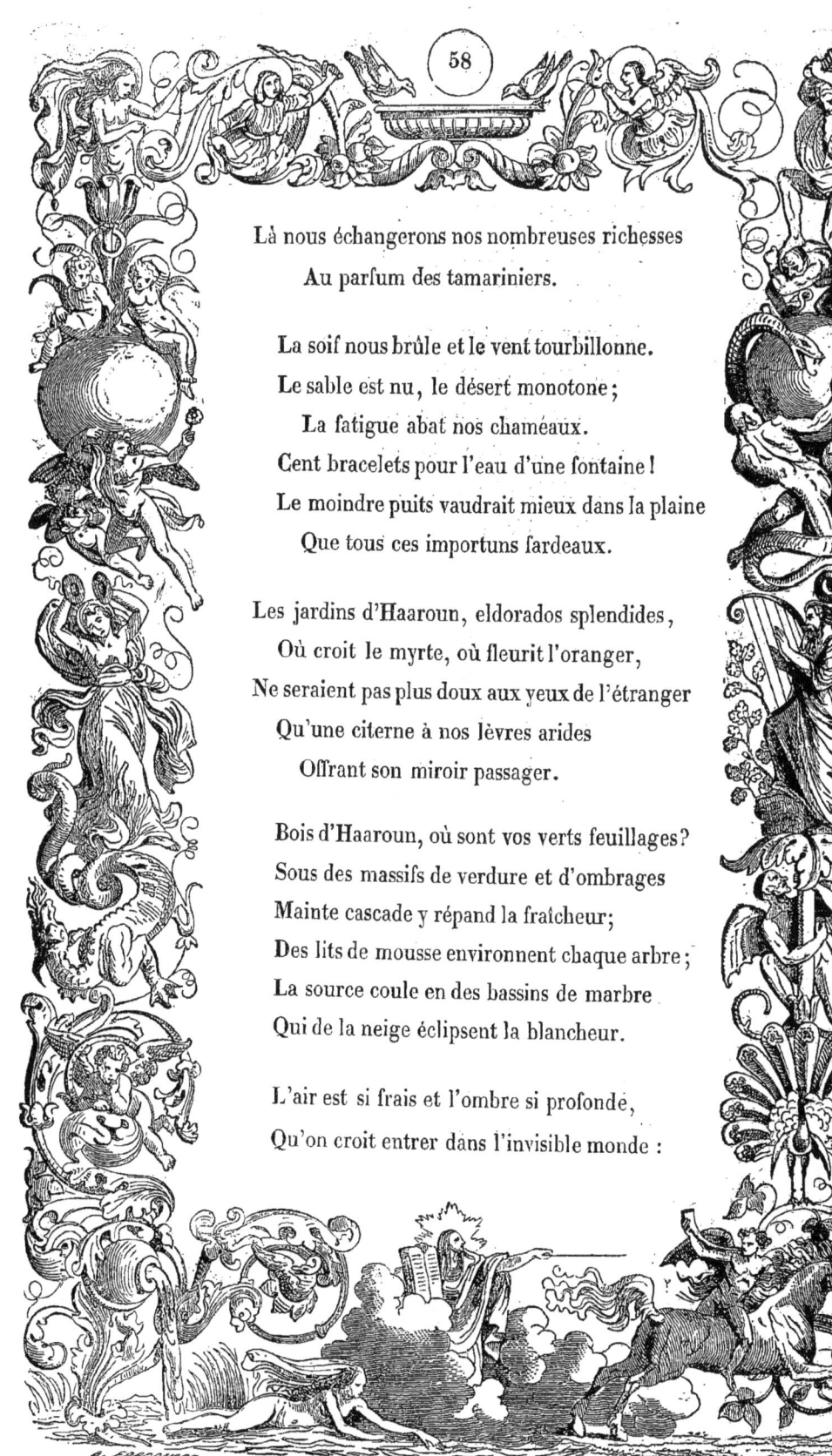

Là nous échangerons nos nombreuses richesses
   Au parfum des tamariniers.

La soif nous brûle et le vent tourbillonne.
Le sable est nu, le désert monotone ;
   La fatigue abat nos chameaux.
Cent bracelets pour l'eau d'une fontaine !
Le moindre puits vaudrait mieux dans la plaine
   Que tous ces importuns fardeaux.

Les jardins d'Haaroun, eldorados splendides,
   Où croit le myrte, où fleurit l'oranger,
Ne seraient pas plus doux aux yeux de l'étranger
   Qu'une citerne à nos lèvres arides
      Offrant son miroir passager.

Bois d'Haaroun, où sont vos verts feuillages?
Sous des massifs de verdure et d'ombrages
Mainte cascade y répand la fraîcheur;
Des lits de mousse environnent chaque arbre ;
La source coule en des bassins de marbre
Qui de la neige éclipsent la blancheur.

L'air est si frais et l'ombre si profonde,
Qu'on croit entrer dans l'invisible monde :

Ni son, ni voix, rien, pas même un écho.
Parfois, perlant l'amoureuse cadence,
Le rossignol trouble seul le silence,
Ou le filet tombant des sources d'eau.

Qui rayonne là-bas? des minarets! des tentes !
Ou l'oasis paisible, aux demeures flottantes,
  Dressant ses magiques édens?
Serait-ce une cité nouvellement éclose
Sous les pas d'une Gine, à la conque de rose,
  Protectrice des pèlerins ?

Peut-être un saint calife a semé sur les sables
Ces dômes éclatants, ces arbres délectables,
  Bienheureux caravanserail.
Béni soit le calife ou l'ange tutélaire
Dont la main embellit la plaine solitaire
  De ce verdoyant éventail !

  Hâtez-vous, mes coursiers agiles !
  Là vous attend un doux repos
  Parmi les bocages fertiles
  Pleins de dattes et de lotos.
  Là du miel bourdonne la ruche ;
  Soyez aussi prompts que l'autruche,

Navire ailé du grand désert.
Gagnons la plage fortunée ;
Avant la fin de la journée,
Nous dormirons sous l'arbre vert.

Noirs, et vous, familles errantes
Que porte le dos des chameaux,
Nous boirons les fleurs enivrantes
Et le lait caillé des troupeaux.
Voyez, la ville étend ses dômes
Luisants comme le jaspe et l'or,
Ses hauts cyprès et ses royaumes
Plus riches que ceux de Tedmor.

Mais le soleil décline ; sur sa trace,
Rêve trompeur, le mirage s'efface,
  Comme l'aile d'un Djin moqueur.
Allah ! voici l'ombre du sycomore !
Nous saluerons, à la prochaine aurore,
  Bagdad, la ville de splendeur.

# LES BERGÈRES DE KRISNA,

ÉGLOGUE INDIENNE.

## NOTICE SUR KRISNA ET LES GOPIS.

Les bergères, désignées sous le nom de Gopis, sont célèbres dans la mythologie indienne par leurs amours avec le jeune dieu Krisna, qui n'est autre que Wishnou incarné, suivant la loi des divinités bramaniques. Le dieu, ayant pris naissance dans la caste inférieure des soudras, avait été confié par sa mère Devaki aux soins du pasteur Nanda et de son épouse Iachoda, pour échapper aux persécutions meurtrières de son oncle Cancha. C'est pendant la première période de sa vie terrestre, dans la vallée de Gokoulam, sur les bords de la Djumna, que se déroule, au milieu des prodiges et des périls de tout genre, le roman mystérieux consacré par le Bagavatta et plusieurs livres sacrés de l'Inde. Doué d'une beauté merveilleuse égale à sa force, Krisna, enfant, comme Hercule, terrassait les serpents et les géants, et, comme Apollon berger, il enchantait les hyènes et les chakals aux sons de la flûte qu'il avait inventée. Les belles laitières de Gokoulam furent ravies en écoutant cette musique délicieuse et accoururent d'elles-mêmes former des danses à ses accords. Krisna, par un miracle, se multipliait dans leurs rondes, et chacune d'elles croyait lui donner la main, ce qui excita la jalousie passionnée de Radha, son amante préférée. Mais bientôt sa mission l'appelant à d'héroïques épreuves, elles restèrent désolées de son absence et firent retentir l'air de leurs gémissements. Alors un messager de Krisna vint les consoler en leur révélant la présence invisible de la divinité qu'elles pleurent et qui se communique éternellement à tous les êtres. Après leur mort, lorsque Krisna eut remonté dans sa gloire, les belles Gopis ou laitières de Gokoulam furent transportées dans la demeure céleste où Radha est assise à la droite de Krisna Wishnou, tel qu'il apparut un jour sur la terre à Nanda, son père adoptif, et aux autres pasteurs de Brindavana. Souvent il est peint tenant une feuille de lotus et accompagné de l'oiseau Garouda, aigle fantastique de la race fabuleuse du Simourgh persan, d'où est sans doute descendu l'aigle de Jupiter. On compte sept ou douze Gopis, qui sont rangées parmi les nymphes ou divinités inférieures répandues dans les différentes parties de la création. Tous les ans on célèbre encore sur les rives de l'Indus, au printemps et à l'automne, des fêtes en mémoire du dieu Krisna et de ses charmantes laitières. Ses adorateurs font de magnifiques pèlerinages à Djagannatha, où l'on a déposé ses cendres, recueillies du bûcher qui vit se consumer ses nombreuses femmes avec les restes de leur divin époux.

J'ai aussi, dans la même pièce, indiqué, sans les nommer, deux éloquentes personnifications de la Parque indienne, Dhata et Vidhata, jeunes filles qui habitent le Nagaloka ou demeure des serpents; elles s'occupent à tisser des vêtements avec des fils noirs et blancs, dont les uns figurent le jour et les autres la nuit. Une roue, que six jeunes gens font tourner près d'elles, marque l'année indoue divisée en six saisons. Les Raginis ou nymphes musicales de l'Inde ne sont pas moins ingénieuses : elles marchent et agissent en cadence. Leur vie est toute rhythmique; elles sont l'image divine des sciences. A côté des Raginis et des Gopis, se trouvent les musiciens célestes nommés Gandarwas, et les voluptueuses Apsaras, qui charment par leurs mélodies et leurs danses le paradis d'Indra, où les dieux du second ordre savourent l'amrita, breuvage d'immortalité. L'ajoka est un arbrisseau vert, aux fleurs pourpres, consacré à Cadameva, dieu de l'amour : il est censé se couvrir de fleurs chaque fois qu'il est touché par les pieds d'une belle femme. La plupart de ces figures symboliques ont été reproduites plus ou moins altérées dans la mythologie grecque.

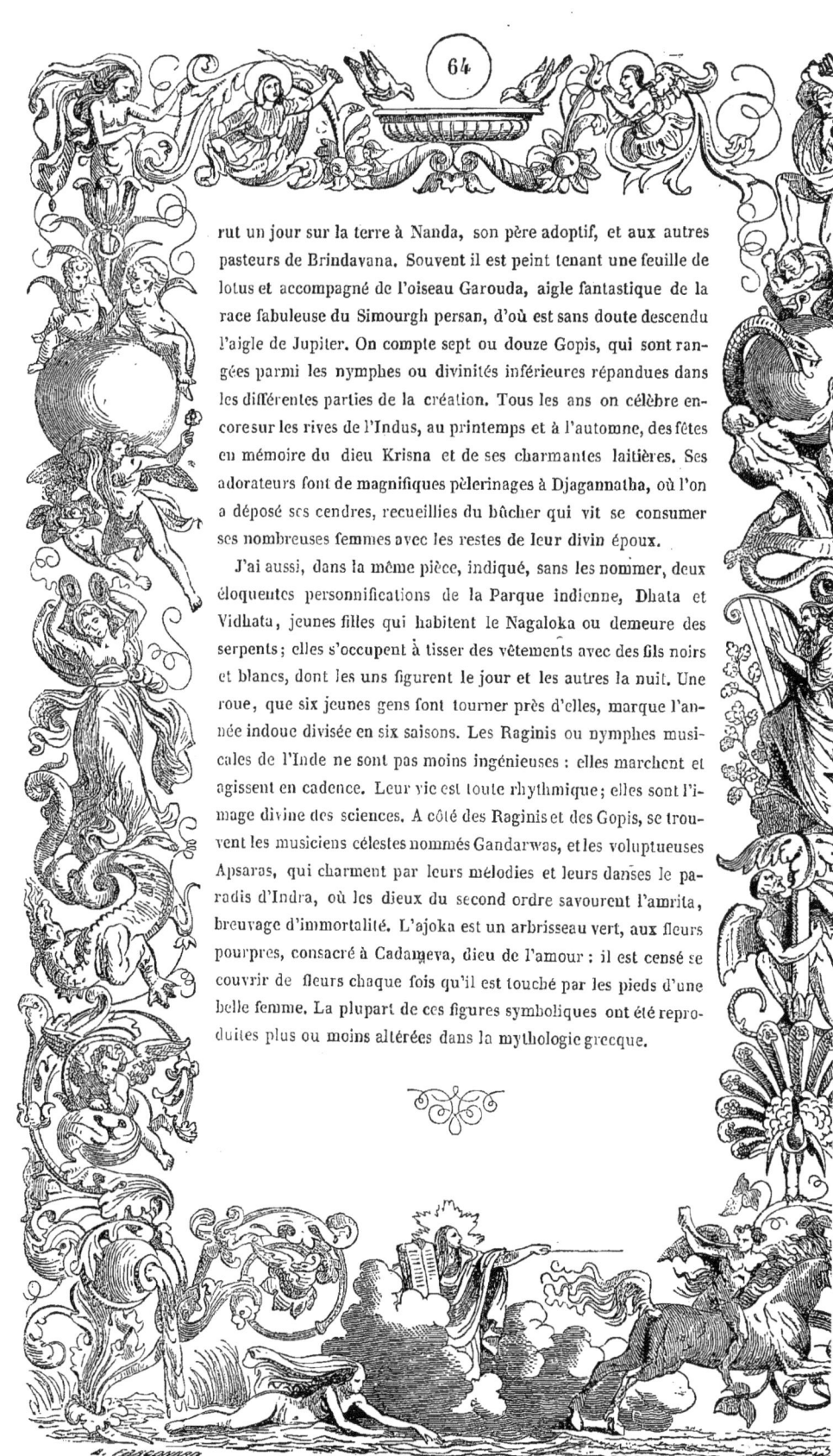

LES BERGÈRES DE KRISNA.

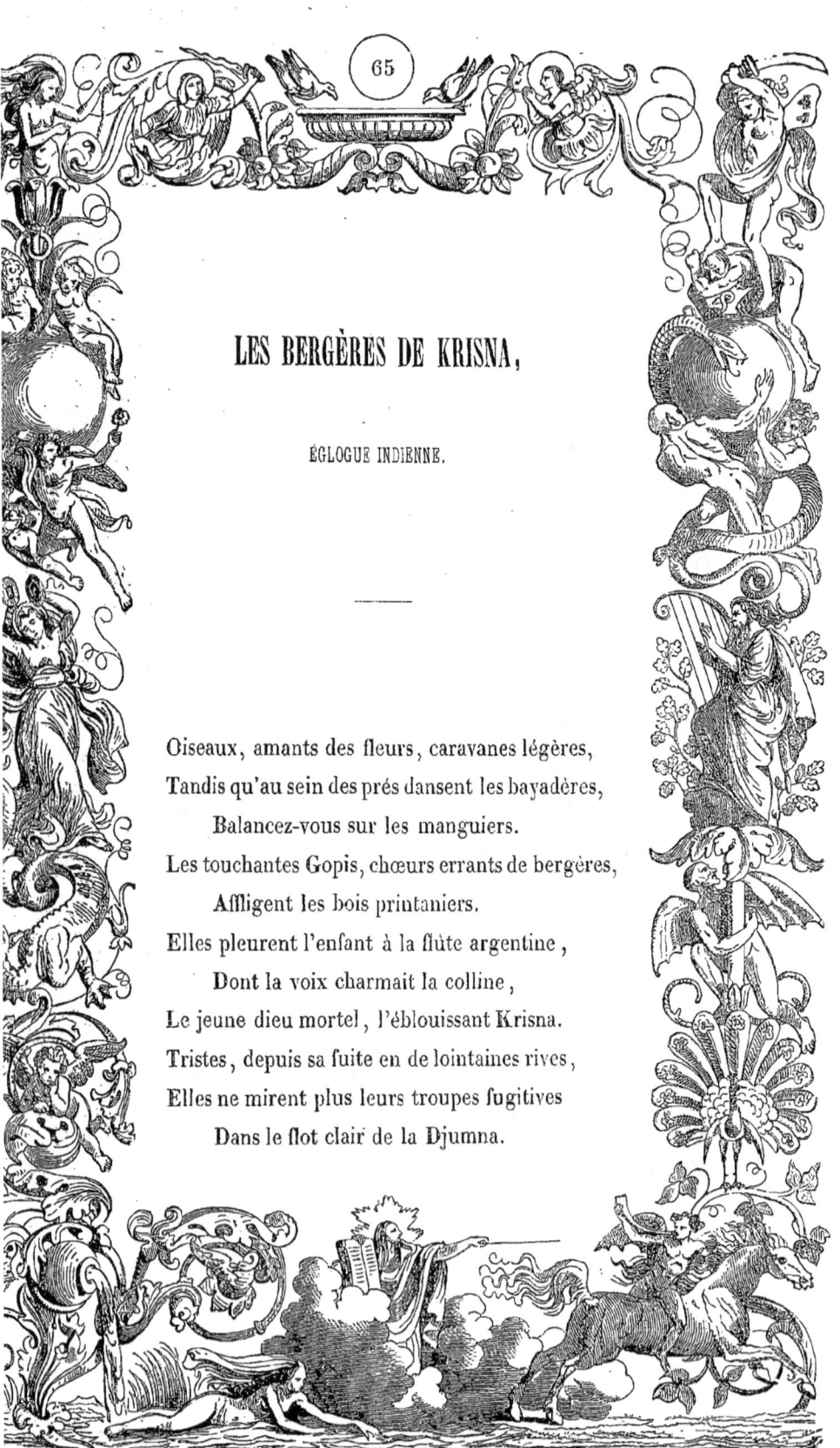

# LES BERGÈRES DE KRISNA,

ÉGLOGUE INDIENNE.

Oiseaux, amants des fleurs, caravanes légères,
Tandis qu'au sein des prés dansent les bayadères,
    Balancez-vous sur les manguiers.
Les touchantes Gopis, chœurs errants de bergères,
    Affligent les bois printaniers.
Elles pleurent l'enfant à la flûte argentine,
    Dont la voix charmait la colline,
Le jeune dieu mortel, l'éblouissant Krisna.
Tristes, depuis sa fuite en de lointaines rives,
Elles ne mirent plus leurs troupes fugitives
    Dans le flot clair de la Djumna.

« O toi qui te mêlais à nos champêtres danses,
Quand les bleus Lampiris allument leurs flambeaux,
Bel hôte, où donc es-tu? Nous suivions tes cadences
    Comme la feuille suit les eaux.

» Songes évanouis! Dans nos cercles rapides
Tu te multipliais pour enchanter nos yeux,
Et chacune de nous, pareille aux cantharides,
    Brûlait de tes célestes feux.

» Depuis que ton départ a glacé nos demeures,
Les vierges au teint noir, dans l'antre des serpents,
Mainte fois ont tissé des inconstantes heures
    Les symboliques vêtements.

» Quel mystère te voile à tes sœurs bien-aimées?
Quelle reine ou déesse enchaîne tes désirs?
Ta flûte, qui domptait les hyènes charmées,
    Guidait jadis nos doux soupirs.

» Les nymphes aux luths d'or, âmes de l'harmonie,
Auront séduit ton cœur par leur chaste contour.
Leur essence est un rhythme, ineffable génie;
    Mais les Gopis vivent d'amour.

» Oh! qui pourra jamais égaler nos tendresses
Pour toi, puissant mortel, roi des divinités?
Le palais de Brama, ciel des nobles déesses,
  T'offrirait moins de voluptés.

» Nous t'aurions chaque jour consacré nos offrandes,
Les blancs festins de lait et l'ambre pur du miel.
De l'ajoka pourpré les riantes guirlandes
  Auraient couronné ton autel.

» Dieu fort dont le berceau brilla près de nos plages,
Pourquoi nous fuir? nos yeux n'ont cessé de pleurer.
Les danses, nos brebis, les fêtes, les ombrages,
  Ne savent plus nous attirer.

» Nous répétons tes chants aux astres, aux retraites.
Dans nos monts, disais-tu, nourri par un pasteur,
Tu venais, imitant les saints anachorètes,
  Porter un baume à la douleur.

» Entends-nous! vois tes sœurs, pâles et désolées,
Plaintives, s'abreuvant des pleurs du désespoir.
Reviens, ou nous mourrons, veuves inconsolées,
  Comme au matin la fleur du soir. »

Les bergères chantaient, et Radha, la plus belle,
La plus triste, menait le concert douloureux.
    Sur leur cou flottaient leurs cheveux.
Soudain Krisna, paré de sa gloire immortelle,
    Se dévoile à leurs yeux.

« Femmes, le dieu Krisna vient apaiser vos larmes.
    Par des sanglots pourquoi flétrir vos charmes ?
D'un manteau passager un instant revêtu,
Je suis toujours présent aux lieux où j'ai paru.
Invisible rayon, subtil comme la flamme,
J'habite l'air, les flots, les bois, dont je suis l'âme.
Cueillez, si vous m'aimez, le fruit de la vertu.

» Nous serons réunis dans l'éternel empire,
Au-dessus de la sphère où retentit la lyre
    Des mélodieux Gandarvas,
Où l'amrita répand le céleste délire
    Parmi les belles Apsaras. »

# ROMANCE DU BOUGUI,

OCÉANIDE.

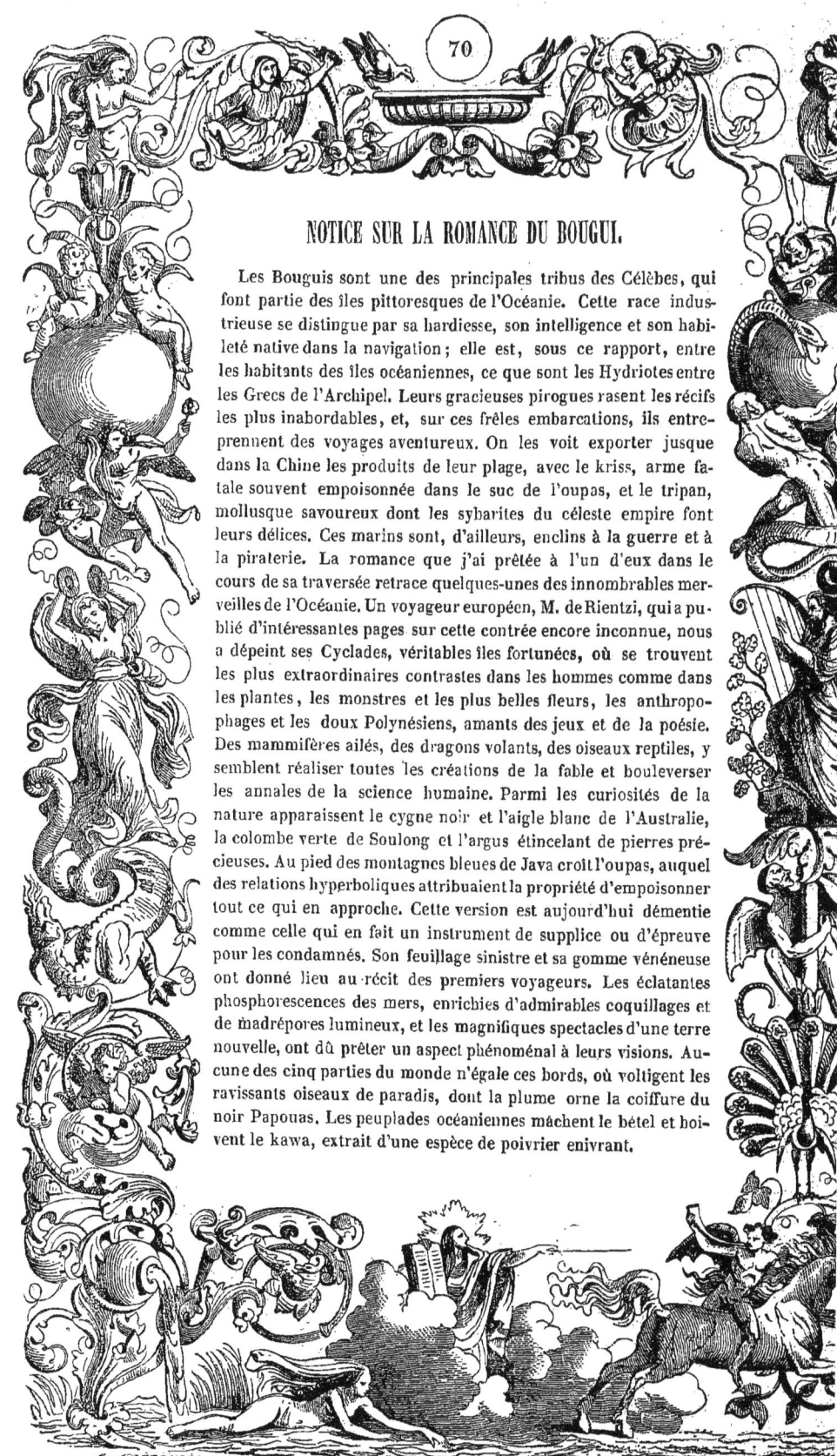

## NOTICE SUR LA ROMANCE DU BOUGUI.

Les Bouguis sont une des principales tribus des Célèbes, qui font partie des îles pittoresques de l'Océanie. Cette race industrieuse se distingue par sa hardiesse, son intelligence et son habileté native dans la navigation ; elle est, sous ce rapport, entre les habitants des îles océaniennes, ce que sont les Hydriotes entre les Grecs de l'Archipel. Leurs gracieuses pirogues rasent les récifs les plus inabordables, et, sur ces frêles embarcations, ils entreprennent des voyages aventureux. On les voit exporter jusque dans la Chine les produits de leur plage, avec le kriss, arme fatale souvent empoisonnée dans le suc de l'oupas, et le tripan, mollusque savoureux dont les sybarites du céleste empire font leurs délices. Ces marins sont, d'ailleurs, enclins à la guerre et à la piraterie. La romance que j'ai prêtée à l'un d'eux dans le cours de sa traversée retrace quelques-unes des innombrables merveilles de l'Océanie. Un voyageur européen, M. de Rientzi, qui a publié d'intéressantes pages sur cette contrée encore inconnue, nous a dépeint ses Cyclades, véritables îles fortunées, où se trouvent les plus extraordinaires contrastes dans les hommes comme dans les plantes, les monstres et les plus belles fleurs, les anthropophages et les doux Polynésiens, amants des jeux et de la poésie. Des mammifères ailés, des dragons volants, des oiseaux reptiles, y semblent réaliser toutes les créations de la fable et bouleverser les annales de la science humaine. Parmi les curiosités de la nature apparaissent le cygne noir et l'aigle blanc de l'Australie, la colombe verte de Soulong et l'argus étincelant de pierres précieuses. Au pied des montagnes bleues de Java croît l'oupas, auquel des relations hyperboliques attribuaient la propriété d'empoisonner tout ce qui en approche. Cette version est aujourd'hui démentie comme celle qui en fait un instrument de supplice ou d'épreuve pour les condamnés. Son feuillage sinistre et sa gomme vénéneuse ont donné lieu au récit des premiers voyageurs. Les éclatantes phosphorescences des mers, enrichies d'admirables coquillages et de madrépores lumineux, et les magnifiques spectacles d'une terre nouvelle, ont dû prêter un aspect phénoménal à leurs visions. Aucune des cinq parties du monde n'égale ces bords, où voltigent les ravissants oiseaux de paradis, dont la plume orne la coiffure du noir Papouas. Les peuplades océaniennes mâchent le bétel et boivent le kawa, extrait d'une espèce de poivrier enivrant.

LE DÉPART DU BOUGUI.

# ROMANCE DU BOUGUI,

### OCÉANIDE.

D'où viens-tu, léger coquillage,
Compagnon des vieux pèlerins?
Redis-moi ton lointain voyage,
Les murmures des flots marins.
As-tu vu dans la Malaisie
Le cygne noir et le bétel,
Les fleurs de la Polynésie
Où règne un printemps éternel?

Dans cette mer éblouissante
As-tu nagé, vivant émail,
Sur cette vague incandescente,
Parmi des temples de corail?
As-tu vu les femmes cuivrées
Y baigner leurs cheveux flottants,
Et les tuniques diaprées
Des coryphènes éclatants?

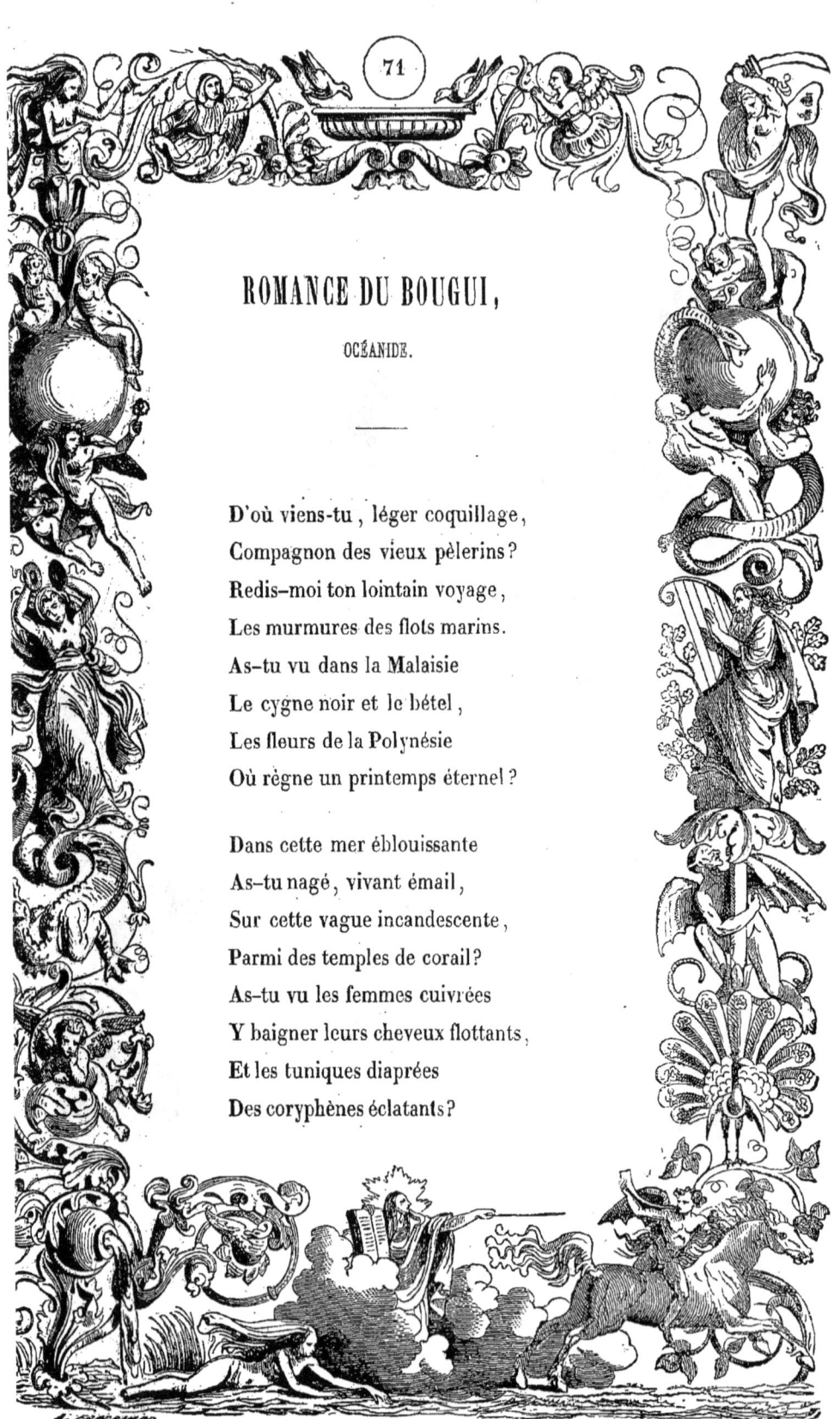

As-tu vu les oiseaux reptiles,
La feuille du terrible oupas,
Les riants paradis des îles
Où dansent les noirs Papouas?
Est-ce la voix de leurs syrènes
Dont tu répètes les accords,
Ou leurs étranges phénomènes?...
Ma pirogue a rasé ces bords.

Connais-tu l'argus du rivage,
L'aigle blanc, les monts de Java,
Les colombes au vert plumage,
Le philtre enivrant du kawa?
Jouais-tu sous les arcs sonores
Où la perle fait son berceau,
Lorsque les ardents madrépores
Enflamment le cristal de l'eau?

Je crois revoir tous ces prodiges
Au bruit de tes vagissements.
Tu gardes leurs mille prestiges
Dans tes secrets enchantements.
Viens orner mon humble demeure
Avec ma flèche et mon tambour;
Raconte à Nelhi qui me pleure
Et mes périls et mon retour.

LE

CHANT DES BAYADÈRES.

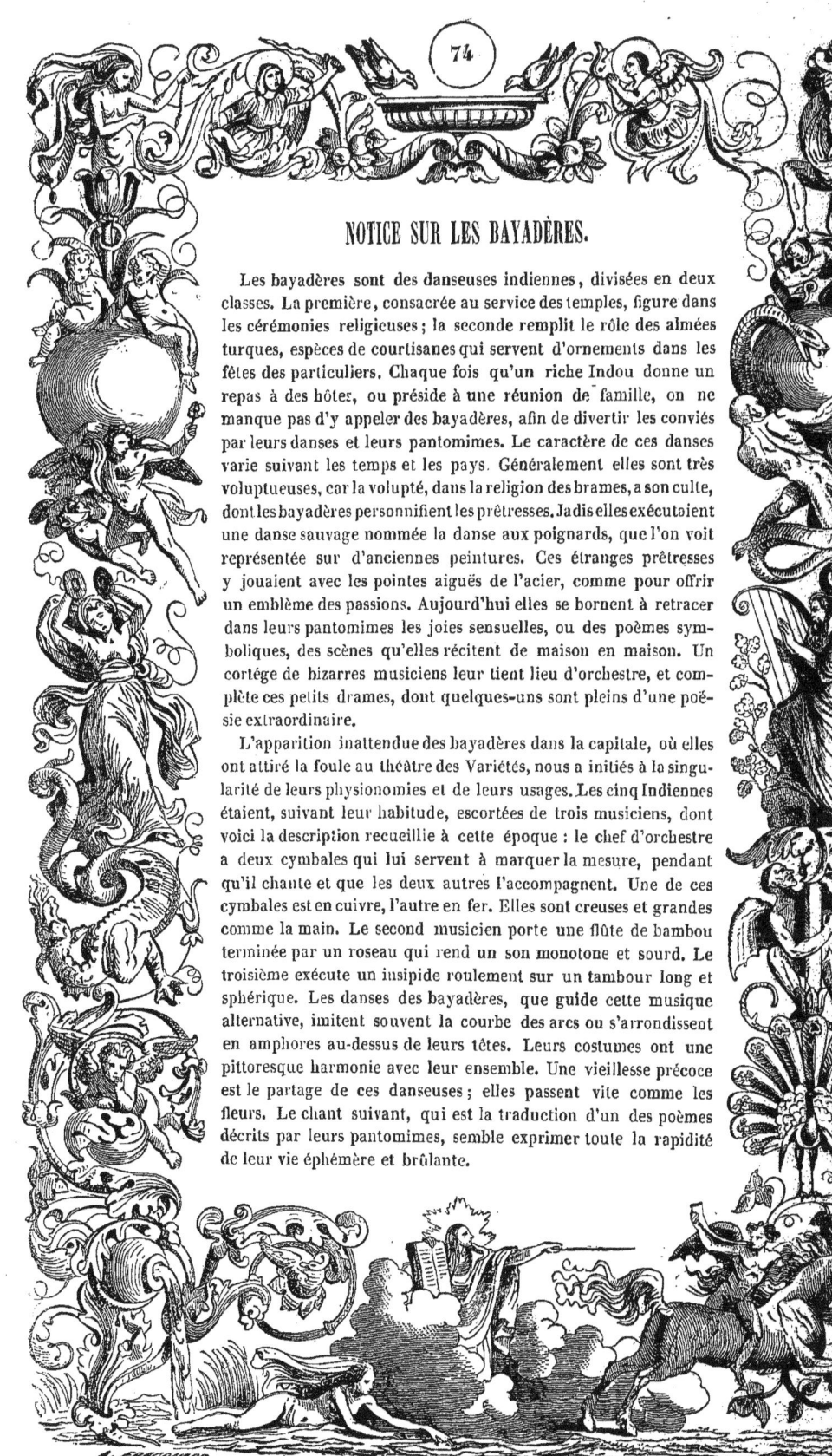

## NOTICE SUR LES BAYADÈRES.

Les bayadères sont des danseuses indiennes, divisées en deux classes. La première, consacrée au service des temples, figure dans les cérémonies religieuses ; la seconde remplit le rôle des almées turques, espèces de courtisanes qui servent d'ornements dans les fêtes des particuliers. Chaque fois qu'un riche Indou donne un repas à des hôtes, ou préside à une réunion de famille, on ne manque pas d'y appeler des bayadères, afin de divertir les conviés par leurs danses et leurs pantomimes. Le caractère de ces danses varie suivant les temps et les pays. Généralement elles sont très voluptueuses, car la volupté, dans la religion des brames, a son culte, dont les bayadères personnifient les prêtresses. Jadis elles exécutaient une danse sauvage nommée la danse aux poignards, que l'on voit représentée sur d'anciennes peintures. Ces étranges prêtresses y jouaient avec les pointes aiguës de l'acier, comme pour offrir un emblème des passions. Aujourd'hui elles se bornent à retracer dans leurs pantomimes les joies sensuelles, ou des poèmes symboliques, des scènes qu'elles récitent de maison en maison. Un cortège de bizarres musiciens leur tient lieu d'orchestre, et complète ces petits drames, dont quelques-uns sont pleins d'une poésie extraordinaire.

L'apparition inattendue des bayadères dans la capitale, où elles ont attiré la foule au théâtre des Variétés, nous a initiés à la singularité de leurs physionomies et de leurs usages. Les cinq Indiennes étaient, suivant leur habitude, escortées de trois musiciens, dont voici la description recueillie à cette époque : le chef d'orchestre a deux cymbales qui lui servent à marquer la mesure, pendant qu'il chante et que les deux autres l'accompagnent. Une de ces cymbales est en cuivre, l'autre en fer. Elles sont creuses et grandes comme la main. Le second musicien porte une flûte de bambou terminée par un roseau qui rend un son monotone et sourd. Le troisième exécute un insipide roulement sur un tambour long et sphérique. Les danses des bayadères, que guide cette musique alternative, imitent souvent la courbe des arcs ou s'arrondissent en amphores au-dessus de leurs têtes. Leurs costumes ont une pittoresque harmonie avec leur ensemble. Une vieillesse précoce est le partage de ces danseuses ; elles passent vite comme les fleurs. Le chant suivant, qui est la traduction d'un des poèmes décrits par leurs pantomimes, semble exprimer toute la rapidité de leur vie éphémère et brûlante.

# LE CHANT DES BAYADÈRES.

**PREMIÈRE BAYADÈRE.**

Sur un palmier j'ai vu deux tourterelles
Se balancer à la brise du soir;
L'eau du bassin, où se baignaient leurs ailes,
Les reflétait dans son riant miroir.
Le blanc lotus, à la suave haleine,
Parfumait l'air comme au soir des beaux jours;
Leurs deux baisers touchaient l'onde sereine :
Rien n'est plus doux que les nouveaux amours.

**DEUXIÈME BAYADÈRE.**

Un noir vautour saisit l'oiseau timide,
L'emporte au loin malgré ses cris perçants,
Brise son cœur sous son ongle perfide
Et l'engloutit dans les flots gémissants.
J'ai vu traîner l'aile de la colombe,
Teinte de sang, sous le bec des vautours.
Le noir vautour, c'est l'oubli, c'est la tombe...
Rien n'est plus triste, hélas! que les anciens amours!

#### PREMIÈRE BAYADÈRE.

J'ai vu la fleur aux larmes de rosée
Épanouir son calice vermeil,
Et, rougissant sous la pluie embrasée,
Frémir de joie aux baisers du soleil.
Les doux trésors de sa rose pétale
Parfumaient l'air au lever des beaux jours,
Comme la vierge à l'aube nuptiale :
Rien n'est plus doux que les nouveaux amours.

#### DEUXIÈME BAYADÈRE.

Mais dans son sein le ver rongeur se plonge,
Fane la fleur et son parfum divin;
Il la consume, il la brûle, il la ronge,
Comme la vierge oubliée au matin.
J'ai vu traîner sa tige qui retombe
Comme l'oiseau sous le bec des vautours.
Le ver rongeur, c'est l'oubli, c'est la tombe...
Rien n'est plus triste, hélas! que les anciens amours!

LES BAYADÈRES.

# LAMYAT-EL-ARAB,

POÈME DE CHANFARA.

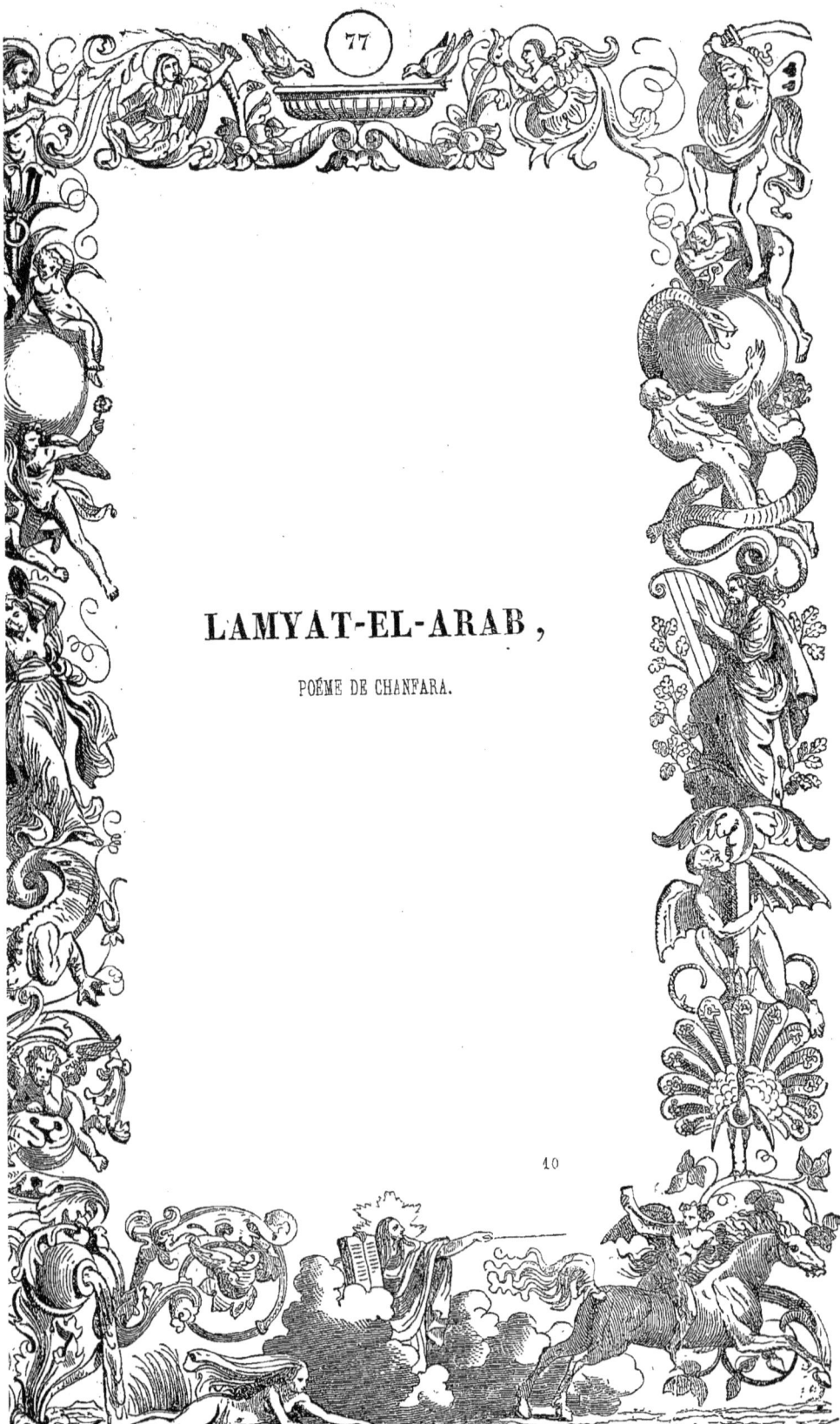

# NOTICE SUR L'ARABE CHANFARA [1].

L'histoire littéraire des Arabes, dont la partie la plus florissante précède l'Islamisme, renferme des trésors aussi riches que peu connus et difficiles à réunir. On y retrouve les fragments épars de cette épopée native dont la grande élégie de Job n'est qu'une page détachée. Ces tribus nomades avaient des assemblées ou espèces de joûtes dans lesquelles leurs poètes, comme les rapsodes, les bardes et les trouvères, venaient réciter leurs chants et en disputer le prix. Les pièces qui étaient jugées excellentes obtenaient l'honneur d'être mises dans le trésor royal; tels furent les sept Moallakât ou poèmes suspendus, écrits en lettres d'or sur la soie d'Égypte dans le temple de la Caaba, ce qui leur fit aussi donner le nom de Modhahabât ou les vers dorés. Cette ère, que les Arabes mahométans appellent l'ère d'ignorance, abonde en poètes renommés. Leurs traditions forment presque les seules annales des anciennes familles du désert. Parmi les morceaux les plus curieux de cette époque, M. de Sacy, et après lui M. Fresnel, nous ont fait connaître le poème de Chanfara intitulé Lamyat-el-Arab (2), non moins célèbre que les Al Moallakât.

Chanfara, son auteur, offre dans sa personne et dans ses œuvres un type frappant du génie des Arabes, mélange d'héroïsme et de barbarie, de résignation et d'indépendance, hospitaliers et vindicatifs, aussi supérieurs dans les productions de l'esprit que dans les exercices du corps. Il joint à la qualité de poète celle d'agile coureur, comme l'indique un proverbe de ce temps-là : Meilleur coureur que Chanfara. Parmi les coureurs fameux qui rivalisaient avec lui, il y en avait qu'un cheval n'aurait pu atteindre : nous citerons Ouçayd, fils de Djâbir, les deux poètes Soulayk, fils de Soulakah, et Taabbata-Scharran. Le premier des trois fut par la suite

---

(1) On doit écrire Schanfarâ, d'après l'orthographe indiquée par M. de Sacy dans sa Chrestomathie arabe, et suivie par M. Fresnel dans ses lettres sur les Arabes avant l'Islamisme. J'ai été obligé de conserver ici l'orthographe que m'avait fait adopter dans le poème un orientaliste dont j'ai déjà rectifié les erreurs à la fin de la première édition. Cette notice remplace la sienne qui avait été primitivement admise dans mon recueil.

(2) Text. Lâmiyyat alarab désigne un poème dont la rime de chaque vers se termine par la lettre *lam* ou *l*. (S. de Sacy.)

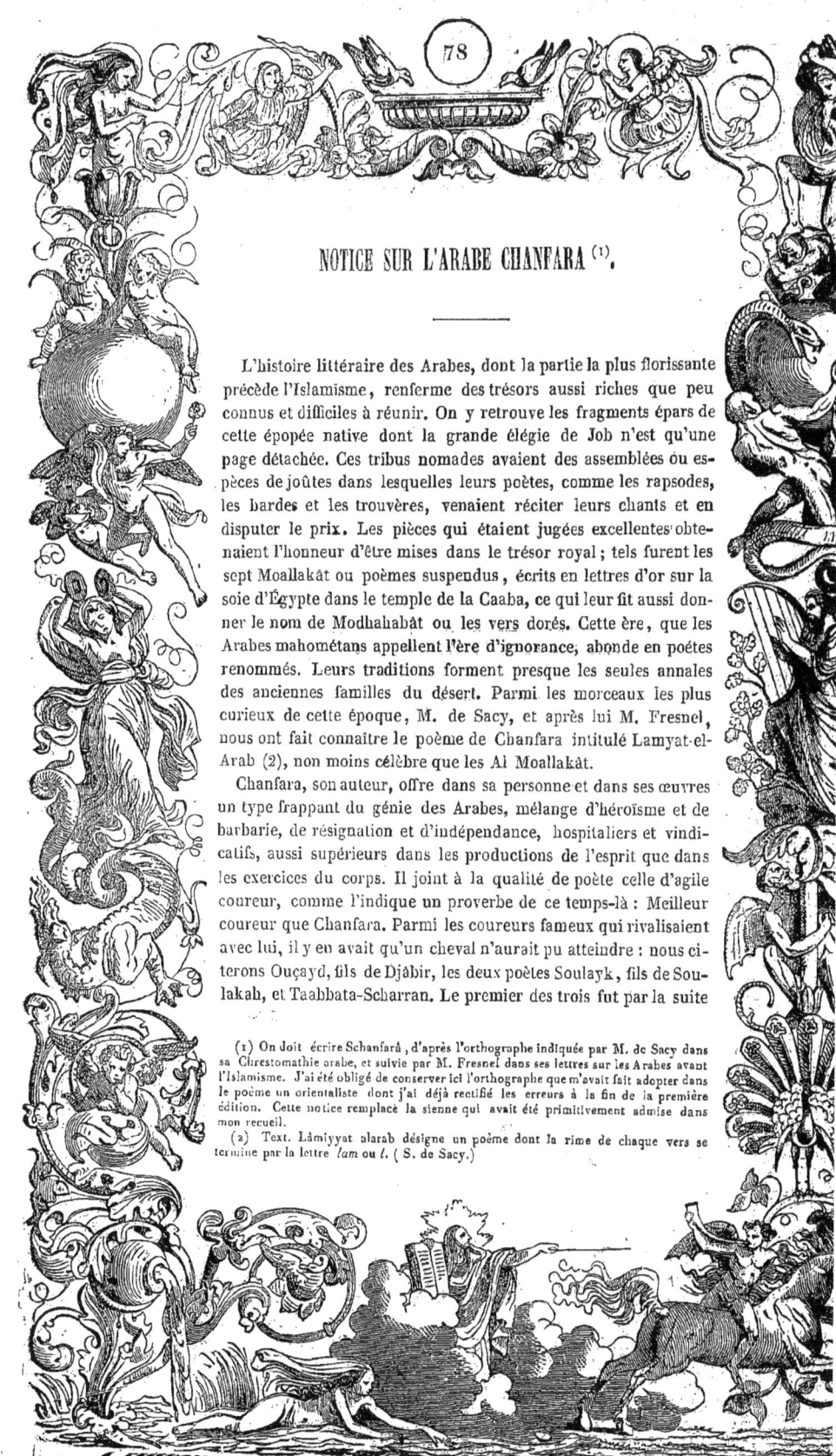

l'artisan de sa mort; le dernier, son ami, lui consacra une hymne funèbre rapportée plus loin. Les circonstances fatales qui ont influé sur sa vie lui impriment un cachet particulier réfléchi dans son poëme sauvage, où il nous a légué ses pensées les plus intimes et ses âpres sentiments. Essayons d'abord de retracer les principaux traits de son histoire d'après les deux orientalistes à qui nous devons cette précieuse traduction.

Chanfara descendait de la tige d'Azd et de la tribu d'Iwas. La tradition la plus commune nous le présente comme fils de Houdjr, fils de Hinv, fils d'Azd, fils de Ghaouth, etc. Son véritable nom était Hodjer, surnommé Al-Hinv. Cette filière de noms et de surnoms est tout-à-fait dans le goût et les habitudes arabes. Son nom vulgaire de Chanfara, qui n'est qu'un autre surnom, signifie *porteur de grosses lèvres*, ce qu'explique son origine maternelle. En effet, comme l'illustre Antar, le Roland du désert, il naquit d'un père noble et d'une esclave abyssinienne. Les hommes de cette naissance subissaient alors le mépris des autres Arabes, et l'on désignait les poètes de sang mêlé, tels qu'Antar, Taabata-Scharran et Chanfara, sous le titre de *corbeaux*. Un pareil état, joint à ses malheurs de famille, dut développer rapidement l'altière misanthropie qui se mêle chez lui aux élans comprimés d'une âme ardente. Encore enfant, son père ayant déjà été assassiné, il vit mourir son frère. L'orphelin dit ces premiers vers à sa mère qui pleurait:

« Que servent à une mère ses précautions de tous les instants et ses appels à ses fils ? Viens, mon petit ; Prends bien garde ; ne touche pas à cela !

Elle a beau l'environner de soins ; la mort fond sur l'enfant, l'arrache des bras de sa mère et le jette sur le sable. »

Ainsi préludait Chanfara. Une occasion ne tarda pas à faire éclater sa terrible destinée. La tribu des Fahmides, au pouvoir de laquelle il était tombé tout jeune, l'avait cédé aux Salamanides en échange d'un prisonnier. Il était depuis longtemps chez les Banou-Salaman qui le traitaient comme l'un des leurs, quand la fille du marchand qui l'avait adopté se fâcha contre lui. Chanfara, se considérant comme un enfant de la maison, lui avait dit : Ma petite sœur, lave-moi la tête. La jeune fille, ne voulant point d'un homme de sang mêlé pour son frère, fut offensée de sa familiarité et lui donna un soufflet. Chanfara indigné alla trouver l'homme qui l'avait reçu des Fahmides en échange de leur prisonnier et l'adjura de lui découvrir la vérité sur sa naissance.

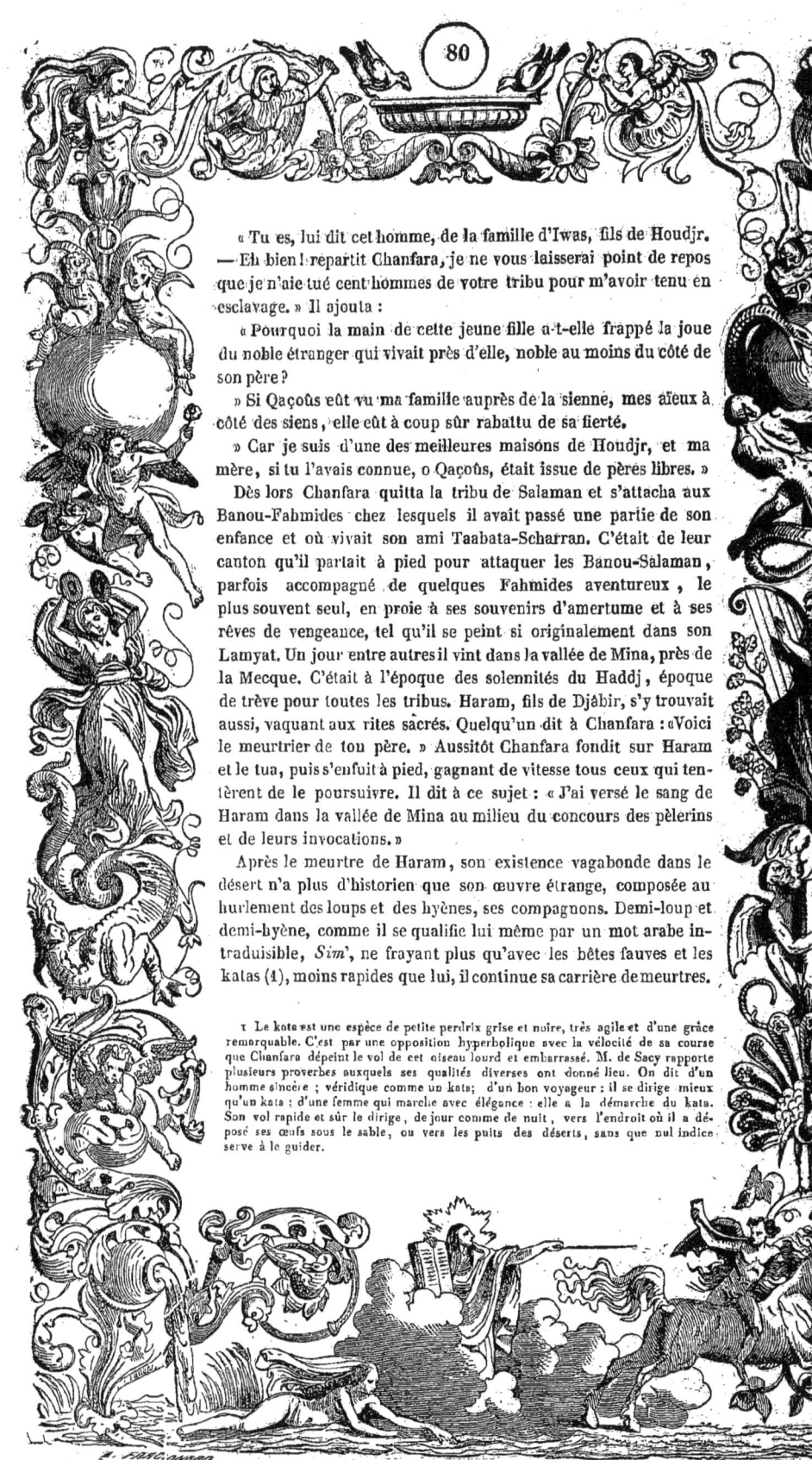

« Tu es, lui dit cet homme, de la famille d'Iwas, fils de Houdjr.
— Eh bien ! repartit Chanfara, je ne vous laisserai point de repos que je n'aie tué cent hommes de votre tribu pour m'avoir tenu en esclavage. » Il ajouta :

« Pourquoi la main de cette jeune fille a-t-elle frappé la joue du noble étranger qui vivait près d'elle, noble au moins du côté de son père ?

» Si Qaçoûs eût vu ma famille auprès de la sienne, mes aïeux à côté des siens, elle eût à coup sûr rabattu de sa fierté.

» Car je suis d'une des meilleures maisons de Houdjr, et ma mère, si tu l'avais connue, ô Qaçoûs, était issue de pères libres. »

Dès lors Chanfara quitta la tribu de Salaman et s'attacha aux Banou-Fahmides chez lesquels il avait passé une partie de son enfance et où vivait son ami Taabata-Scharran. C'était de leur canton qu'il partait à pied pour attaquer les Banou-Salaman, parfois accompagné de quelques Fahmides aventureux, le plus souvent seul, en proie à ses souvenirs d'amertume et à ses rêves de vengeance, tel qu'il se peint si originalement dans son Lamyat. Un jour entre autres il vint dans la vallée de Mina, près de la Mecque. C'était à l'époque des solennités du Haddj, époque de trêve pour toutes les tribus. Haram, fils de Djâbir, s'y trouvait aussi, vaquant aux rites sacrés. Quelqu'un dit à Chanfara : « Voici le meurtrier de ton père. » Aussitôt Chanfara fondit sur Haram et le tua, puis s'enfuit à pied, gagnant de vitesse tous ceux qui tentèrent de le poursuivre. Il dit à ce sujet : « J'ai versé le sang de Haram dans la vallée de Mina au milieu du concours des pèlerins et de leurs invocations. »

Après le meurtre de Haram, son existence vagabonde dans le désert n'a plus d'historien que son œuvre étrange, composée au hurlement des loups et des hyènes, ses compagnons. Demi-loup et demi-hyène, comme il se qualifie lui même par un mot arabe intraduisible, *Sim'*, ne frayant plus qu'avec les bêtes fauves et les katas (1), moins rapides que lui, il continue sa carrière de meurtres.

1 Le kata est une espèce de petite perdrix grise et noire, très agile et d'une grâce remarquable. C'est par une opposition hyperbolique avec la vélocité de sa course que Chanfara dépeint le vol de cet oiseau lourd et embarrassé. M. de Sacy rapporte plusieurs proverbes auxquels ses qualités diverses ont donné lieu. On dit d'un homme sincère ; véridique comme un kata; d'un bon voyageur : il se dirige mieux qu'un kata ; d'une femme qui marche avec élégance : elle a la démarche du kata. Son vol rapide et sûr le dirige, de jour comme de nuit, vers l'endroit où il a déposé ses œufs sous le sable, ou vers les puits des déserts, sans que nul indice serve à le guider.

Chaque fois qu'il rencontrait un des Salamanides, il lui décochait une flèche en criant : *A ton œil !* et la flèche atteignait toujours son but. Il en avait déjà tué quatre-vingt dix neuf, lorsque ceux-ci parvinrent à s'en rendre maîtres par la ruse.

Laissons M. Fresnel nous transmettre une des plus émouvantes relations de sa mort, tout-à-fait conforme aux anciennes mœurs arabes et à ses aventures extraordinaires.

« Ouçayd, fils de Djabir le Salamanide, avec le fils de son frère et Hazim le Thaymide, s'embusquèrent sur le chemin d'Oubaydab où Chanfara devait passer. Il passa effectivement de nuit près de ce lieu, et, ayant aperçu quelque chose de noir, sans pouvoir distinguer l'objet, il tira dessus. C'était sa coutume, quand il voyageait la nuit, de lâcher un trait sur toute masse noire qui s'offrait à sa vue, pour peu qu'elle eût une apparence suspecte. La flèche qu'il avait tirée perça l'avant-bras du neveu d'Ouçayd dans toute sa longueur, du poignet au coude ; mais le jeune homme ne souffla point. Chanfara dit alors à l'objet suspect : « Si tu es quelque chose, tu en tiens ; si tu n'es rien, je ne t'ai pas manqué. » — Hazim était couché à plat ventre dans un enfoncement du chemin, guettant du coin de l'œil un instant favorable pour sauter sur l'ennemi, quand Ouçayd lui donna le signal en disant : « Hazim, dégaine. » Chanfara, qui l'entendit, s'écria : « Je dégaine pour tous ! » et tomba à coups de sabre sur Hazim auquel il coupa deux doigts de la main, le petit doigt et l'annulaire. Mais Hazim ne fut pas plus tôt sur pied qu'il se jeta sur Chanfara et l'étreignit dans ses bras. Le neveu d'Ouçayd s'étant joint à Hazim, Chanfara les renversa tous les deux sous lui et tomba avec eux. Ouçayd survint alors et désarma Chanfara, puis saisit une des six jambes du groupe qui s'agitait par terre en disant : « A qui cette jambe-là ? — C'est la mienne, répond Chanfara. — N'en crois rien, mon oncle ! s'écria le neveu d'Ouçayd, c'est ma jambe que tu tiens. » Les adversaires de Chanfara s'emparèrent alors de sa personne et le garrottèrent avec des cordes de lif (fibre de palmier). Ainsi enchaîné, ils l'emmenèrent au milieu de leur monde.

« Allons, dirent-ils au poète captif, récite-nous des vers. — La récitation ne sied qu'à la joie, » répondit Chanfara. (Le mot devint proverbe.) Ensuite un des fils de Haram lui coupa une main qui sauta en l'air à une grande distance, et Chanfara lui adressa cette épitaphe en la voyant agitée d'un mouvement convulsif : « Ne péris pas en me quittant, o main que signale une tache noire ! Vis à jamais dans le souvenir des hommes ! De combien de vallées n'as-tu pas chassé les colombes ! De combien d'adversaires redoutables n'as-tu pas éparpillé les os ! »

Ouçayd lui perça l'œil d'une flèche, en disant : « A ton œil. Voilà de mes coups, repartit tranquillement Chanfara. Ou veux-tu que l'on t'enterre, » lui demanda-t-on ? Il répondit :

« Gardez-vous de m'enterrer, si vous craignez la colère du Ciel. Mais réjouis-toi, Oummou-Amir (surnom de l'hyène), j'ai une bonne nouvelle à t'annoncer.

» Lorsqu'ils auront fait sauter ma tête, où réside la meilleure partie de moi-même, ils laisseront mon reste exposé au lieu du combat.

» Couvert de meurtres, qui m'ont mis au banc des tribus, je n'attends pas en ce lieu une existence joyeuse, pendant la durée des nuits qui doivent se succéder (1). »

Les Banou-Salaman décapitèrent leur prisonnier et suspendirent son cadavre à un gibet ; il demeura donc abandonné sans sépulture, selon le sarcasme lugubre de ses paroles. Longtemps après un homme de leur tribu, passant sur le lieu où gisait la tête desséchée, heurta du pied contre elle, et une esquille du crâne lui étant entrée dans la chair, il mourut de sa blessure. Cet homme compléta les cent que Hodjer, surnommé Al-Hinv, fils de Houdjr, avait juré de tuer.

Telle fut la fin de Chanfara, coureur, poëte et guerrier. On voit par ces derniers vers que ses croyances religieuses, païennes comme celles des Arabes de son temps, se confondent avec une sorte d'ironie désespérante, puisée dans la fatalité de son destin. Nous en trouverons souvent des traces dans son récit. Cependant, tout *Sim'* qu'il s'appelle, il y perce une nature généreuse, des sentiments hospitaliers, un caractère noble, qui se seraient déployés dans une situation moins injustement adverse. C'est-là surtout ce

(1) Cette strophe peut servir de variante à la dernière du poème, que j'avais mise avant de connaître les vers cités par M. Fresnel.

 Chanfara ne veut pas de vaine sépulture.
Lorsque les nuits sans fin viendront peser sur moi,
  O hyène, réjouis-toi !
 Mes membres seront ta pâture.
Sur le lieu du combat on laissera mes os
Pour effrayer les yeux des grandes caravanes ;
 Couvert de meurtres, chez les mânes,
Je n'espère jamais goûter un doux repos.

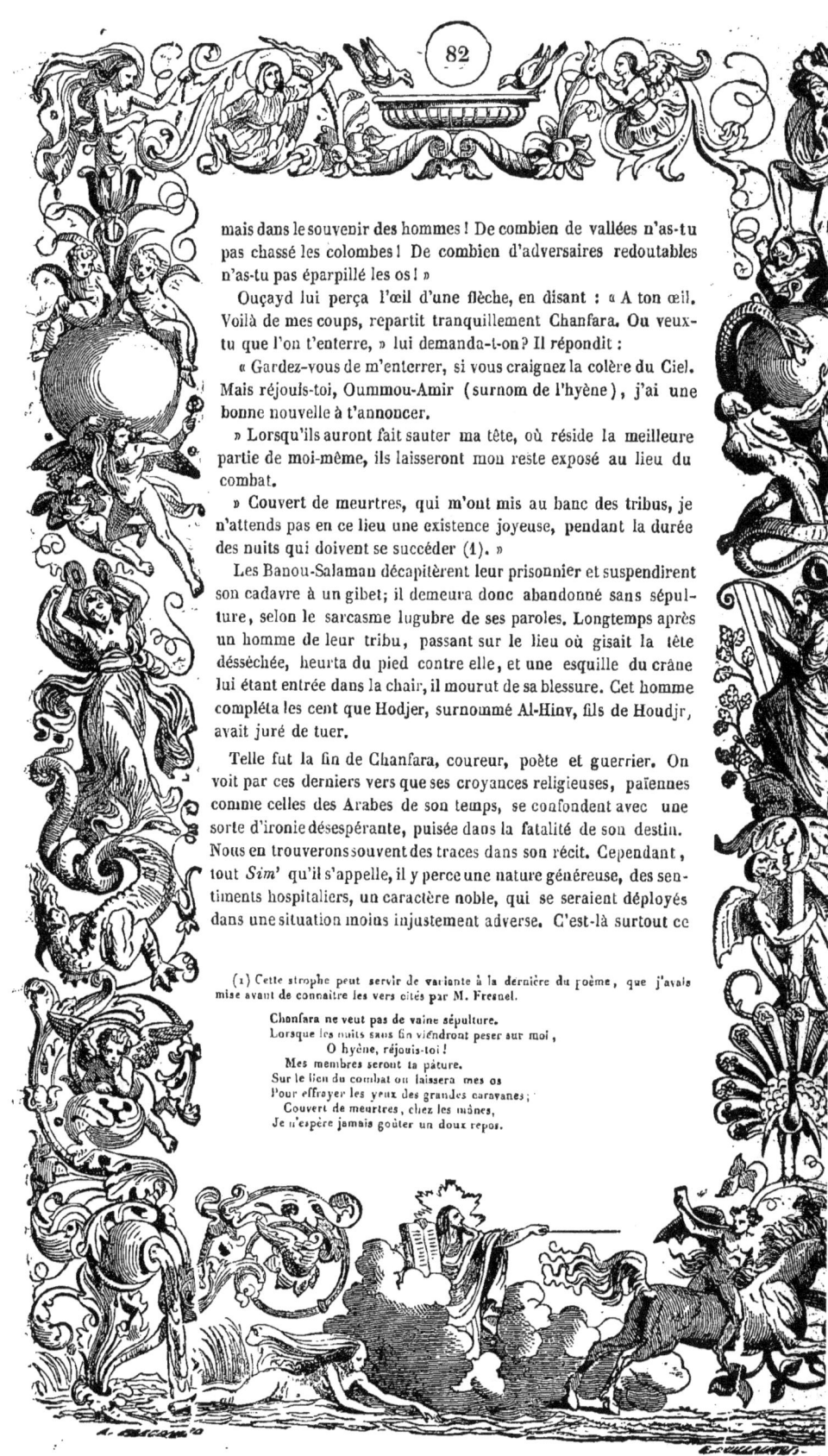

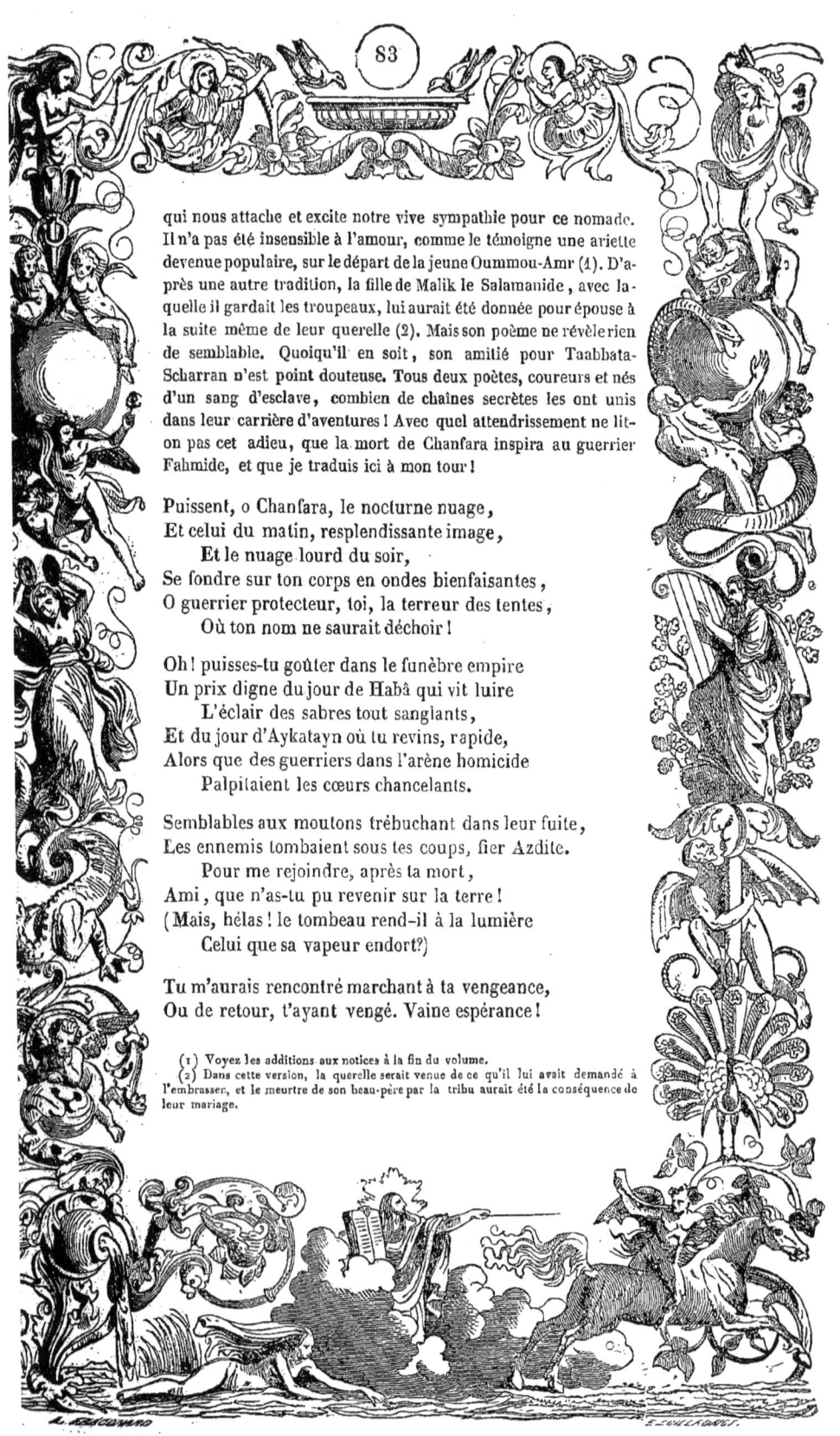

qui nous attache et excite notre vive sympathie pour ce nomade. Il n'a pas été insensible à l'amour, comme le témoigne une ariette devenue populaire, sur le départ de la jeune Oummou-Amr (1). D'après une autre tradition, la fille de Malik le Salamanide, avec laquelle il gardait les troupeaux, lui aurait été donnée pour épouse à la suite même de leur querelle (2). Mais son poëme ne révèle rien de semblable. Quoiqu'il en soit, son amitié pour Taabbata-Scharran n'est point douteuse. Tous deux poëtes, coureurs et nés d'un sang d'esclave, combien de chaînes secrètes les ont unis dans leur carrière d'aventures! Avec quel attendrissement ne lit-on pas cet adieu, que la mort de Chanfara inspira au guerrier Fahmide, et que je traduis ici à mon tour!

Puissent, o Chanfara, le nocturne nuage,
Et celui du matin, resplendissante image,
 Et le nuage lourd du soir,
Se fondre sur ton corps en ondes bienfaisantes,
O guerrier protecteur, toi, la terreur des tentes,
 Où ton nom ne saurait déchoir!

Oh! puisses-tu goûter dans le funèbre empire
Un prix digne du jour de Habâ qui vit luire
 L'éclair des sabres tout sanglants,
Et du jour d'Aykatayn où tu revins, rapide,
Alors que des guerriers dans l'arène homicide
 Palpitaient les cœurs chancelants.

Semblables aux moutons trébuchant dans leur fuite,
Les ennemis tombaient sous tes coups, fier Azdite.
 Pour me rejoindre, après ta mort,
Ami, que n'as-tu pu revenir sur la terre!
(Mais, hélas! le tombeau rend-il à la lumière
 Celui que sa vapeur endort?)

Tu m'aurais rencontré marchant à ta vengeance,
Ou de retour, t'ayant vengé. Vaine espérance!

(1) Voyez les additions aux notices à la fin du volume.
(2) Dans cette version, la querelle serait venue de ce qu'il lui avait demandé à l'embrasser, et le meurtre de son beau-père par la tribu aurait été la conséquence de leur mariage.

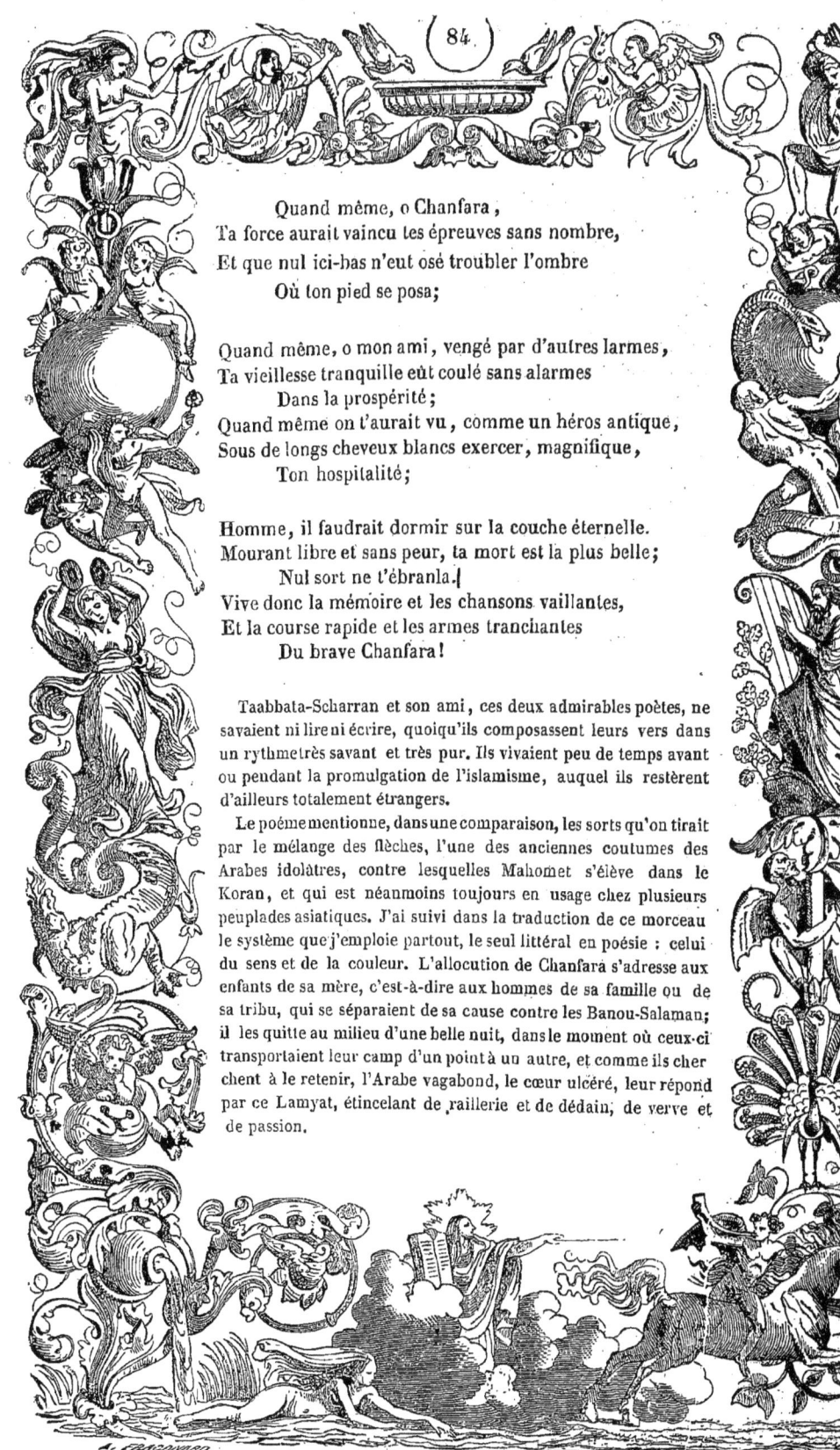

Quand même, o Chanfara,
Ta force aurait vaincu tes épreuves sans nombre,
Et que nul ici-bas n'eut osé troubler l'ombre
    Où ton pied se posa;

Quand même, o mon ami, vengé par d'autres larmes,
Ta vieillesse tranquille eût coulé sans alarmes
    Dans la prospérité;
Quand même on t'aurait vu, comme un héros antique,
Sous de longs cheveux blancs exercer, magnifique,
    Ton hospitalité;

Homme, il faudrait dormir sur la couche éternelle.
Mourant libre et sans peur, ta mort est la plus belle;
    Nul sort ne t'ébranla.
Vive donc la mémoire et les chansons vaillantes,
Et la course rapide et les armes tranchantes
    Du brave Chanfara!

Taabbata-Scharran et son ami, ces deux admirables poètes, ne savaient ni lire ni écrire, quoiqu'ils composassent leurs vers dans un rythme très savant et très pur. Ils vivaient peu de temps avant ou pendant la promulgation de l'islamisme, auquel ils restèrent d'ailleurs totalement étrangers.

Le poéme mentionne, dans une comparaison, les sorts qu'on tirait par le mélange des flèches, l'une des anciennes coutumes des Arabes idolâtres, contre lesquelles Mahomet s'élève dans le Koran, et qui est néanmoins toujours en usage chez plusieurs peuplades asiatiques. J'ai suivi dans la traduction de ce morceau le système que j'emploie partout, le seul littéral en poésie : celui du sens et de la couleur. L'allocution de Chanfara s'adresse aux enfants de sa mère, c'est-à-dire aux hommes de sa famille ou de sa tribu, qui se séparaient de sa cause contre les Banou-Salaman; il les quitte au milieu d'une belle nuit, dans le moment où ceux-ci transportaient leur camp d'un point à un autre, et comme ils cherchent à le retenir, l'Arabe vagabond, le cœur ulcéré, leur répond par ce Lamyat, étincelant de raillerie et de dédain, de verve et de passion.

LES ADIEUX DE CHANFARA.

# LAMYAT-EL-ARAB,

POÈME DE CHANFARA.

———

Retournez sur vos pas, vous, enfants de ma mère.
L'Arabe Chanfara, le rival des dragons,
　　Veut d'autres compagnons,
　　Une autre sœur, un autre frère.
Aussi bien, tout est prêt pour l'heure du départ.
La lune règne aux cieux, et j'ai posé la selle
　　　Sur mon chameau fidèle;
Son cri sourd m'avertit. Adieu! Point de retard.

La terre est vaste. Au loin se trouve une retraite
Pour l'Arabe fuyant l'aiguillon du chagrin,
　　La perfidie au noir venin,
　　Les dards de la haine secrète.
Le voyageur prudent qui sait marcher la nuit,

J'en jure par vos jours, méprise la détresse ;
      L'indépendance est sa maîtresse.
Où bon lui semble il va ; son désir le conduit.


Là-bas, dans le désert, j'ai toute ma famille,
Le loup, coureur agile, escorté du trépas,
      La panthère au poil lisse et ras,
      L'hyène dont le regard brille.
Voilà mes compagnons, hôtes sanglants, mais sûrs !
Ils gardent un secret mieux que l'eau de l'abîme ;
      Le coupable, triste victime,
N'est point livré par eux à des filets obscurs.


Prompts à punir l'insulte, ils volent intrépides,
Moins terribles que moi, l'Arabe vagabond,
      Quand il faut soutenir de front
      Le choc des coursiers homicides.
Je leur laisse ravir un sauvage butin,
Lorsque le plus glouton a le plus de vitesse ;
      Car j'aime à les vaincre en noblesse
Et dédaigne une part de leur grossier festin.


J'ai trois amis. Tous trois, que nul frisson n'effleure,
Remplacent ces mortels, aux stériles discours,

Qui dans le cercle épais des jours
N'allégent pas le poids de l'heure :
Un cœur inébranlable, un glaive étincelant,
Un arc fort et poli, jaune comme l'aurore,
Dont gémit la corde sonore
Comme une mère en pleurs auprès de son enfant.

Suis-je un de ces bergers qui, la lèvre entr'ouverte,
N'osant point s'écarter du puits des fraîches eaux,
Conduisent leurs maigres troupeaux
En des lieux veufs de toison verte ?
Les fruits de leurs chameaux ont un aspect chétif,
Quoique nul joug pesant des fécondes chamelles
N'entrave les libres mamelles ;
Souvent on les ouït pousser leur cri plaintif.

Que les marchands de musc, rebut de leurs familles,
Bons à singer l'amour du matin jusqu'au soir,
Teignent leurs paupières en noir
Et captivent les jeunes filles.
Ai-je une âme d'autruche ou des pieds de katas ?
Suis-je un de ces frelons, gens de maligne race,
Qu'épouvanterait la menace
Et qui ne portent point les armes de Damas ?

Loin du bon Chanfara les voyageurs timides
Que la nuit ténébreuse environne d'effroi!
    Je ris quand s'étend devant moi
    Le désert aux vagues livides.
Mon pied frappe le sol parsemé de cailloux
Et fait en mille éclats jaillir des étincelles
    Brillantes comme les prunelles
D'un coursier d'Arabie enflammé de courroux.

La pâle faim me suit de sa dent meurtrière;
Je l'étouffe en mes flancs, l'oubli la chasse au loin,
    Ou, dans un extrême besoin,
    J'avale une motte de terre
Plutôt que de subir les dons d'un riche altier
Qui, pour m'avoir nourri, me croirait son esclave.
    De tels mets sont l'horreur du brave;
Il demande à l'espace un toit hospitalier.

Pourquoi tous mes desseins attirent-ils le blâme?
L'astre d'un sort maudit m'éclaire à ses rayons.
    Si de mes jours mille poisons
    N'enveloppaient la sombre trame,
Le pèlerin viendrait sur mon seuil paternel
Reposer sa fatigue et ses longues misères;

Ma tente, ouverte à tous mes frères,
Leur offrirait la joie et la figue et le miel.

J'aurais aimé, les soirs, sur ma natte frugale,
Ouïr, tandis qu'au ciel scintille Sirius,
　　Les chants de mes hôtes émus
　　Et remplir leur coupe amicale.
Mais une âme superbe habite dans mon sein;
Je fuis pour éviter les traits cachés du monde.
　　Grâce à ma course vagabonde,
Je trompe de mes maux le redoutable essaim.

　　Quand l'Orient de feux se dore,
　　Comme le rubis enflammé,
　　Je pars, presque à jeun, seul encore,
　　Semblable au loup maigre affamé.
　　Sur les flots onduleux de sable,
　　Contre le vent, et l'œil ouvert,
　　Il va d'un pas infatigable;
　　Il va de désert en désert.
　　Avide, il parcourt tout : broussailles,
　　Vallon, sentier, ravin, côteau,
　　Et tord la faim dans ses entrailles
　　Comme le fil sur un fuseau.

Harcelé par l'âpre disette,
Il appelle. A son hurlement
Les échos de chaque retraite
Répondent un gémissement.
Mais voici venir sur sa trace
Les loups efflanqués d'alentour,
Dont le temps a blanchi la face,
Hurlant, bondissant tour à tour;
Les flèches pour le sort mêlées
Peignent leurs bonds tumultueux,
Ou les abeilles dispersées
Par le chasseur industrieux.

Scènes étranges, solennelles,
Dont je contemple les tableaux!
Leurs horreurs pour moi semblent belles
Comme au pêcheur le bruit des eaux.
Ces loups ouvrent leur gueule immense;
Leurs yeux flambent, ardents charbons.
Leurs hurlements dans le silence
Roulent en lamentables sons.
On croit entendre des pleureuses
Sur tous les tons de la douleur
Chanter en notes ténébreuses
Le deuil d'un père ou d'une sœur.

Ils hurlent; puis leurs voix s'éteignent.
Le soupir répond au soupir.
L'un se plaint, les autres se plaignent.
Il se tait, nul n'ose gémir.
Ainsi, par de tristes murmures
Se consolent les malheureux :
Ils se racontent leurs blessures,
Puis ils se résignent entre eux.
A quoi sert la plainte rebelle ?
Sans vain éclat mieux vaut souffrir.
Ainsi, malgré la faim cruelle,
Le loup se remet à courir.

Les katas au vol lourd, au grisâtre plumage,
Après avoir vogué toute une longue nuit,
    Pour calmer la soif qui les suit,
    Briguent mon reste de breuvage.
Pleins du même désir, ensemble nous partons ;
C'est à qui le premier boira dans la citerne.
    Mais leur aile pesante et terne
Pour marcher ou courir ne vaut pas mes talons.

Leur grave essaim ressemble à ces gens de parure
Dont la robe flottante embarrasse les pieds.

Moi, dont la blouse aux plis rayés
Se relève dans la ceinture,
Libre, je les devance et suis leur conducteur.
Quand j'ai bu, je repars. Ils arrivent en troupe,
Plongent à la commune coupe
Avec un bruit confus comme un camp voyageur.

Nuages apportés des retraites lointaines,
Ils descendent sans nombre au liquide miroir,
Comme autour de leur abreuvoir
Les chameaux des tentes prochaines.
Au réveil du matin, diligents messagers,
On les voit repartir, précédant la lumière.
Telle, à l'aurore avant-courrière,
La tribu d'Ohaza fuit l'aspect des dangers.

Tantôt sous les haillons, tantôt dans la fortune,
Je subis sans pâlir les traverses du sort.
Qu'importe le cours de la lune
Au brave qui rit de la mort?
Pauvre, je suis soumis et fier comme toujours;
Riche, je n'enfle point ma voix ni mon allure.
J'ignore la vile imposture
Et ne transvase point le fiel des noirs discours.

EXPÉDITION NOCTURNE DE CHANFARA.

Quoique maigre et meurtri, je fais du sol ma couche.
La coupole d'azur me sert de pavillon.
    Ses clous sont d'or. Roi ni lion
    Sous un dais plus brillant ne couche.
J'étends avec plaisir mes arides vertèbres
Sur l'aride terrain, moins âpre que mon dos.
    J'ai pour gardiens les Djins funèbres.
Mon bras est l'oreiller de mes nuits de repos.

Si la guerre et la mort, amoureuses des larmes,
Demandent aujourd'hui : Que fait donc Chanfara ?
    Je répondrai : Dans les alarmes
    Son fer assez vous abreuva.
Les vengeances, brûlant de partager sa chair,
Poursuivaient son destin comme un troupeau d'hyènes.
    De qui subirai-je les haines ?
Laquelle m'atteindra, disais-je, à son éclair ?

Chanfara ! s'il dormait d'un sommeil véritable,
Ses ennemis veillant, l'œil sinistre, debout,
    De piéges l'entouraient partout,
    Comme un scorpion misérable.
Les soucis consumaient son esprit orageux,
Plus ardents que la fièvre, et le rongeaient sans cesse.

J'éloignais leur meute traîtresse ;
Soudain ils renouaient leurs cercles furieux.

Tel qu'un reptile nu sur les sables torrides,
Si donc vous me voyez, ô soucis dévorants !
    Le corps marqué de traits livides
    Ou pareil à ces loups errants,
Sachez que j'ai choisi, dans ma route fatale,
La haine au cœur d'acier pour couronner mon front
    Et la fermeté pour sandale,
Car je suis Chanfara, l'Arabe vagabond.

Combien de fois, tout seul, pendant les nuits glacées
Où le chasseur transi, pour réchauffer ses doigts,
    Brûle son arc et son carquois,
    J'ai fendu les ombres pressées,
Sans autres compagnons que la faim, la terreur !
Ma main avait déjà, par des blessures neuves,
    Fait des orphelins et des veuves.
La nuit à mon retour prêtait sa sombre horreur.

Un matin, j'entendis murmurer par deux bouches :
» Nos chiens ont cette nuit poussé des aboiements.
    » Sont-ce les avertissements
    » De l'hyène ou des loups farouches ?

» Mais les chiens se sont tus et je me rendormis.
» Des bruits plaintifs en songe ont frappé mon oreille.
    » Le rubis de l'aube vermeille
» Tout rouge est apparu sur les meurtres commis.

» Vous savez, vous savez le désastre terrible?
» Quel est le meurtrier? quel démon l'enfanta?
    » Est-ce un Djin qui nous visita
    » Pendant le tourbillon horrible?
» Si c'est un Djin, maudit son passage entre nous !
» Si c'est un homme né de la chair d'une femme,
    » La mort a fabriqué sa lame.
» Mais quel homme ici-bas tenterait de tels coups? »

Combien de fois encor, par un de ces solstices
Que marque Sirius, éclatant Lucifer,
    Où les flots pourprés de l'éther
    Du sol rasent les interstices,
Où le serpent bondit sur le sable altéré,
Mes longs cheveux épars sous l'ardente tempête,
    Au soleil j'exposai ma tête
Sans voile qu'un manteau flottant et déchiré!

Combien ai-je franchi de solitudes mornes,
Sablonneux océan, nu comme un bouclier,

Dont l'œil même de l'épervier
Ne saurait mesurer les bornes,
Où jamais aucun pas n'imprima son sillon !
Rapide comme un trait lancé de l'arc sonore,
Volant de l'une à l'autre aurore,
Je touchai les deux bouts de l'immense horizon.

Alors je terminais mon errante carrière
En grimpant sur un pic sublime et dentelé,
Tantôt comme un génie ailé,
Ou rampant comme la vipère.
Les biches au poil fauve allaient sur mon chemin,
Tel qu'un essaim ami de folâtres compagnes ;
Elles prenaient sur ces montagnes
L'Arabe vagabond pour un blanc bouquetin.

Chanfara ne veut point de vaine sépulture
Où puissent résonner de menteuses douleurs,
Point de marchands titrés de pleurs,
Masque odieux de la nature.
Nulle veuve après moi pour un époux nouveau
Ne quittera son deuil et son regret factice.
Que le sable m'ensevelisse !
Les loups viendront hurler autour de mon tombeau.

# LE LOTUS,

GAZAL.

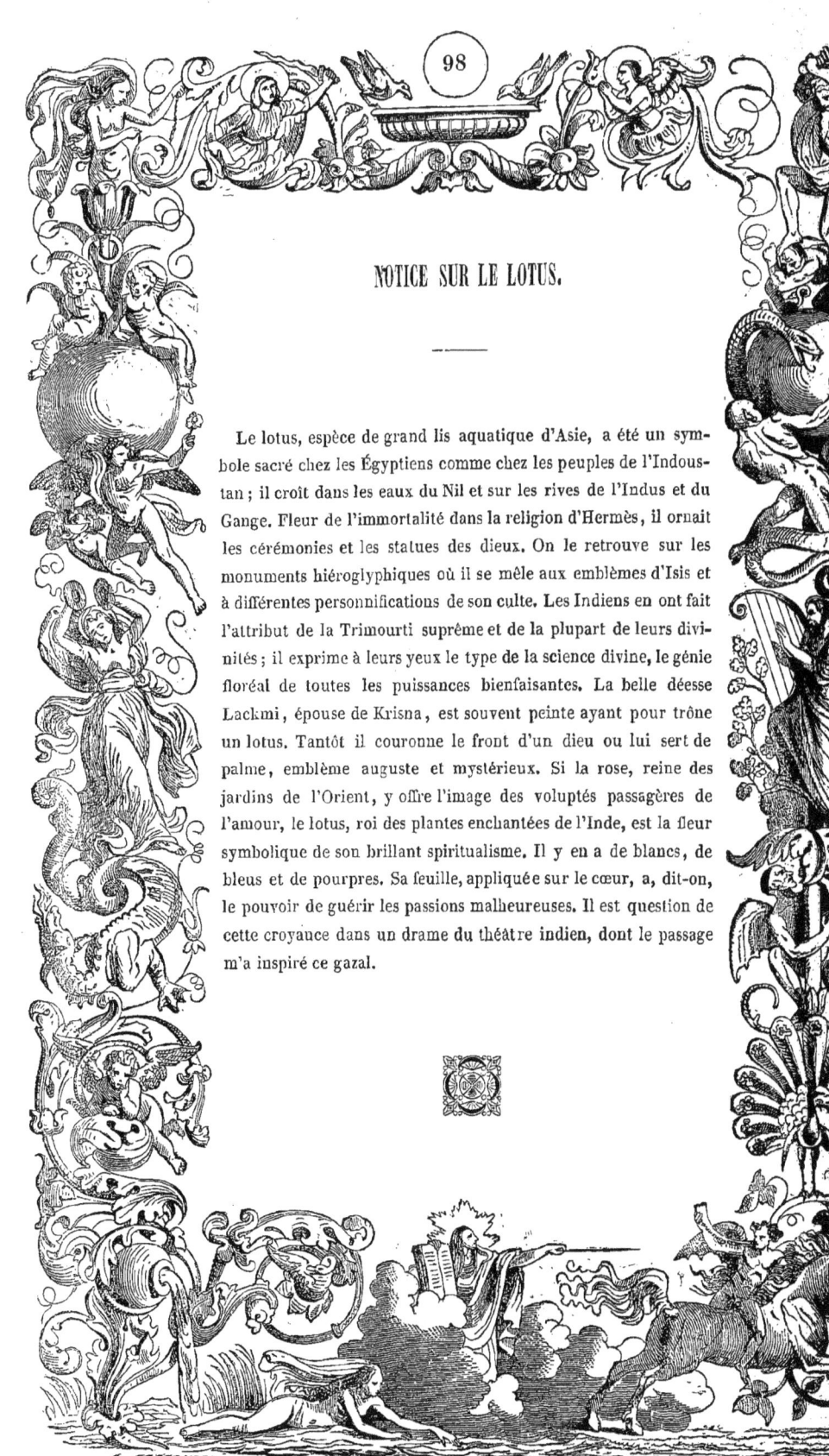

## NOTICE SUR LE LOTUS.

Le lotus, espèce de grand lis aquatique d'Asie, a été un symbole sacré chez les Égyptiens comme chez les peuples de l'Indoustan ; il croit dans les eaux du Nil et sur les rives de l'Indus et du Gange. Fleur de l'immortalité dans la religion d'Hermès, il ornait les cérémonies et les statues des dieux. On le retrouve sur les monuments hiéroglyphiques où il se mêle aux emblèmes d'Isis et à différentes personnifications de son culte. Les Indiens en ont fait l'attribut de la Trimourti suprême et de la plupart de leurs divinités ; il exprime à leurs yeux le type de la science divine, le génie floréal de toutes les puissances bienfaisantes. La belle déesse Lackmi, épouse de Krisna, est souvent peinte ayant pour trône un lotus. Tantôt il couronne le front d'un dieu ou lui sert de palme, emblème auguste et mystérieux. Si la rose, reine des jardins de l'Orient, y offre l'image des voluptés passagères de l'amour, le lotus, roi des plantes enchantées de l'Inde, est la fleur symbolique de son brillant spiritualisme. Il y en a de blancs, de bleus et de pourpres. Sa feuille, appliquée sur le cœur, a, dit-on, le pouvoir de guérir les passions malheureuses. Il est question de cette croyance dans un drame du théâtre indien, dont le passage m'a inspiré ce gazal.

# LE LOTUS,

### GAZAL.

---

Trône des dieux et des déesses,
Magique fleur, puissant lotus,
Fleur des nymphes enchanteresses,
Lis parfumé du jeune Indus,
Ah! sauve-moi. Dans la retraite
Je nourris un poison vainqueur.
Calme par ta vertu secrète
La fièvre ardente de mon cœur.

Un jour, dans les fêtes pieuses
Où l'on chante le dieu Krisna,
Je vis, sous les palmes ombreuses,
Un étranger... Grâce, ô Brama!

Moins beaux sont les divins génies
Que ce superbe voyageur.
Sa voix avait mille harmonies...
Lotus, viens consoler mon cœur.

En vain j'implore chaque brame;
Je languis de l'aurore au soir.
Aucun philtre n'éteint ma flamme;
Mais ta feuille aura ce pouvoir.
Qu'elle sèche sur ma poitrine
Comme un baume pour ma douleur!
Il a fui sur l'onde marine...
Lotus, rends la paix à mon cœur.

# SURATE,

POÈME DE WALI.

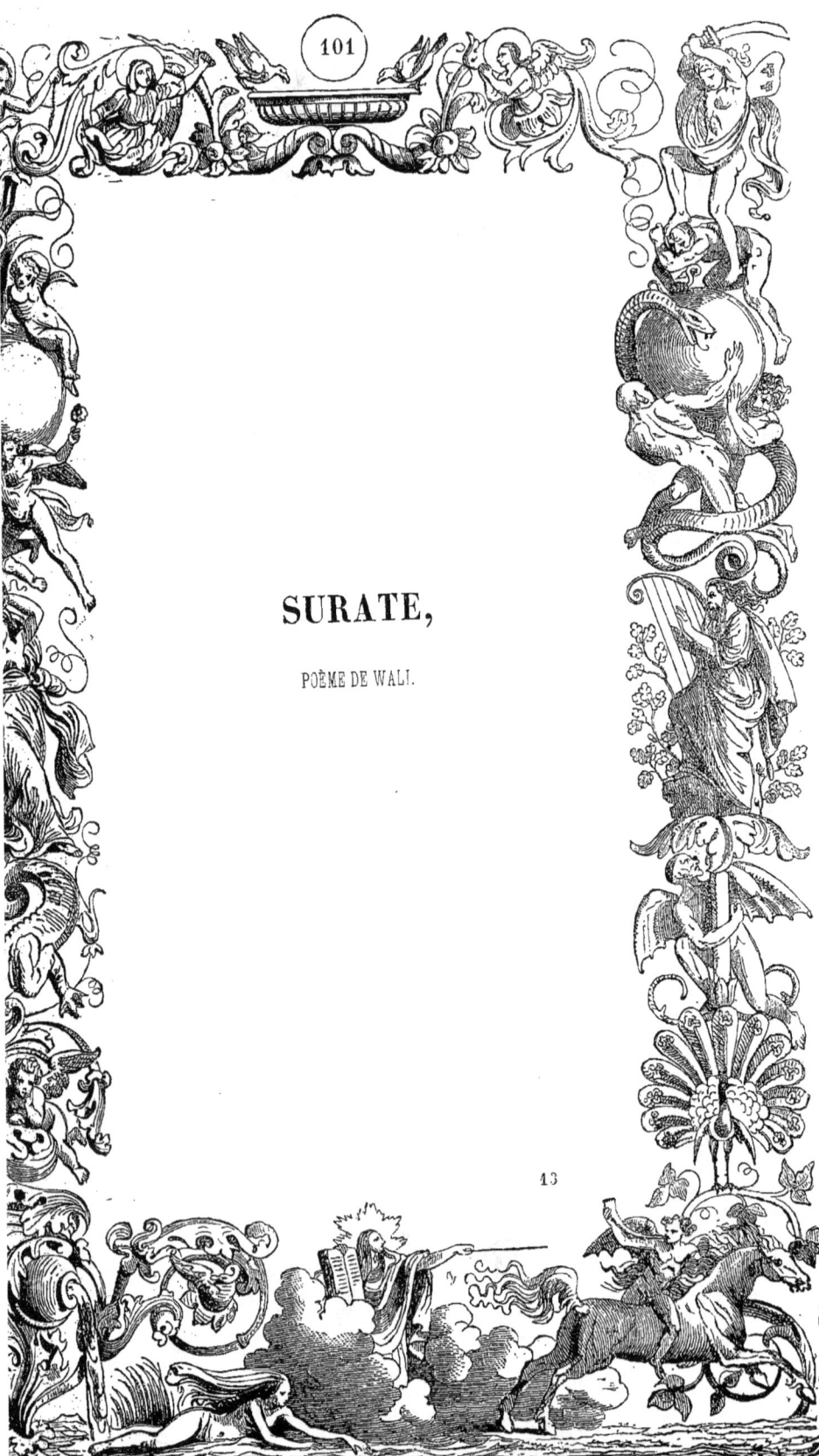

## NOTICE SUR LE POÈME DE SURATE.

Ce morceau est imité de Walî, l'un des poètes indoustans les plus estimés et auteur d'un célèbre divan. J'en ai puisé la traduction dans le recueil de M. Garcin de Tassy, qui a publié en français, avec le texte en regard, de remarquables fragments des œuvres de cet écrivain et consigné sa vie dans sa bibliographie indoustani, d'où j'ai déjà extrait le *gazal de la Rose* d'Acimi. Il y est dit que Walî, natif d'Aureng-Abâd, fut un écrivain célèbre du Décan, dont il perfectionna le dialecte, et parut sous le règne d'Aureng-Zeyb, vers le XVII$^e$ siècle. Quelques phrases de ses écrits prouvent qu'il a voyagé dans diverses parties de l'Inde et connu les arts de l'Europe. On le compte parmi les poètes spiritualistes et on le compare à Hafiz, dont il possède les défauts et les qualités. Les fragments traduits que j'en ai lus renferment plusieurs passages élevés de style et de pensée. Toutefois, ils sont empreints d'un cachet de bizarrerie et de mysticisme difficile à concilier avec notre manière de parler et de sentir. Ses œuvres se composent d'une suite de gazals et de petits poëmes de divers genres. Celui de *Surate*, que j'ai imité dans la pièce suivante, résume la vivacité orientale de sa couleur; il nous offre en même temps un tableau curieux des mœurs et de l'ancien état de cette ville commerçante, aujourd'hui fort déchue. Elle était alors un lieu de pèlerinage pour les Indiens de toute secte et de rendez-vous pour les étrangers de toute nation. Ce mélange des traditions religieuses se reflète dans les images du poète, empruntées tour à tour à l'ancienne mythologie indoue et aux croyances modernes des mahométans. Khizr, dont il y est fait mention, est un saint prophète musulman auquel on attribuait la garde sacrée de la source de vie. La puissance du *mauvais œil* est une superstition répandue dans l'Orient. Le juif Carûn, personnage demi-fabuleux, paraît y avoir joué le rôle de Crésus.

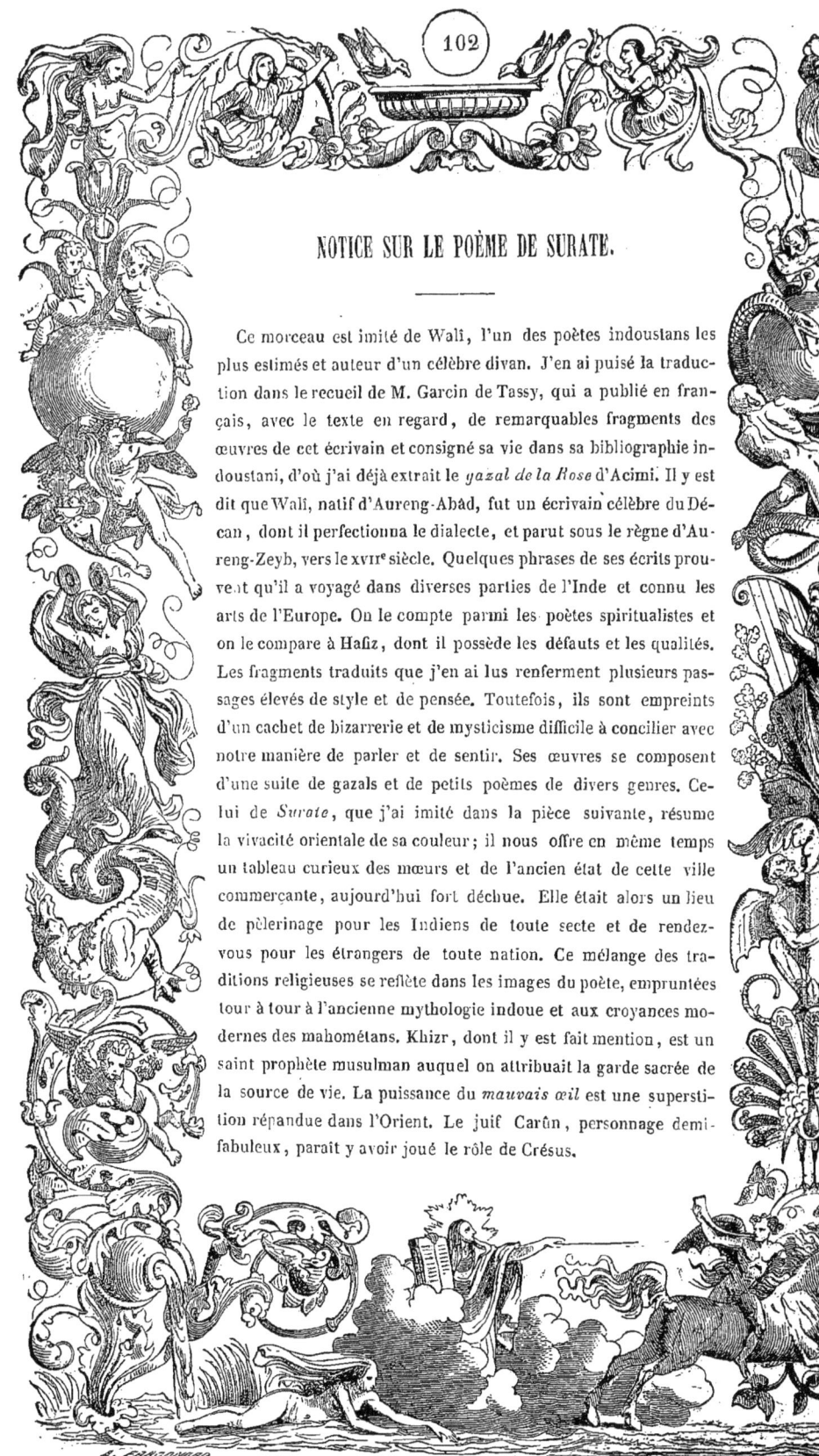

VUE DE SURATE.

# SURATE,

POÈME DE WALI.

Entre les villes merveilleuses
Surate luit par sa beauté ;
Sur les harpes mélodieuses
Son nom célèbre est répété.
Aucune des cités du monde,
Palais des monts, perles de l'onde,
N'égale ses brillants appas ;
Sa vue offre mille délices,
Mille arcs-en-ciel, mille calices.
Que l'œil fatal n'y veille pas !

Jardin des fleurs de poésie,
Surate est un miroir vainqueur.
Le soleil, voyant sa splendeur,
A tressailli de jalousie.
Les flots émus dans l'Océan
Se sont agités d'allégresse
Devant sa grâce enchanteresse,
Pareille au céleste divan.
La Tapti, sa fidèle amante,
Baise son enceinte charmante.

La Tapti, source de tout bien,
Embellit Surate elle-même;
Son onde a la vertu suprême
De celle dont Khizr est gardien.
L'encens s'exhale au Cachemire;
Plus doux les parfums qu'on respire
Sur son rivage harmonieux.
C'est là, dans la fraîche rivière,
Que se baigne la foule entière
En invoquant le roi des cieux.

Un vieux château sur l'esplanade
Élève ses dômes massifs;
Non loin, s'ouvre la promenade

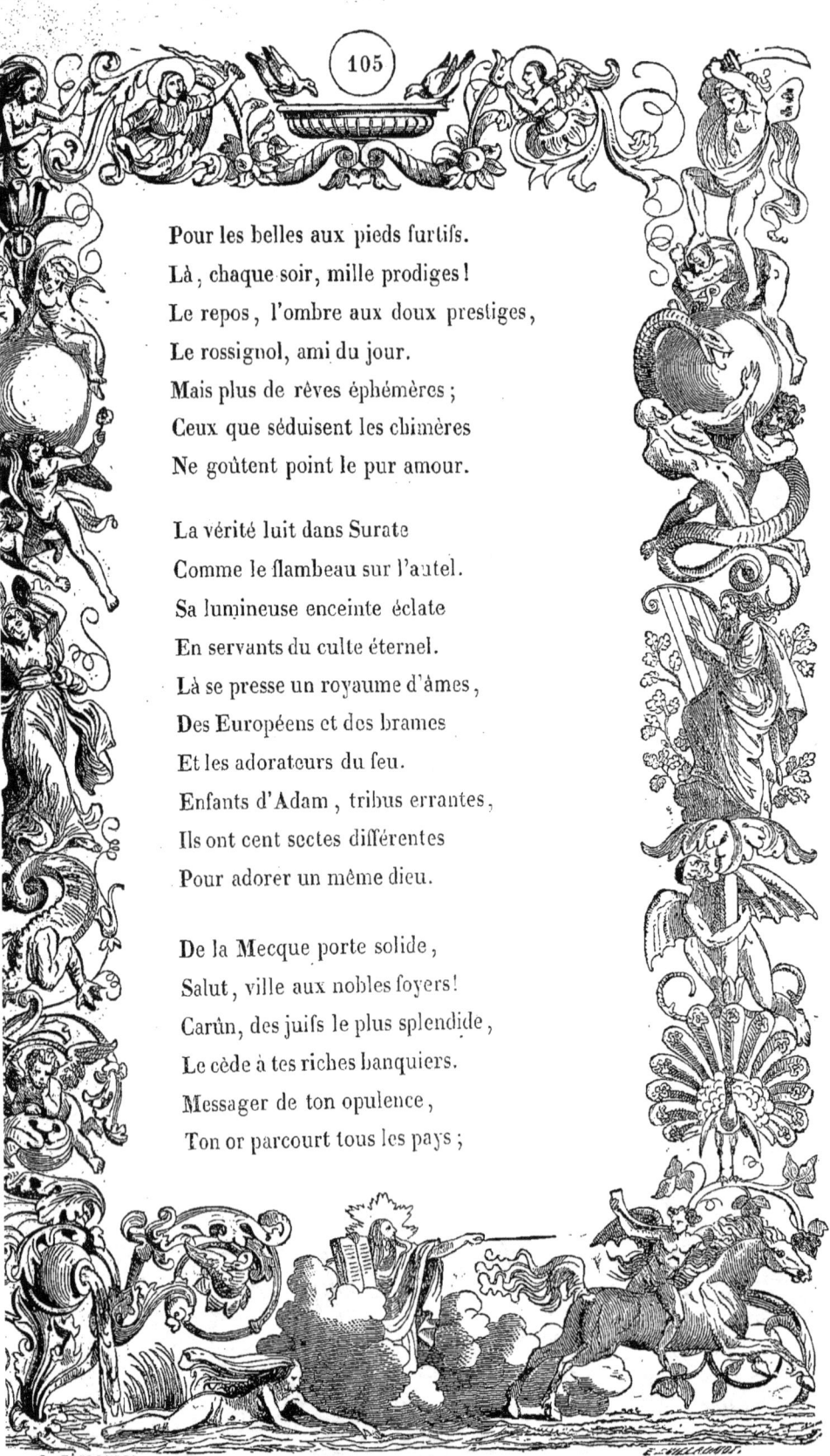

Pour les belles aux pieds furtifs.
Là, chaque soir, mille prodiges !
Le repos, l'ombre aux doux prestiges,
Le rossignol, ami du jour.
Mais plus de rêves éphémères ;
Ceux que séduisent les chimères
Ne goûtent point le pur amour.

La vérité luit dans Surate
Comme le flambeau sur l'autel.
Sa lumineuse enceinte éclate
En servants du culte éternel.
Là se presse un royaume d'âmes,
Des Européens et des brames
Et les adorateurs du feu.
Enfants d'Adam, tribus errantes,
Ils ont cent sectes différentes
Pour adorer un même dieu.

De la Mecque porte solide,
Salut, ville aux nobles foyers !
Carùn, des juifs le plus splendide,
Le cède à tes riches banquiers.
Messager de ton opulence,
Ton or parcourt tous les pays ;

Tu surpasses en excellence
Ispahan, Damas et Tauris.

Surate est pleine de peintures
Qui ravissent l'œil ébloui.
Ses femmes aux roses figures
Charment le passant réjoui.
Le voyageur qui les contemple,
Sur sa route, aux portes du temple,
Croit rencontrer la cour d'Indra.
Elles éclipsent par leur grâce
Les almés, fleurons de leur race,
Et les bergères de Krisna.

Leur visage riant, beau comme un jour de fête,
  N'a point de voile sur ces bords;
Leur noire chevelure erre autour de leur tête,
  Pareille au souvenir des morts.

A la lune d'automne, entre les verts ombrages
  Que la Tapti vient réfléchir,
  Par essaims l'on voit accourir
Les pèlerins, nombreux comme les coquillages,
Pour se purifier dans ses eaux de saphir.

# L'ANGE DÉCHU,

LÉGENDE BIBLIQUE.

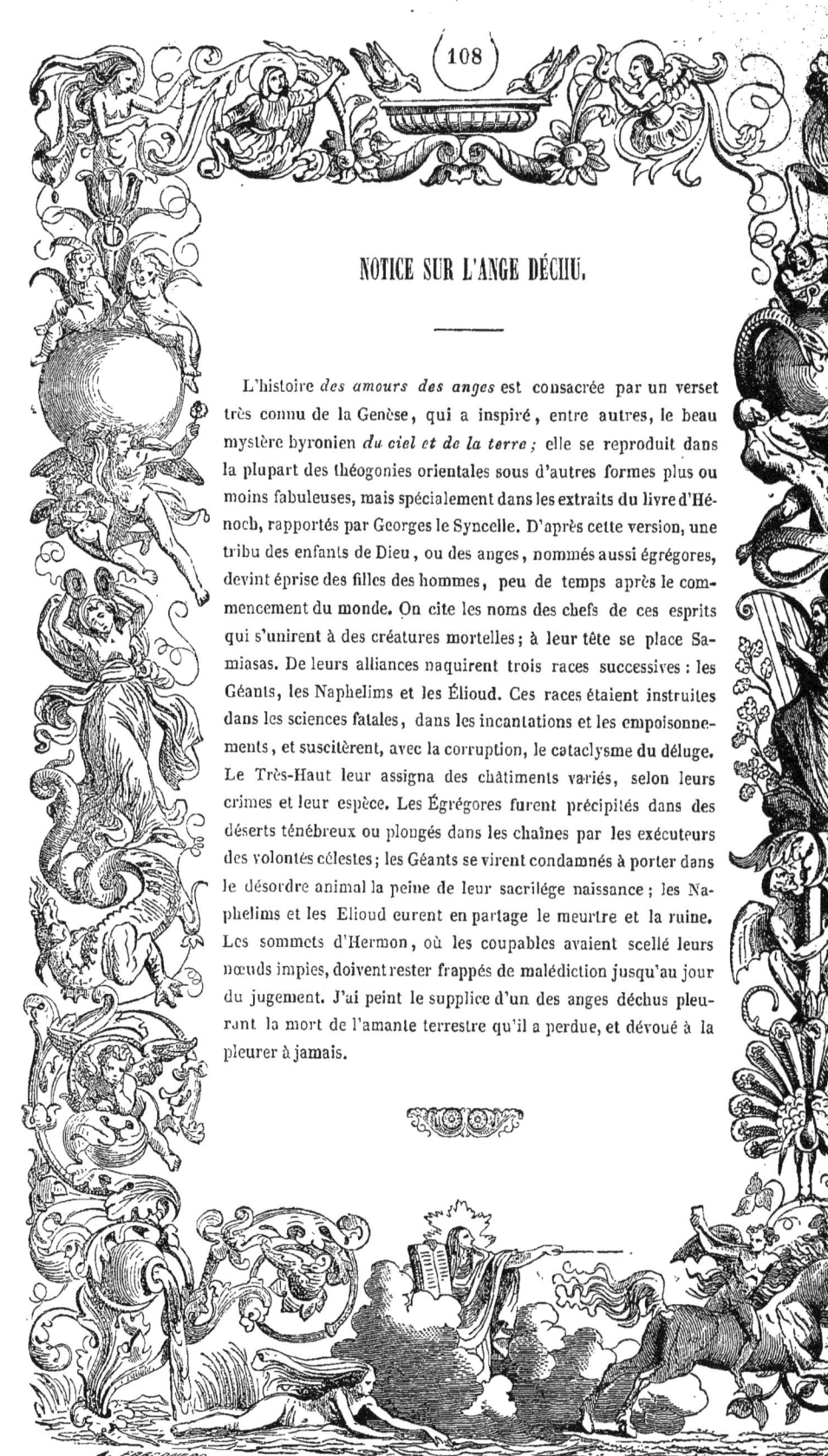

## NOTICE SUR L'ANGE DÉCHU.

L'histoire *des amours des anges* est consacrée par un verset très connu de la Genèse, qui a inspiré, entre autres, le beau mystère byronien *du ciel et de la terre* ; elle se reproduit dans la plupart des théogonies orientales sous d'autres formes plus ou moins fabuleuses, mais spécialement dans les extraits du livre d'Hénoch, rapportés par Georges le Syncelle. D'après cette version, une tribu des enfants de Dieu, ou des anges, nommés aussi égrégores, devint éprise des filles des hommes, peu de temps après le commencement du monde. On cite les noms des chefs de ces esprits qui s'unirent à des créatures mortelles ; à leur tête se place Samiasas. De leurs alliances naquirent trois races successives : les Géants, les Naphelims et les Élioud. Ces races étaient instruites dans les sciences fatales, dans les incantations et les empoisonnements, et suscitèrent, avec la corruption, le cataclysme du déluge. Le Très-Haut leur assigna des châtiments variés, selon leurs crimes et leur espèce. Les Égrégores furent précipités dans des déserts ténébreux ou plongés dans les chaînes par les exécuteurs des volontés célestes ; les Géants se virent condamnés à porter dans le désordre animal la peine de leur sacrilége naissance ; les Naphelims et les Elioud eurent en partage le meurtre et la ruine. Les sommets d'Hermon, où les coupables avaient scellé leurs nœuds impies, doivent rester frappés de malédiction jusqu'au jour du jugement. J'ai peint le supplice d'un des anges déchus pleurant la mort de l'amante terrestre qu'il a perdue, et dévoué à la pleurer à jamais.

# L'ANGE DÉCHU,

### LÉGENDE BIBLIQUE.

Dans ces âges où les mortelles
Séduisirent les fils de Dieu,
Un esprit couronné de feu
Franchit les plaines éternelles,
Et, sur un roc désert pliant ses sombres ailes,
Il poussa ce lugubre adieu :

« Soleil, terre, océan, abîmes,
Cercles de la création,
Mondes dont j'ai touché les cimes,
Foyers de la destruction,
Rentrez dans le néant où dorment vos victimes!
Celle que j'aimais n'est qu'un nom.

» Malheureux ! pour trouver sa trace,
J'ai parcouru d'un vol brûlant
Tous les royaumes de l'espace
Jusqu'à leur centre étincelant,
Jusques au noir chaos que ma pensée embrasse,
Jusqu'au bord du gouffre hurlant.

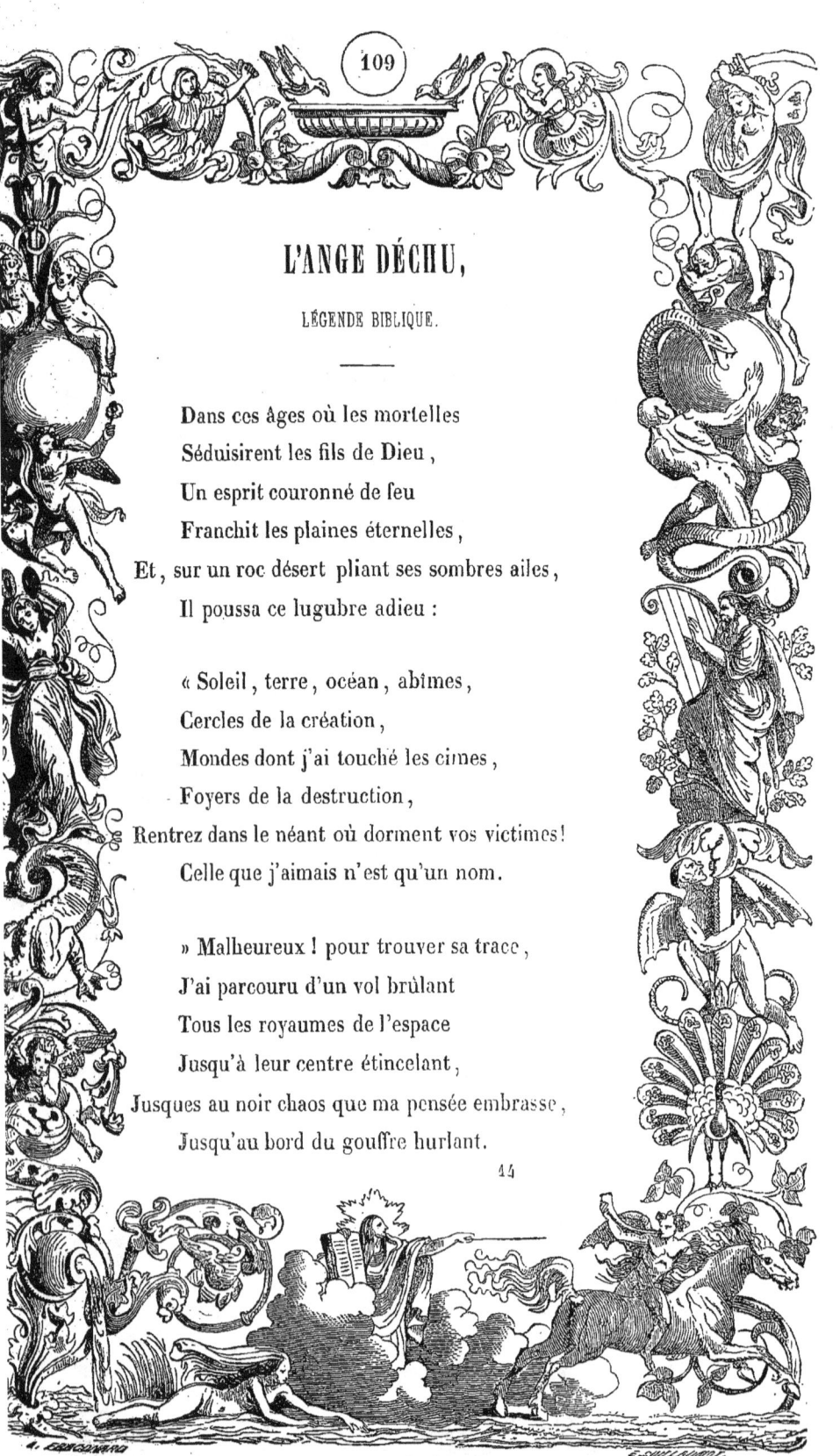

» Je criais à chaque planète :
Ton sein cache-t-il Séphora?
Je murmurais à la comète
Dont souvent son cœur s'effraya,
Quand elle flamboyait la nuit sur notre tête :
Son châtiment peut-être est là.

» Je la demandais en délire
A l'étoile de son amour.
Là-haut, disait son doux sourire,
Mon âme doit monter un jour.
Mais elle n'habitait ni cet heureux empire,
Hélas! ni le divin séjour.

» Tremblant, vers les affreux domaines,
Au regard de l'ange interdits,
Jaloux de partager ses chaînes,
Pour la chercher je descendis.
J'ai frappé vainement aux portes inhumaines
Que baignent les pleurs des maudits.

» Sommets brillants! rive fatale!
Globe étroit qui fus son berceau!
Qu'en as-tu fait? Nuit sépulcrale,
Pourquoi ce soleil, vain flambeau?

Cieux! enveloppez-vous de la robe infernale ;
Tout l'univers n'est qu'un tombeau.

» Brise ton lit, vague marine!
Jadis près d'elle en ces déserts
Je touchai ma lyre divine
Au murmure de tes concerts.
Mon astre s'est éteint! Adieu! Que la ruine
Plane sur tes gouffres ouverts!

» Levez-vous, tourbillons d'orages
Par qui je la vis se flétrir!
Comètes aux sanglants nuages,
Accourez! venez m'engloutir.
Unissez pour jamais nos cendres, nos images.
Insensé! je ne puis mourir.

» Mais Jéhova, dans ses phalanges,
Voudrait en vain par son pouvoir
Me rendre le bonheur des anges ;
La mort m'a ceint d'un voile noir.
Parmi les chœurs sacrés qu'enflamment ses louanges,
Je chanterai le désespoir.

» Toi qui, dans ta gloire infinie,
Méprises nos cris de douleurs,

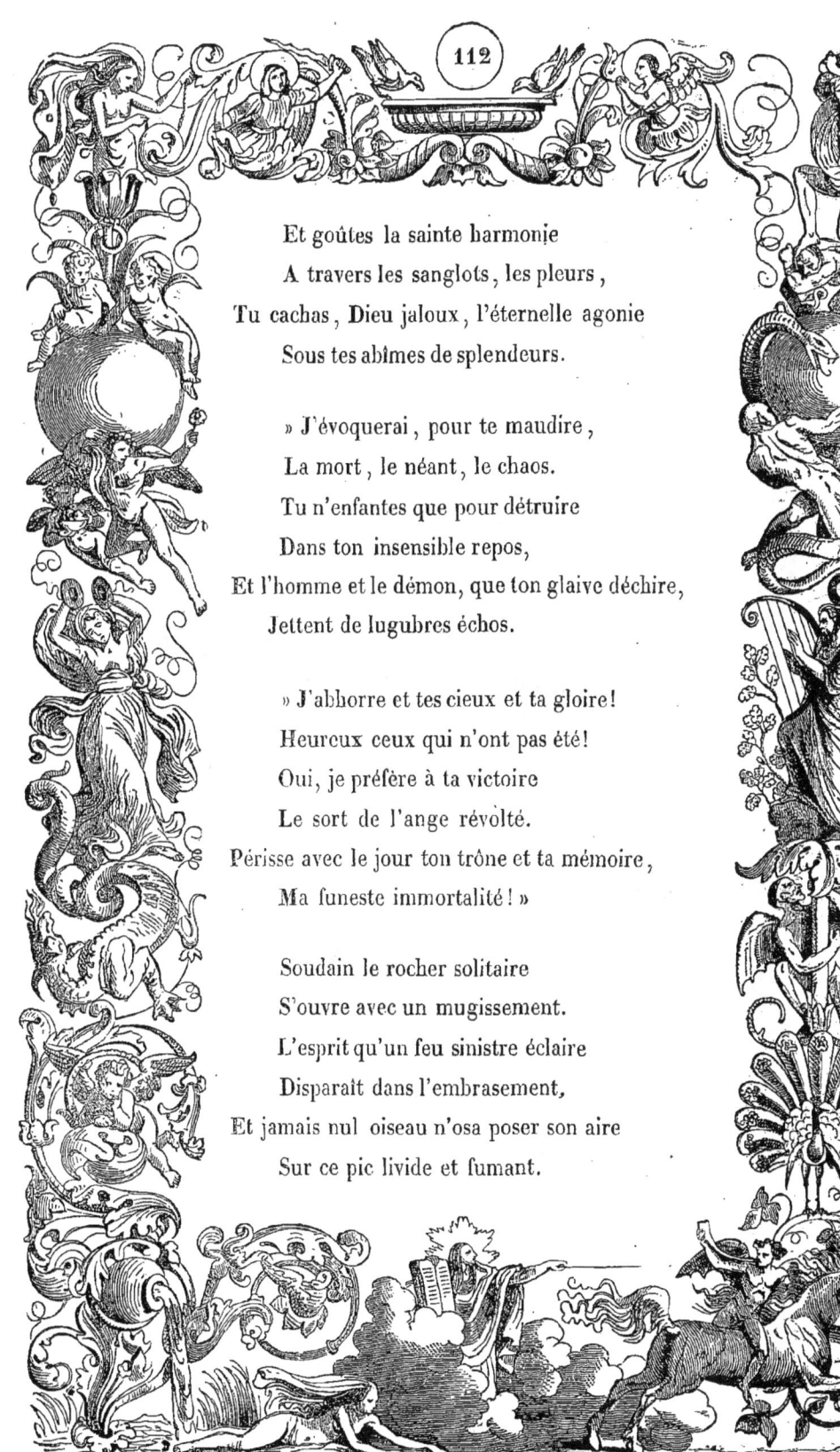

Et goûtes la sainte harmonie
 A travers les sanglots, les pleurs,
Tu cachas, Dieu jaloux, l'éternelle agonie
 Sous tes abîmes de splendeurs.

» J'évoquerai, pour te maudire,
 La mort, le néant, le chaos.
 Tu n'enfantes que pour détruire
 Dans ton insensible repos,
Et l'homme et le démon, que ton glaive déchire,
 Jettent de lugubres échos.

» J'abhorre et tes cieux et ta gloire!
 Heureux ceux qui n'ont pas été!
 Oui, je préfère à ta victoire
 Le sort de l'ange révolté.
Périsse avec le jour ton trône et ta mémoire,
 Ma funeste immortalité! »

 Soudain le rocher solitaire
 S'ouvre avec un mugissement.
 L'esprit qu'un feu sinistre éclaire
 Disparaît dans l'embrasement,
Et jamais nul oiseau n'osa poser son aire
 Sur ce pic livide et fumant.

L'ANGE DÉCHU.

# LA FLEUR DU XÉNIL,

ROMANCE MORESQUE.

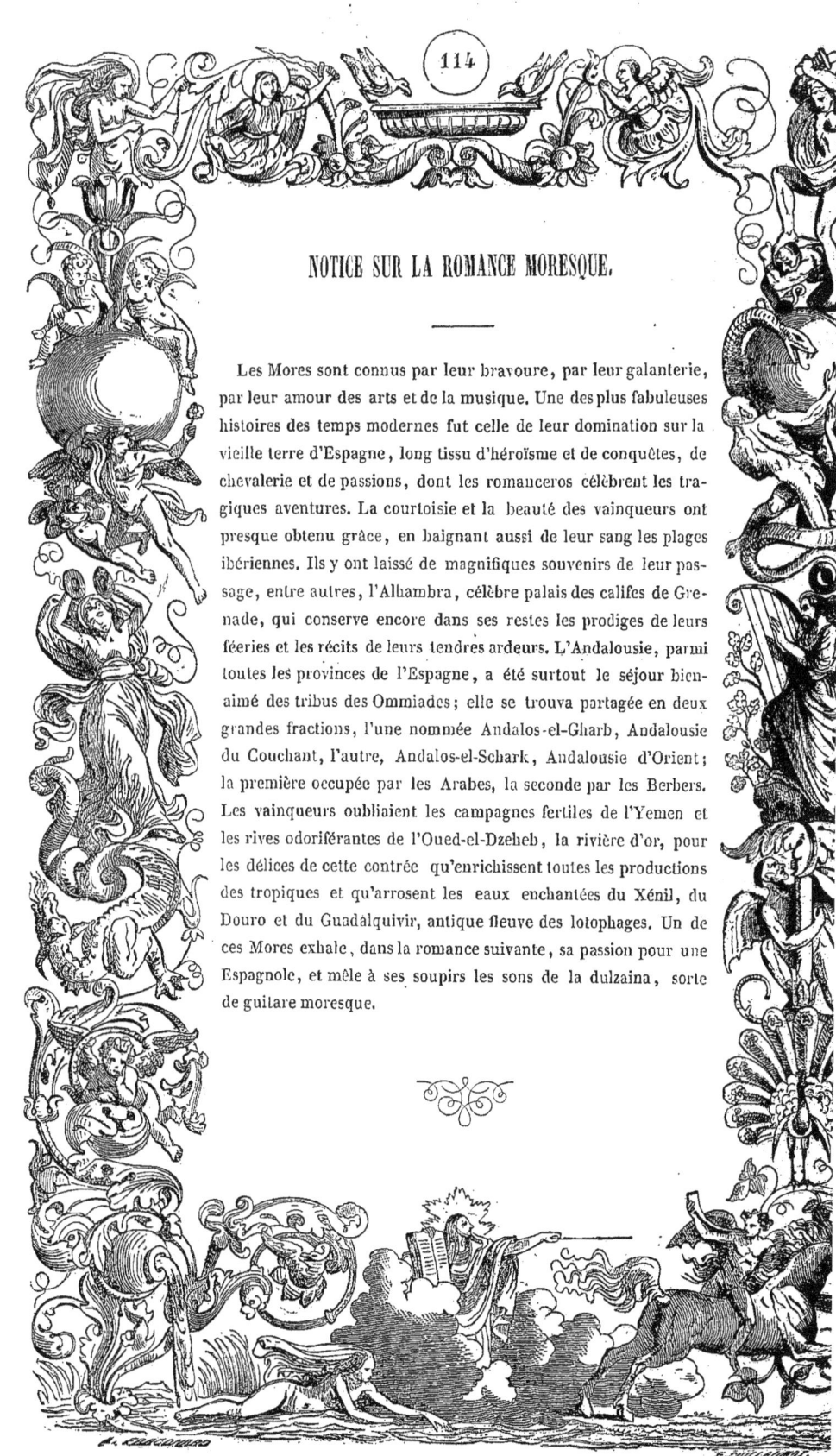

## NOTICE SUR LA ROMANCE MORESQUE.

Les Mores sont connus par leur bravoure, par leur galanterie, par leur amour des arts et de la musique. Une des plus fabuleuses histoires des temps modernes fut celle de leur domination sur la vieille terre d'Espagne, long tissu d'héroïsme et de conquêtes, de chevalerie et de passions, dont les romanceros célèbrent les tragiques aventures. La courtoisie et la beauté des vainqueurs ont presque obtenu grâce, en baignant aussi de leur sang les plages ibériennes. Ils y ont laissé de magnifiques souvenirs de leur passage, entre autres, l'Alhambra, célèbre palais des califes de Grenade, qui conserve encore dans ses restes les prodiges de leurs féeries et les récits de leurs tendres ardeurs. L'Andalousie, parmi toutes les provinces de l'Espagne, a été surtout le séjour bien-aimé des tribus des Ommiades ; elle se trouva partagée en deux grandes fractions, l'une nommée Andalos-el-Gharb, Andalousie du Couchant, l'autre, Andalos-el-Schark, Andalousie d'Orient ; la première occupée par les Arabes, la seconde par les Berbers. Les vainqueurs oubliaient les campagnes fertiles de l'Yemen et les rives odoriférantes de l'Oued-el-Dzeheb, la rivière d'or, pour les délices de cette contrée qu'enrichissent toutes les productions des tropiques et qu'arrosent les eaux enchantées du Xénil, du Douro et du Guadalquivir, antique fleuve des lotophages. Un de ces Mores exhale, dans la romance suivante, sa passion pour une Espagnole, et mêle à ses soupirs les sons de la dulzaina, sorte de guitare moresque.

## LA FLEUR DU XÉNIL,

ROMANCE MORESQUE.

---

Dis-moi, fleur du Xénil, si tu puisas ton âme
    Dans l'enfer ou les cieux?
Dis-moi si tu nourris en elle autant de flamme
    Qu'en promettent tes yeux?

Un magique reflet t'entoure et t'illumine
    De neige et de vermeil ;
Miroir de voluptés, ton image fascine
    Comme l'œil du soleil.

Dis-moi si tes attraits ne sont qu'un vain prestige
    Pour jouer notre espoir,
Un sombre enchantement pour frapper de vertige
    A ce trompeur miroir?

Le pèlerin, séduit par la voix des génies
    Au sein des vastes mers,
Ne revoyait jamais ses collines chéries,
    Objet de pleurs amers.

Dis-moi si tes regards ne sont pas plus perfides
    Que ces chants séducteurs,

Et s'ils ne brûlent pas de tourments plus arides
Tes fols adorateurs?

Dis-moi si le pouvoir qui charma ta naissance
Par ses vivants accords,
Épuisa les rayons de l'immortelle essence
A modeler ton corps?

Dis-moi si le bulbul des nuits mystérieuses
Éveille tes soupirs,
Comme l'hymne éthéré des feuilles amoureuses
Au soufle des zéphyrs?

Un enfant du désert te supplie et t'implore
Sur la dulzaina,
Depuis qu'il t'aperçut, éblouissante aurore,
Dans le riche Alhambra.

J'ai fui le fleuve d'or et ses heureuses plages
Que parfume l'encens,
Pour le Guadalquivir et ses lointains rivages
Aux jardins ravissants.

Réponds-moi, réponds-moi, fille d'Andalousie!
Devant ton œil mortel,
Je pourrais oublier anges, Dieu, poésie,
Et l'enfer et le ciel.

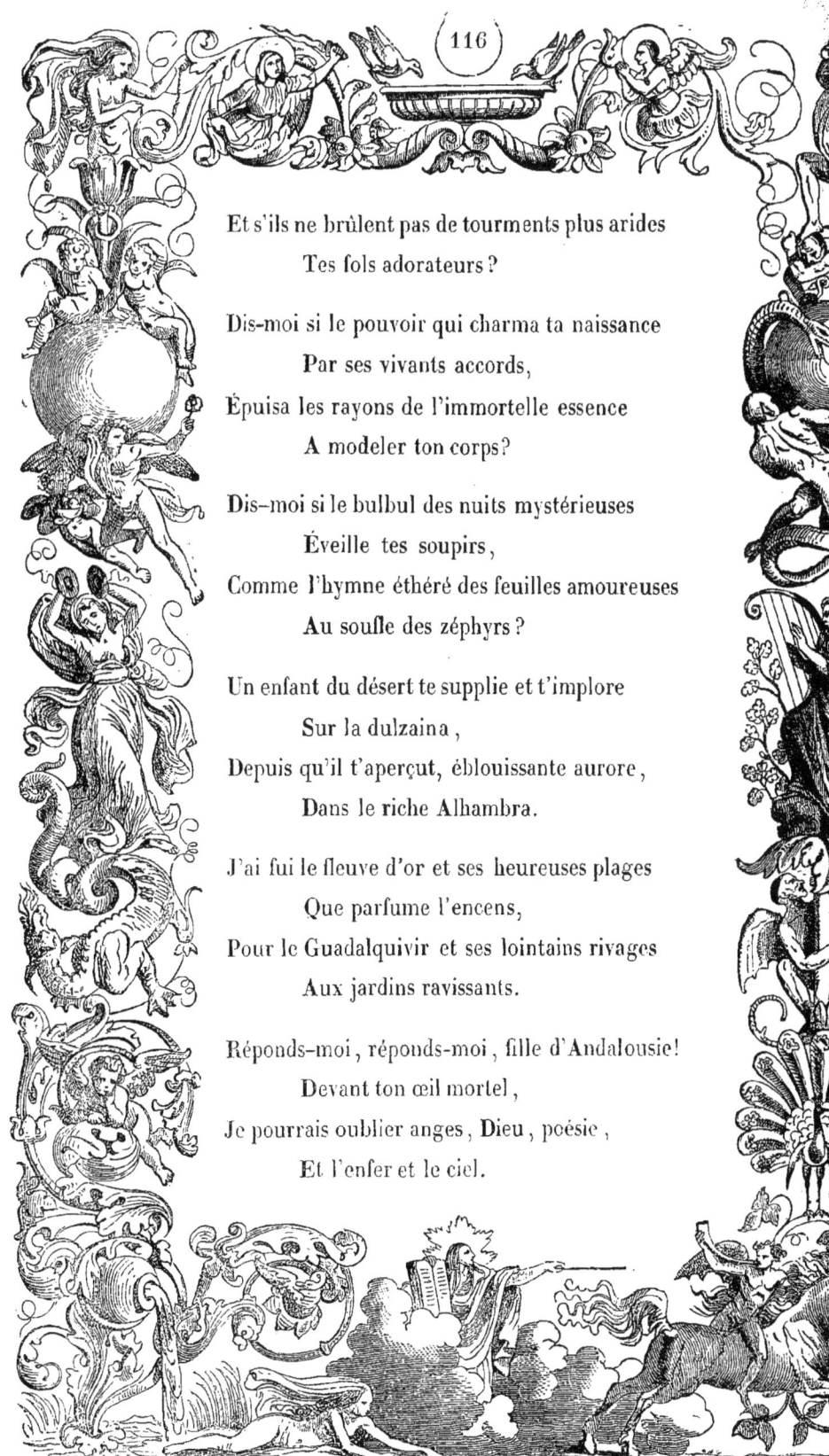

# LE VOEU D'HASSAN,

ROMANCE TURQUE.

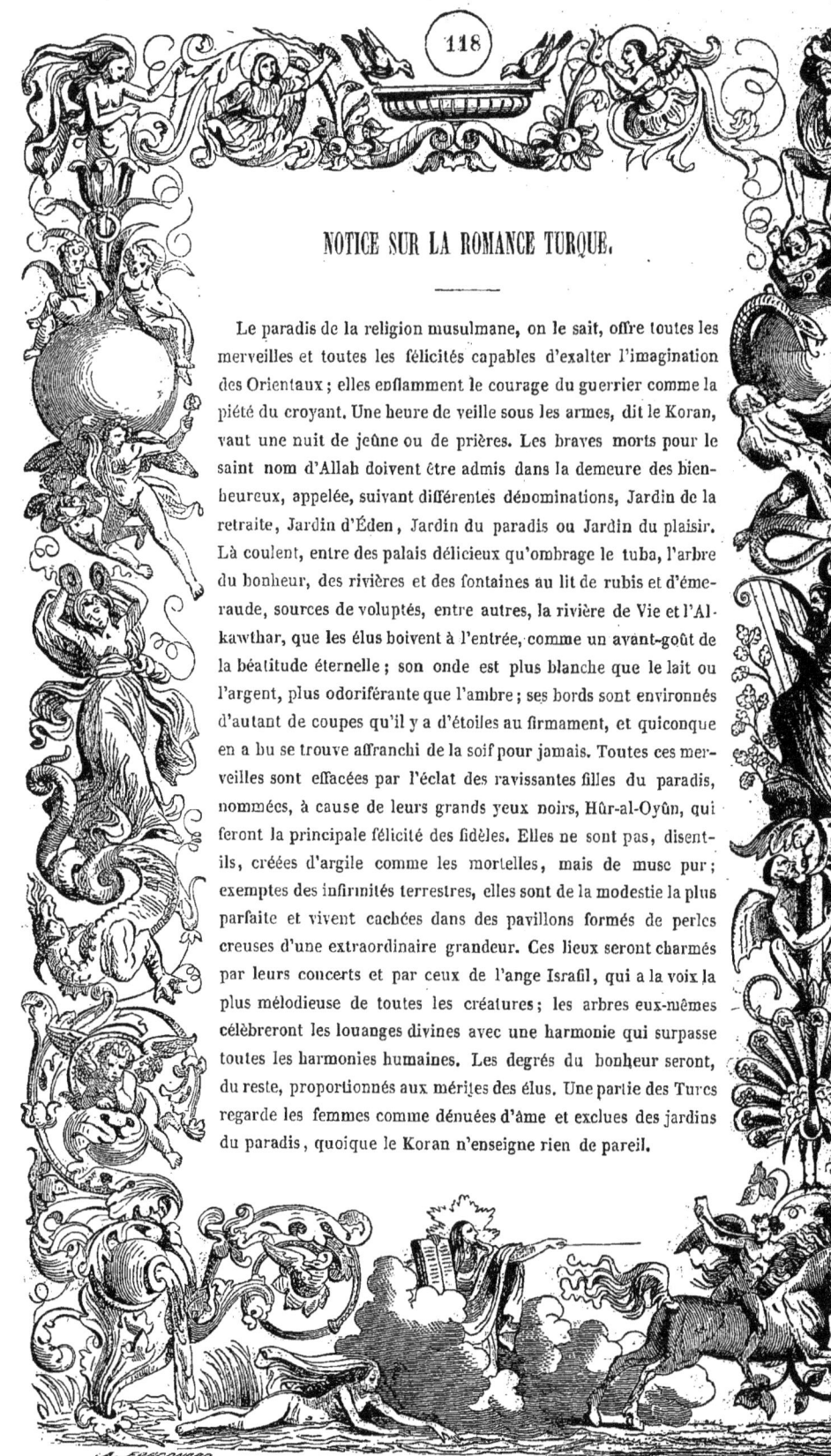

# NOTICE SUR LA ROMANCE TURQUE.

Le paradis de la religion musulmane, on le sait, offre toutes les merveilles et toutes les félicités capables d'exalter l'imagination des Orientaux ; elles enflamment le courage du guerrier comme la piété du croyant. Une heure de veille sous les armes, dit le Koran, vaut une nuit de jeûne ou de prières. Les braves morts pour le saint nom d'Allah doivent être admis dans la demeure des bienheureux, appelée, suivant différentes dénominations, Jardin de la retraite, Jardin d'Éden, Jardin du paradis ou Jardin du plaisir. Là coulent, entre des palais délicieux qu'ombrage le tuba, l'arbre du bonheur, des rivières et des fontaines au lit de rubis et d'émeraude, sources de voluptés, entre autres, la rivière de Vie et l'Alkawthar, que les élus boivent à l'entrée, comme un avant-goût de la béatitude éternelle ; son onde est plus blanche que le lait ou l'argent, plus odoriférante que l'ambre ; ses bords sont environnés d'autant de coupes qu'il y a d'étoiles au firmament, et quiconque en a bu se trouve affranchi de la soif pour jamais. Toutes ces merveilles sont effacées par l'éclat des ravissantes filles du paradis, nommées, à cause de leurs grands yeux noirs, Hûr-al-Oyûn, qui feront la principale félicité des fidèles. Elles ne sont pas, disent-ils, créées d'argile comme les mortelles, mais de musc pur ; exemptes des infirmités terrestres, elles sont de la modestie la plus parfaite et vivent cachées dans des pavillons formés de perles creuses d'une extraordinaire grandeur. Ces lieux seront charmés par leurs concerts et par ceux de l'ange Israfil, qui a la voix la plus mélodieuse de toutes les créatures ; les arbres eux-mêmes célébreront les louanges divines avec une harmonie qui surpasse toutes les harmonies humaines. Les degrés du bonheur seront, du reste, proportionnés aux mérites des élus. Une partie des Turcs regarde les femmes comme dénuées d'âme et exclues des jardins du paradis, quoique le Koran n'enseigne rien de pareil.

# LE VŒU D'HASSAN,

### ROMANCE TURQUE.

Sous l'ardent soleil de la guerre
Vole, o mon rapide coursier ;
Pour arme j'ai mon cimeterre
Dont le sang a trempé l'acier.
Je n'ai pas besoin d'amulette
Ou de magique talisman ;
Le cri joyeux de la trompette
Est le signal du Musulman.

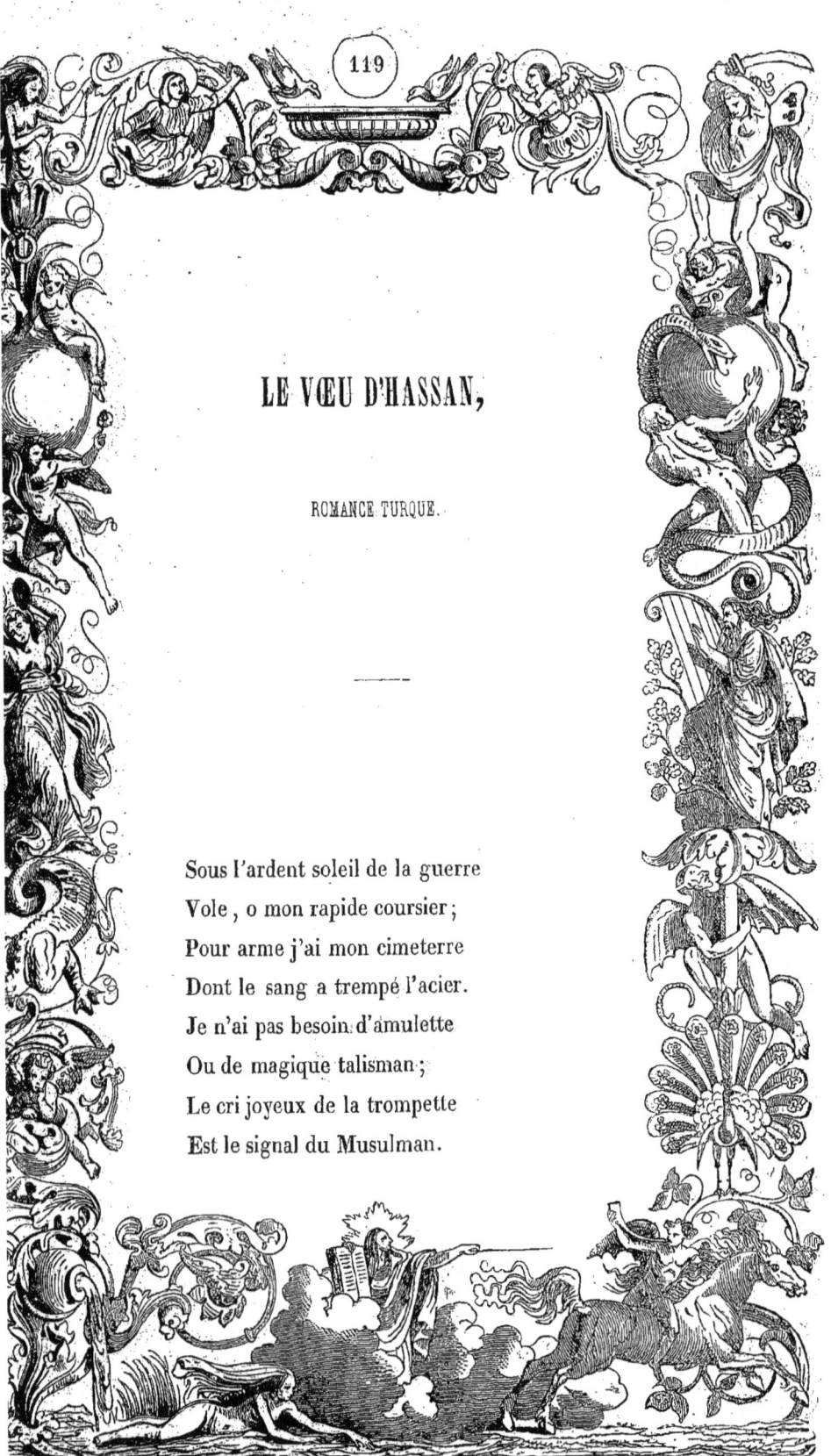

Là-bas, dans mon harem paisible,
Près des jasmins, amours des soirs,
Veille mon sérail invisible,
Gardé par mes eunuques noirs :
L'Albanaise aux lèvres de rose,
La blanche fille de Schiras,
Et mille beautés, troupe éclose
Pour les ténèbres du trépas.

Si je meurs, que je me réveille
Aux divins concerts des houris.
Je boirai l'onde sans pareille
Du Kawthar aux berceaux fleuris.
J'entendrai dans l'Éden suprême
La voix d'Israfil, luth des cieux,
Plus beau que ceux des houris même,
Et les arbres mélodieux.

# LA VISION DU VOYAGEUR,

## FÉERIE NOCTURNE.

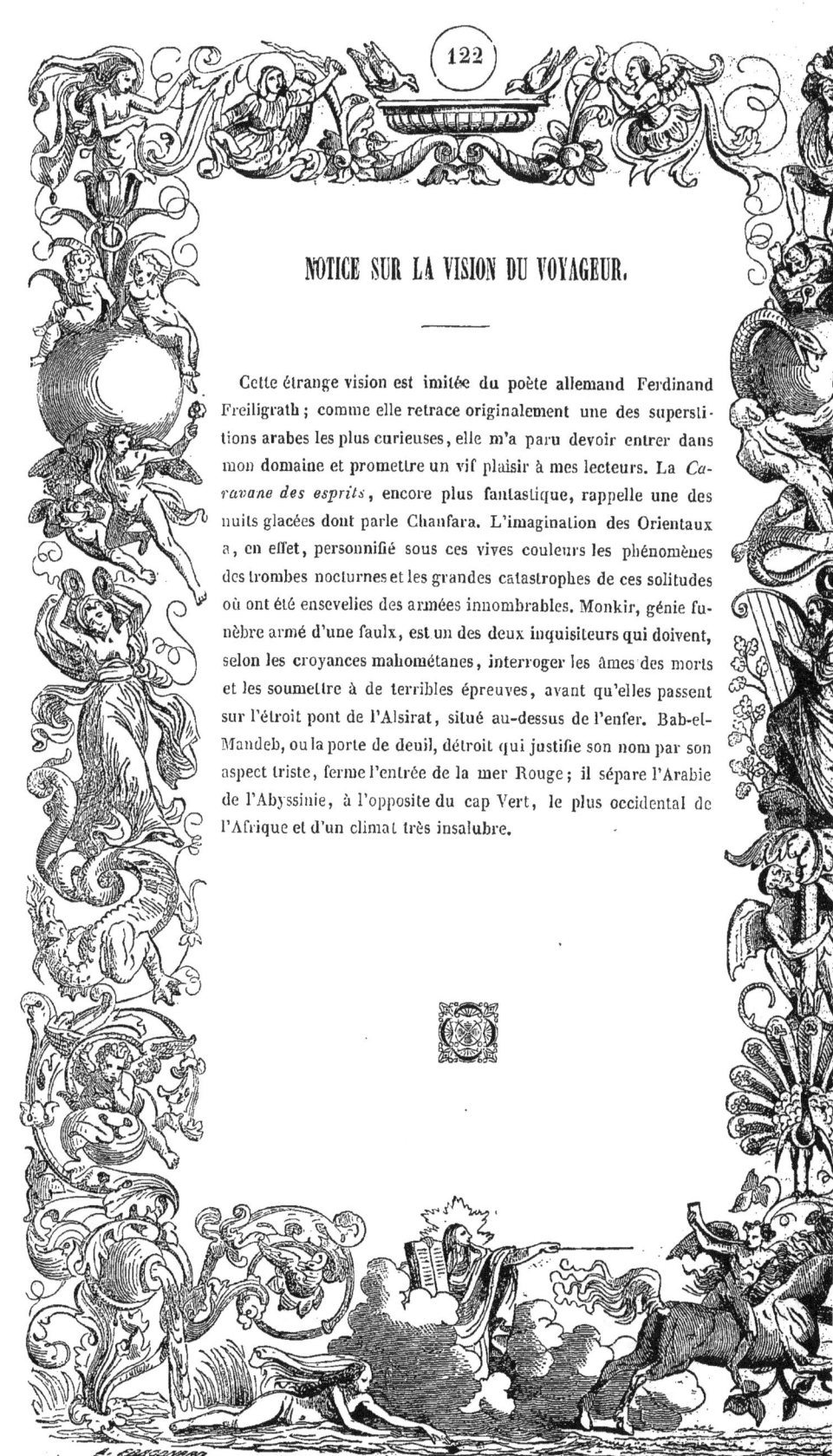

## NOTICE SUR LA VISION DU VOYAGEUR.

Cette étrange vision est imitée du poète allemand Ferdinand Freiligrath ; comme elle retrace originalement une des superstitions arabes les plus curieuses, elle m'a paru devoir entrer dans mon domaine et promettre un vif plaisir à mes lecteurs. La *Caravane des esprits*, encore plus fantastique, rappelle une des nuits glacées dont parle Chanfara. L'imagination des Orientaux a, en effet, personnifié sous ces vives couleurs les phénomènes des trombes nocturnes et les grandes catastrophes de ces solitudes où ont été ensevelies des armées innombrables. Monkir, génie funèbre armé d'une faulx, est un des deux inquisiteurs qui doivent, selon les croyances mahométanes, interroger les âmes des morts et les soumettre à de terribles épreuves, avant qu'elles passent sur l'étroit pont de l'Alsirat, situé au-dessus de l'enfer. Bab-el-Mandeb, ou la porte de deuil, détroit qui justifie son nom par son aspect triste, ferme l'entrée de la mer Rouge ; il sépare l'Arabie de l'Abyssinie, à l'opposite du cap Vert, le plus occidental de l'Afrique et d'un climat très insalubre.

# LA VISION DU VOYAGEUR,

### FÉERIE NOCTURNE.

---

C'était dans l'immense désert.
Nous couchions chaque nuit sur le sol découvert.
Mes Bédouins dormaient près des brunes cavales
Sans bride et sans harnois. La lune, au doux profil,
    De ses lueurs, par intervalles,
Dorait dans le lointain les montagnes du Nil.
    Des os blanchis de dromadaires
    Jonchaient les sables solitaires.

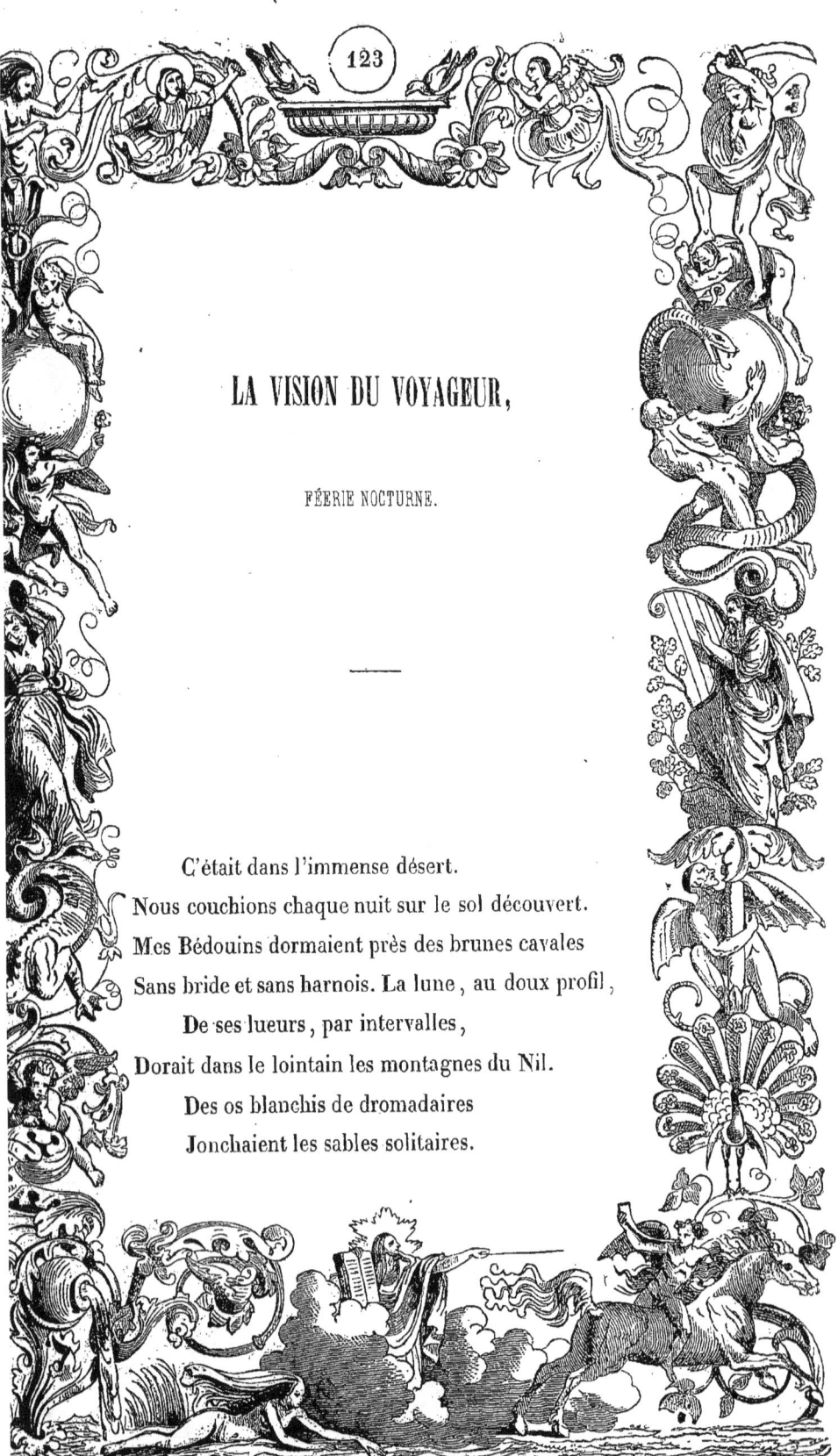

Le sommeil semblait m'oublier.
Je reposais mon front sur ma légère selle
Que soutenait le sac plein des fruits du dattier.
Les rêves du passé charmaient mon cœur guerrier ;
   Mon caftan large, ami fidèle,
Recouvrait tout mon corps comme un grand bouclier ;
   Près de moi veillaient en silence
   Mon fusil, mon sabre et ma lance.

   Aucun bruit ! Parfois seulement
Le feu mourant pétille encore ; par moment
Du vautour attardé le cri perce l'espace
Comme le vol confus d'un noir démon qui passe ;
   Ou, trépignant à sa surface,
Les chevaux attachés frappent le sol fumant ;
   Ou, saisi de vaines alarmes,
   Un cavalier cherche ses armes.

   La terre tremble. Aux feux dorés
De la lune éclatante, un troupeau d'ombres grises
Accourt. Les animaux, d'épouvante égarés,
Passent en s'enfuyant. Les coursiers effarés
   Se cabrent sous l'aile des brises.
Notre guide brandit les étendards sacrés ;

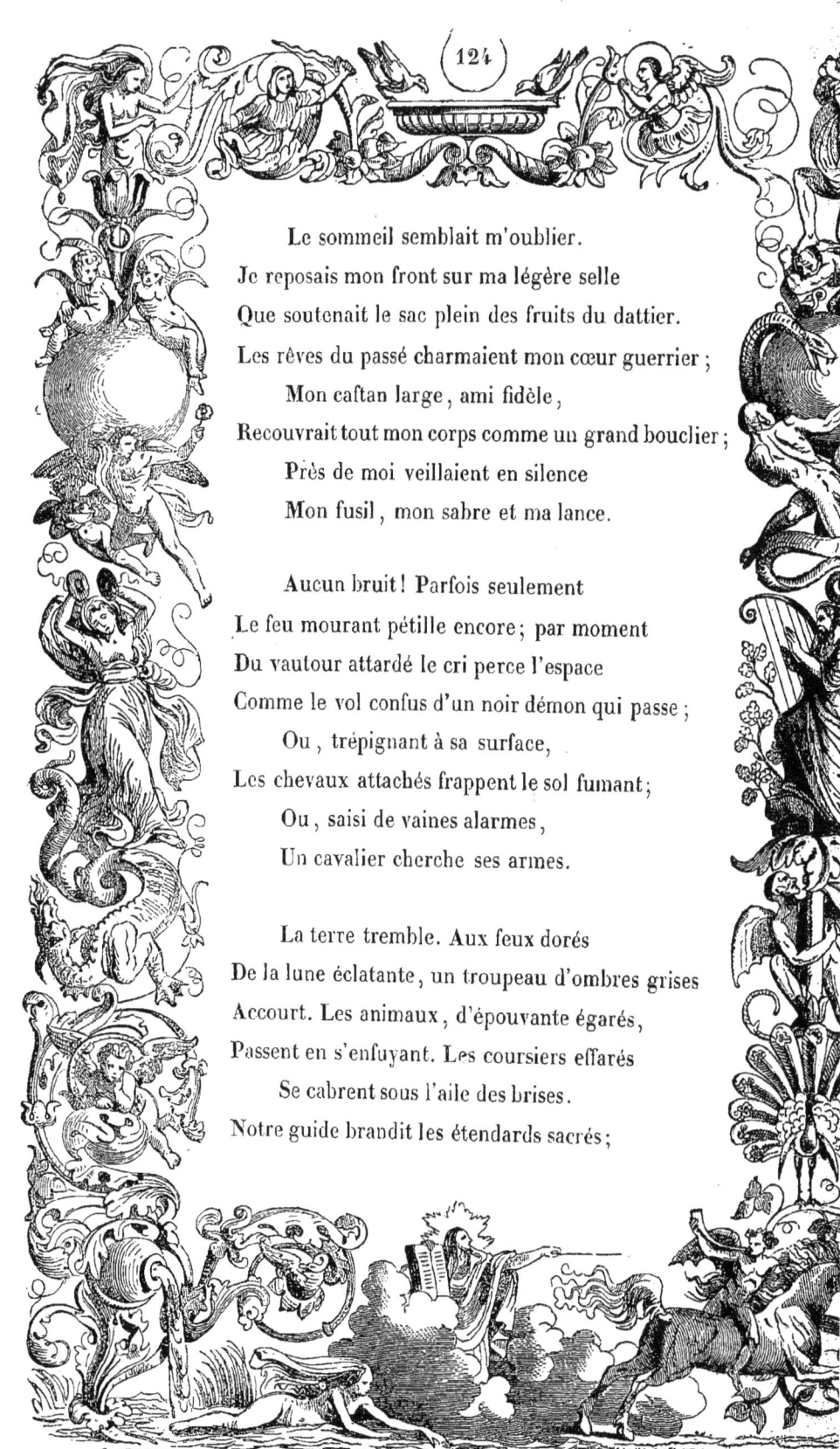

LA CARAVANE FANTASTIQUE.

Mais soudain son effroi profane...
« Des esprits c'est la caravane! »

Oui! c'est elle! ô Dieu! la voici!
Au-devant des chameaux rapides
Marchent les gigantesques guides,
Pareils au tourbillon noirci
Devant l'océan des étoiles.
Un essaim de femmes sans voiles
Est assis avec volupté
Sur de hautes et fortes selles.
Des esclaves presque aussi belles
Escortent leur vol enchanté.
Comme les Juives aux fontaines,
Elles portent des cruches pleines.
Voici venir des cavaliers ;
Ils les suivent de dune en dune.
Tous galopent au clair de lune
Vers la Mecque aux riches palmiers.


Encor plus! Ce vaste cortége
N'aura-t-il donc jamais de fin?
Encor plus! Le ciel me protége!
Comment les compter en chemin?

Les grains du sable ou de la neige
Sont moins nombreux dans le ravin,
Quand le Simoun fouette les plages,
Quand les fantômes des nuages
Pendent sur les monts inégaux.
Dieu! les morts sans nom qui sommeillent!
Dieu! les os épars se réveillent
Et redeviennent des chameaux!
Et le sable qui tourbillonne
Se change en cavaliers jumeaux;
Et sans que nul bruit les étonne,
Ils montent sur les animaux.

Voici la nuit sinistre où tous ceux que les sables
  Ont engloutis dans les flots insondables
    De leurs gouffres mouvants,
Où tous ceux dont la cendre, errante au gré des vents,
Frémit peut-être hier sur nos lèvres arides;
Où tous les combattants dont nos chevaux rapides,
    Aux crins d'ébène, aux flancs tachés,
Ont brisé sous leur fer les crânes desséchés,
    Où tous les morts de cette enceinte
    Se lèvent et viennent s'unir,
    Pour aller dans la ville sainte
    Désarmer la faux de Monkir.

Encor plus! Nous n'avons pas vu passer encore
    Les tribus des derniers.
La bride sur le col, tels qu'un vent qui dévore,
    Voici revenir les premiers.
    Depuis l'Archipel homicide,
  Dont le cap Vert borne le cercle étroit,
Jusqu'à Bab-el-Mandeb s'étend leur vol livide;
Avant que mon cheval ait pu rompre sa bride,
    Ils ont atteint le noir détroit.

Alerte! nos coursiers s'emportent! Leurs prunelles
    Projettent un sanglant rayon.
  Ne tremblez pas comme un camp de gazelles
    Égaré devant le lion.
    Laissez-les, ces spectres lunaires,
Vous toucher des replis de leurs manteaux flottants.
Criez : Allah! criez! Avec leurs dromadaires
    Ils s'éclipseront dans le temps,
Comme aux yeux du soleil les hôtes funéraires.

Cavaliers, attendez que le vent du matin
  De vos turbans agite les aigrettes.
L'aurore et le vent frais chasseront ces squelettes,
Nocturnes voyageurs errants sur le chemin.

Avec le jour dans la poussière
Ils rentreront. Voyez! son rubis teint les cieux.
Mon cheval rassuré, saluant la lumière,
    Pousse un hennissement joyeux.

# LE COLIBRI ET L'ÉMERAUDE,

HAITIENNE.

## NOTICE SUR LE COLIBRI ET L'ÉMERAUDE.

Le colibri est un de ces ravissants petits oiseaux-mouches dont les myriades étincellent dans les contrées de l'Amérique; ils rivalisent avec l'éclat des fleurs et des pierres précieuses empreintes sur leurs robes diaprées. Leur existence a l'air d'un véritable songe d'amour; semblables aux sylphes, ils bâtissent leur nid, moins gros que la moitié de la coque de l'œuf d'un pigeon, au milieu des plus doux calices, et se nourrissent du suc des plantes ou d'insectes presque imperceptibles. C'est surtout dans les forêts du Brésil, dans les jardins des Florides et dans les bocages d'Haïti qu'on trouve ces vivantes escarboucles. Hélas! leurs dépouilles scintillantes viennent seules orner le cabinet de nos naturalistes. Quant à l'émeraude, elle fut souvent mêlée à des légendes fabuleuses et à des histoires de fées. Verte fille du soleil, des ondes et des feux souterrains, elle a un caractère talismanique dans les contes orientaux. Il est probable qu'elle devait figurer dans les fragments perdus du poème d'Orphée sur les propriétés miraculeuses des pierres.

## LE COLIBRI ET L'ÉMERAUDE.

L'émeraude aux yeux verts, mirant ses feux dans l'onde,
    Disait au colibri :
« Le zéphyr berce en vain ton aile vagabonde
    Sur les fleurs d'Haïti.

» Jeune oiseau, ne sois pas si fier de ta parure ;
    L'iris dore ton col.
Ton plumage est l'orgueil des cieux, de la nature ;
    Les ans vaincront ton vol.

» Tu suspends ton doux nid au milieu des calices,
    Dans leurs seins palpitants.
Rival du papillon, tu bois tous les délices
    De l'amoureux printemps.

» Tes célestes couleurs, passager météore,
    Doivent te consumer.
Ni les baisers du soir, ni les pleurs de l'aurore,
    N'iront te ranimer.

» Moi, je vivrai toujours, compagne des étoiles,
    Dont je suis un rayon,

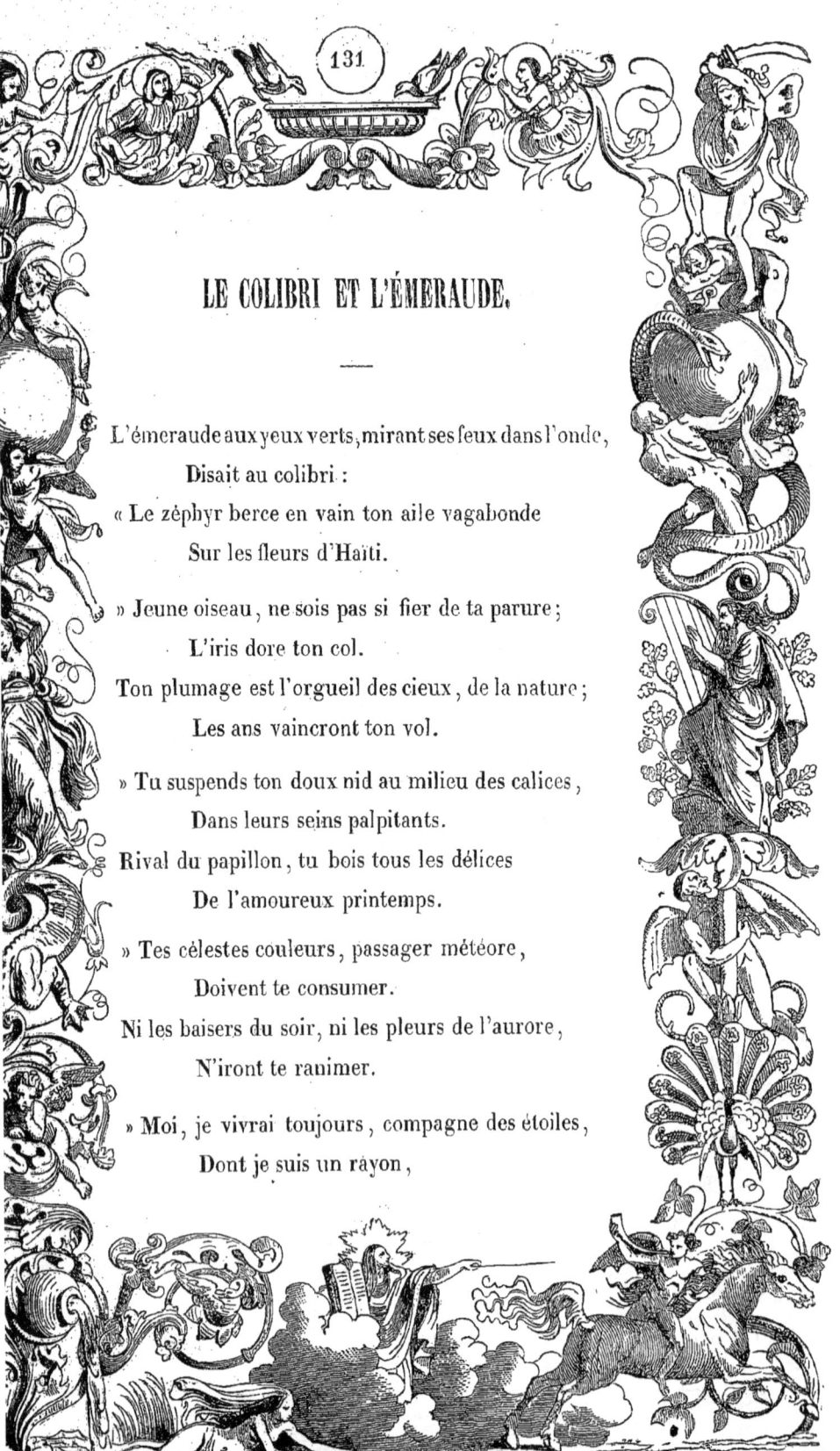

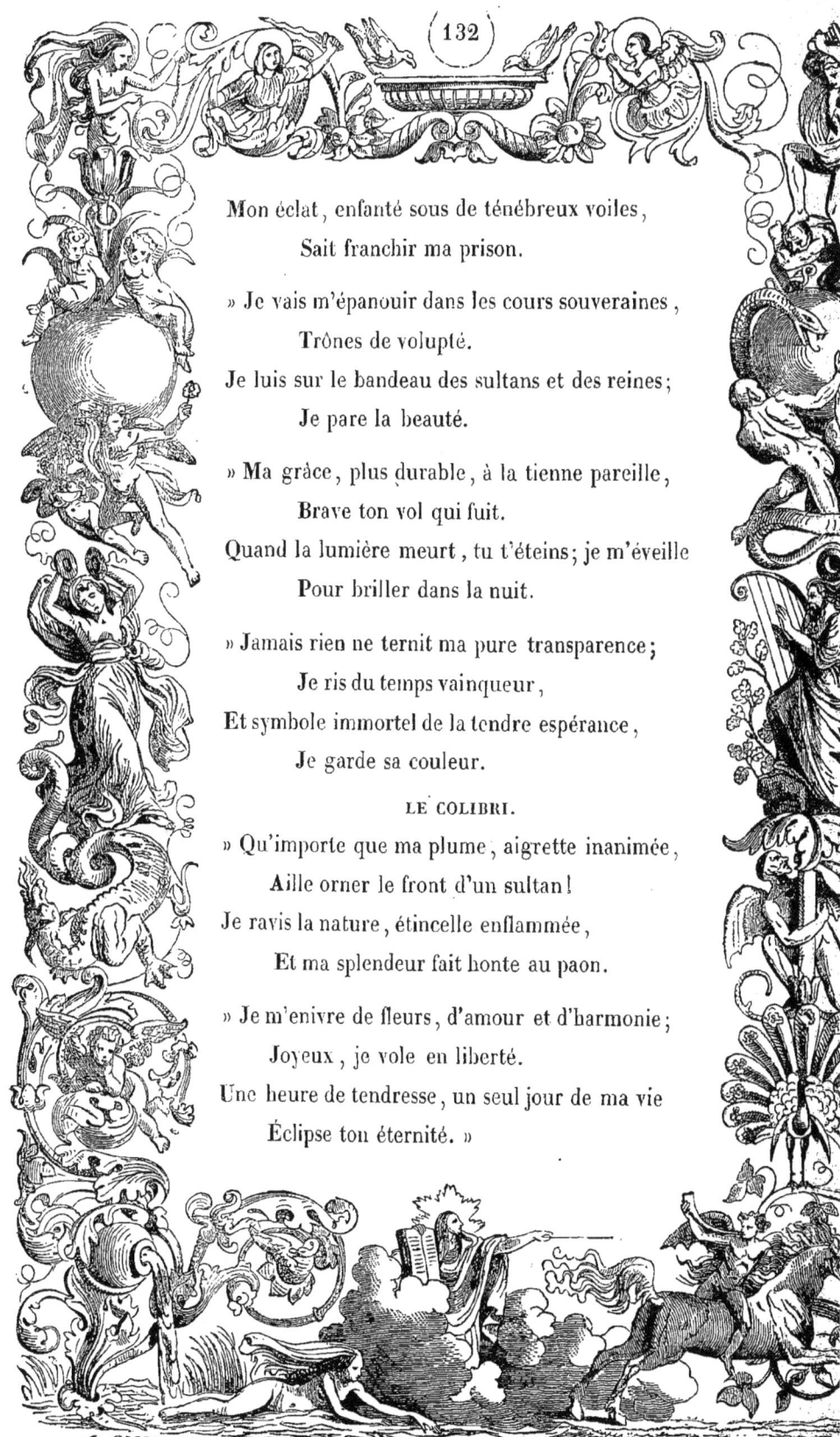

Mon éclat, enfanté sous de ténébreux voiles,
  Sait franchir ma prison.

» Je vais m'épanouir dans les cours souveraines,
  Trônes de volupté.
Je luis sur le bandeau des sultans et des reines;
  Je pare la beauté.

» Ma grâce, plus durable, à la tienne pareille,
  Brave ton vol qui fuit.
Quand la lumière meurt, tu t'éteins; je m'éveille
  Pour briller dans la nuit.

» Jamais rien ne ternit ma pure transparence;
  Je ris du temps vainqueur,
Et symbole immortel de la tendre espérance,
  Je garde sa couleur.

### LE COLIBRI.

» Qu'importe que ma plume, aigrette inanimée,
  Aille orner le front d'un sultan !
Je ravis la nature, étincelle enflammée,
  Et ma splendeur fait honte au paon.

» Je m'enivre de fleurs, d'amour et d'harmonie;
  Joyeux, je vole en liberté.
Une heure de tendresse, un seul jour de ma vie
  Éclipse ton éternité. »

# LE CHANT DU PHÉNIX.

## NOTICE SUR LE CHANT DU PHÉNIX.

Le chant du phénix m'a paru terminer harmonieusement les féeries de l'Orient, en offrant l'emblème le plus divin de ses croyances à l'immortalité. Cet oiseau merveilleux, dont l'antique Égypte nous a légué la fable mystérieuse, comme une vision suave entre ses sphinx et ses tombeaux, réalise la plus touchante des fictions humaines. Ce n'est point ici le lieu de lui demander le secret de ses nombreux symboles. Chacun a lu la tradition qui peint ce fils de la lumière se consumant et renaissant de ses cendres, au milieu des parfums dont la flamme devient son bûcher. Son plus doux chant, comme celui du cygne, s'exhalait à l'heure de son adieu, messagère de son réveil. Les naturalistes modernes connaissent un oiseau d'une beauté rare et qui porte le nom de phénix. Mais celui-là ne chante plus.

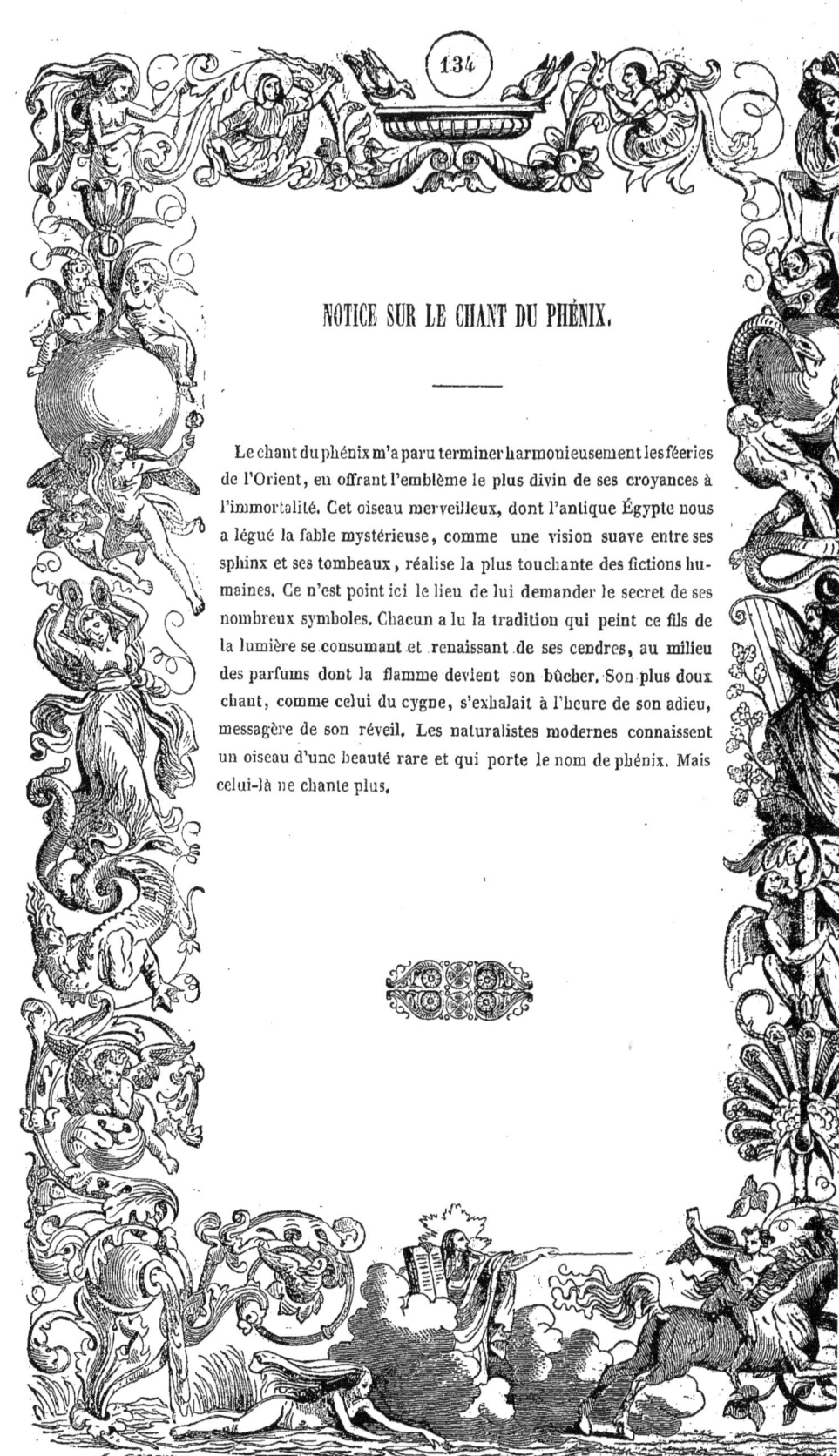

# LE CHANT DU PHÉNIX.

—

« Silence, oiseaux ! ma jeune amante,
Nature, écoute mes accords.
Exhale-toi, myrrhe odorante ;
Soleil, réponds à mes transports.
Que ton foyer céleste allume
Le feu de mon terrestre autel !
Je renais et je me consume,
Rayon de l'amour éternel.

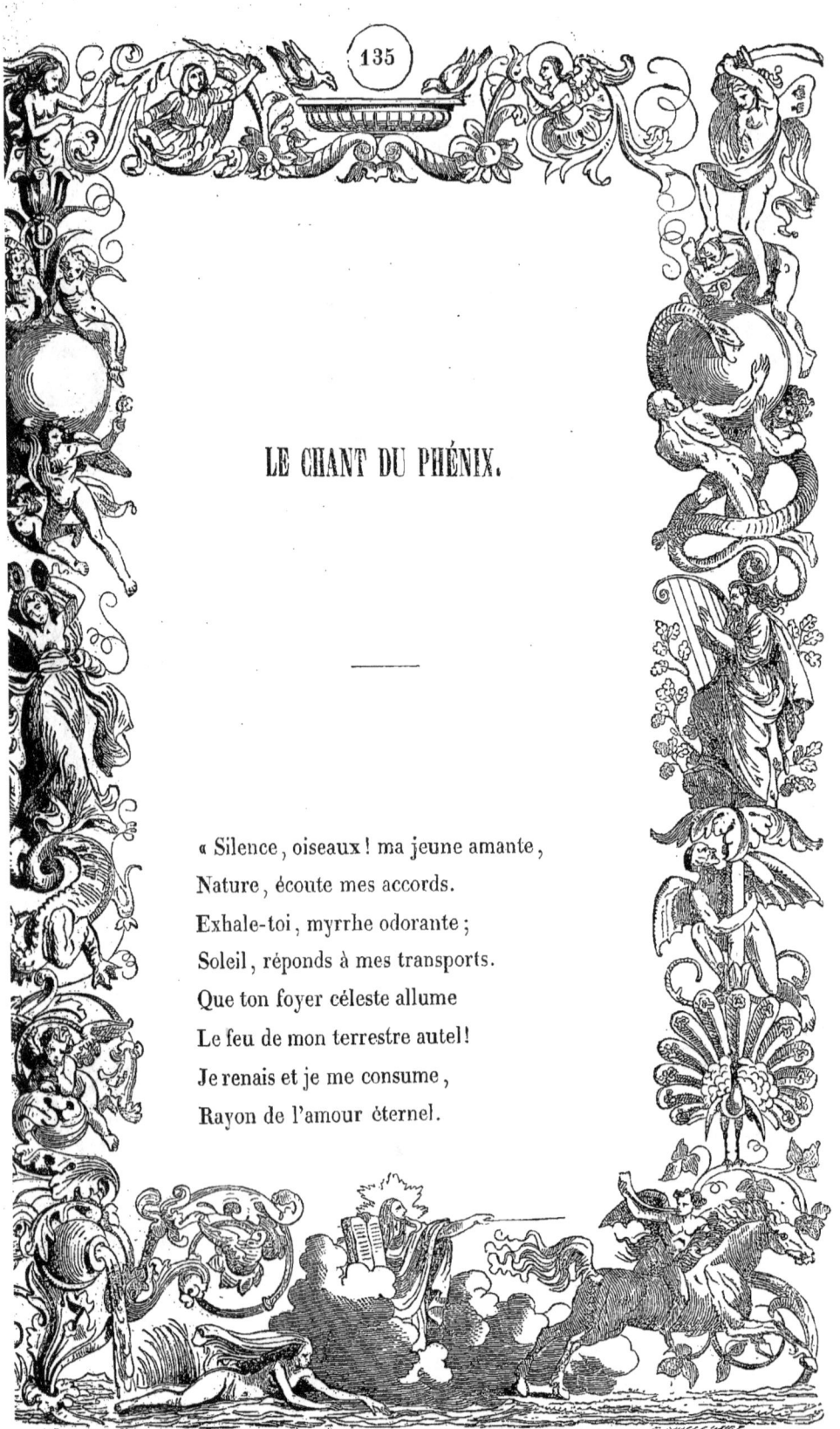

» J'ai vu les siècles innombrables
Embellir ma robe d'azur,
Et mille printemps ineffables
Se couronner d'un reflet pur.
Ma tombe immortelle est formée
Du romarin, cher au soleil,
Et des parfums de l'Idumée ;
Le jour saluera mon réveil.

» Beauté, toi dont je suis l'image,
Recueille mon dernier soupir. »
Ainsi chantait sous le feuillage
Le doux phénix prêt à mourir.
Tout pleure et s'émeut pour l'entendre,
Arbres, fleurs, oiseaux, ciel riant.
Soudain il renaît de sa cendre
Et s'envole vers l'Orient.

# FÉERIES DU NORD.

# L'ONDINE,

BALLADE.

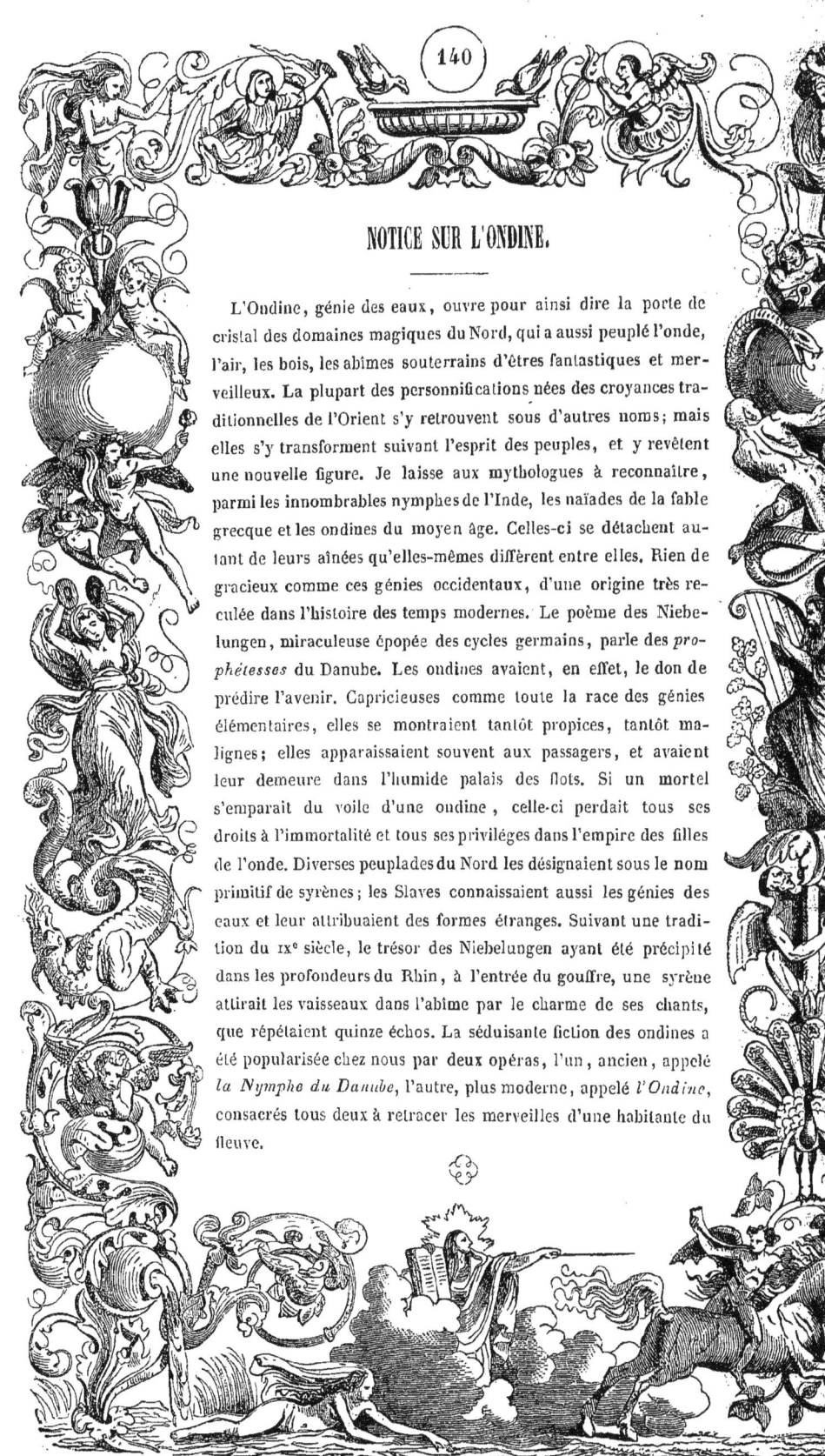

## NOTICE SUR L'ONDINE.

L'Ondine, génie des eaux, ouvre pour ainsi dire la porte de cristal des domaines magiques du Nord, qui a aussi peuplé l'onde, l'air, les bois, les abimes souterrains d'êtres fantastiques et merveilleux. La plupart des personnifications nées des croyances traditionnelles de l'Orient s'y retrouvent sous d'autres noms; mais elles s'y transforment suivant l'esprit des peuples, et y revêtent une nouvelle figure. Je laisse aux mythologues à reconnaître, parmi les innombrables nymphes de l'Inde, les naïades de la fable grecque et les ondines du moyen âge. Celles-ci se détachent autant de leurs aînées qu'elles-mêmes diffèrent entre elles. Rien de gracieux comme ces génies occidentaux, d'une origine très reculée dans l'histoire des temps modernes. Le poëme des Niebelungen, miraculeuse épopée des cycles germains, parle des *prophétesses* du Danube. Les ondines avaient, en effet, le don de prédire l'avenir. Capricieuses comme toute la race des génies élémentaires, elles se montraient tantôt propices, tantôt malignes; elles apparaissaient souvent aux passagers, et avaient leur demeure dans l'humide palais des flots. Si un mortel s'emparait du voile d'une ondine, celle-ci perdait tous ses droits à l'immortalité et tous ses priviléges dans l'empire des filles de l'onde. Diverses peuplades du Nord les désignaient sous le nom primitif de syrènes; les Slaves connaissaient aussi les génies des eaux et leur attribuaient des formes étranges. Suivant une tradition du $IX^e$ siècle, le trésor des Niebelungen ayant été précipité dans les profondeurs du Rhin, à l'entrée du gouffre, une syrène attirait les vaisseaux dans l'abime par le charme de ses chants, que répétaient quinze échos. La séduisante fiction des ondines a été popularisée chez nous par deux opéras, l'un, ancien, appelé *la Nymphe du Danube*, l'autre, plus moderne, appelé *l'Ondine*, consacrés tous deux à retracer les merveilles d'une habitante du fleuve.

L'ONDINE ET LE CHEVALIER.

# L'ONDINE,

### BALLADE.

Le Danube roule son onde
   Claire et profonde
A travers les saules rêveurs.
Un chevalier, que son étoile
Amène en ces lieux séducteurs,
Sur le bord aperçoit un voile
Et le prend pour parer ses sœurs.

Soudain quittant l'onde argentine,
   La blanche Ondine
Frappe l'air de cris douloureux,
Et dans sa nudité modeste,
Priant le ravisseur funeste,
S'ombrage de ses blonds cheveux.

« Chevalier, ne fuis pas ma plainte,
　　Par ta loi sainte;
Hélas! que vais-je devenir?
Rends-moi mon voile, ma parure;
Sois-moi sensible, et je te jure
De te révéler l'avenir.

» Ne te ris pas de mes alarmes
　　Ni de mes larmes;
Écoute-moi, beau chevalier.
Si tu veux voir l'autre rivage,
Je vais t'enseigner un passage
Sans nul esquif ni batelier.

» Quel serment ou quelle prière
　　Ton âme altière
Exige-t-elle pour rançon?
Veux-tu des trésors plus splendides
Que ceux dont les gnomes avides
Tiennent le merveilleux filon?

» N'emporte pas mon espérance
　　Et ma puissance
Dont mon voile était le gardien.

Je ne suis plus qu'une mortelle.
J'implore ta pitié rebelle ;
Rends-moi la vie avec mon bien.

» Je vais mourir, infortunée !
  Ma destinée
Se brisera sous ces roseaux.
Je ne verrai plus mes compagnes,
Ni les elfes de ces campagnes
Ni mon lit d'argent sous les eaux. »

Le chevalier, dont sa détresse
  Cause l'ivresse,
Répondit à l'ondine en pleurs :
« Rassure ta beauté plaintive ;
J'ai pris ton voile sur la rive
Pour en faire don à mes sœurs.

» Je ne veux pas traverser l'onde
  Claire et profonde ;
Je n'ai pas besoin de trésor.
Si tu veux combler mon attente,
Donne-moi, syrène éclatante,
Ton cœur plus précieux que l'or.

» Dans mon château sans souveraine
   Tu seras reine ;
Suis-moi, quitte ces bords déserts.
Mes sœurs, mes vassaux et mes pages
T'offriront leurs brillants hommages,
Et nos ménestrels leurs concerts.

» — Je suivrai ton heureuse étoile ;
   Rends-moi mon voile,
Mon seul et chaste vêtement.
Deviens mon seigneur et mon guide ;
J'oublirai mon palais humide,
Mon art divin, mon élément. »

Le bon chevalier, à l'ondine
   Qui le fascine,
Jette le voile précieux.
Mais l'ondine avec un sourire,
Se replongeant dans son empire,
Disparait sous les flots joyeux.

# LA NUIT ET LE JOUR,

HARPE ÉOLIENNE.

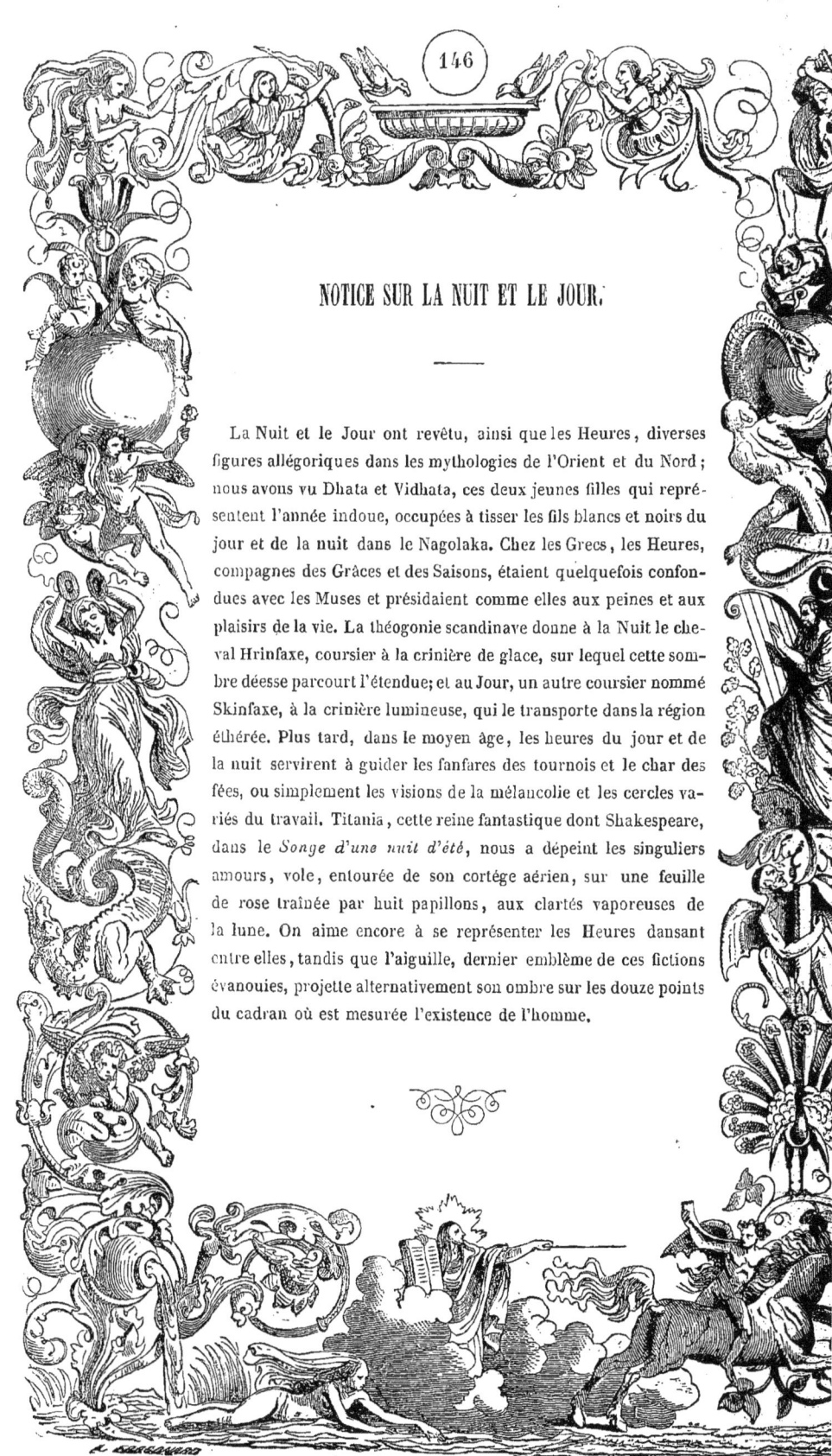

# NOTICE SUR LA NUIT ET LE JOUR.

La Nuit et le Jour ont revêtu, ainsi que les Heures, diverses figures allégoriques dans les mythologies de l'Orient et du Nord; nous avons vu Dhata et Vidhata, ces deux jeunes filles qui représentent l'année indoue, occupées à tisser les fils blancs et noirs du jour et de la nuit dans le Nagolaka. Chez les Grecs, les Heures, compagnes des Grâces et des Saisons, étaient quelquefois confondues avec les Muses et présidaient comme elles aux peines et aux plaisirs de la vie. La théogonie scandinave donne à la Nuit le cheval Hrinfaxe, coursier à la crinière de glace, sur lequel cette sombre déesse parcourt l'étendue; et au Jour, un autre coursier nommé Skinfaxe, à la crinière lumineuse, qui le transporte dans la région éthérée. Plus tard, dans le moyen âge, les heures du jour et de la nuit servirent à guider les fanfares des tournois et le char des fées, ou simplement les visions de la mélancolie et les cercles variés du travail. Titania, cette reine fantastique dont Shakespeare, dans le *Songe d'une nuit d'été*, nous a dépeint les singuliers amours, vole, entourée de son cortége aérien, sur une feuille de rose traînée par huit papillons, aux clartés vaporeuses de la lune. On aime encore à se représenter les Heures dansant entre elles, tandis que l'aiguille, dernier emblème de ces fictions évanouies, projette alternativement son ombre sur les douze points du cadran où est mesurée l'existence de l'homme.

# LA NUIT ET LE JOUR.

### LA NUIT.

L'étoile d'or file son chant magique
Dans le concert du divin firmament.
J'entends parler l'invisible musique ;
Le rossignol prélude au bois dormant.

### LE JOUR.

Du haut des cieux, le roi de la nature
Laisse flotter mille éclatants rubis,
Et le pasteur, sous l'arbre qui murmure,
En fredonnant fait paître ses brebis.

### CHOEUR DES HEURES.

Dansez, dansez, Heures légères,
Blanches et noires tour à tour ;
Tressez les chaînes passagères
De la Nuit et du Jour.

### LA NUIT.

Je suis la sœur de la mélancolie ;
Aux malheureux je verse le repos.
Dans mes édens l'heureux amant s'oublie ;
Que le sommeil éteigne les échos !

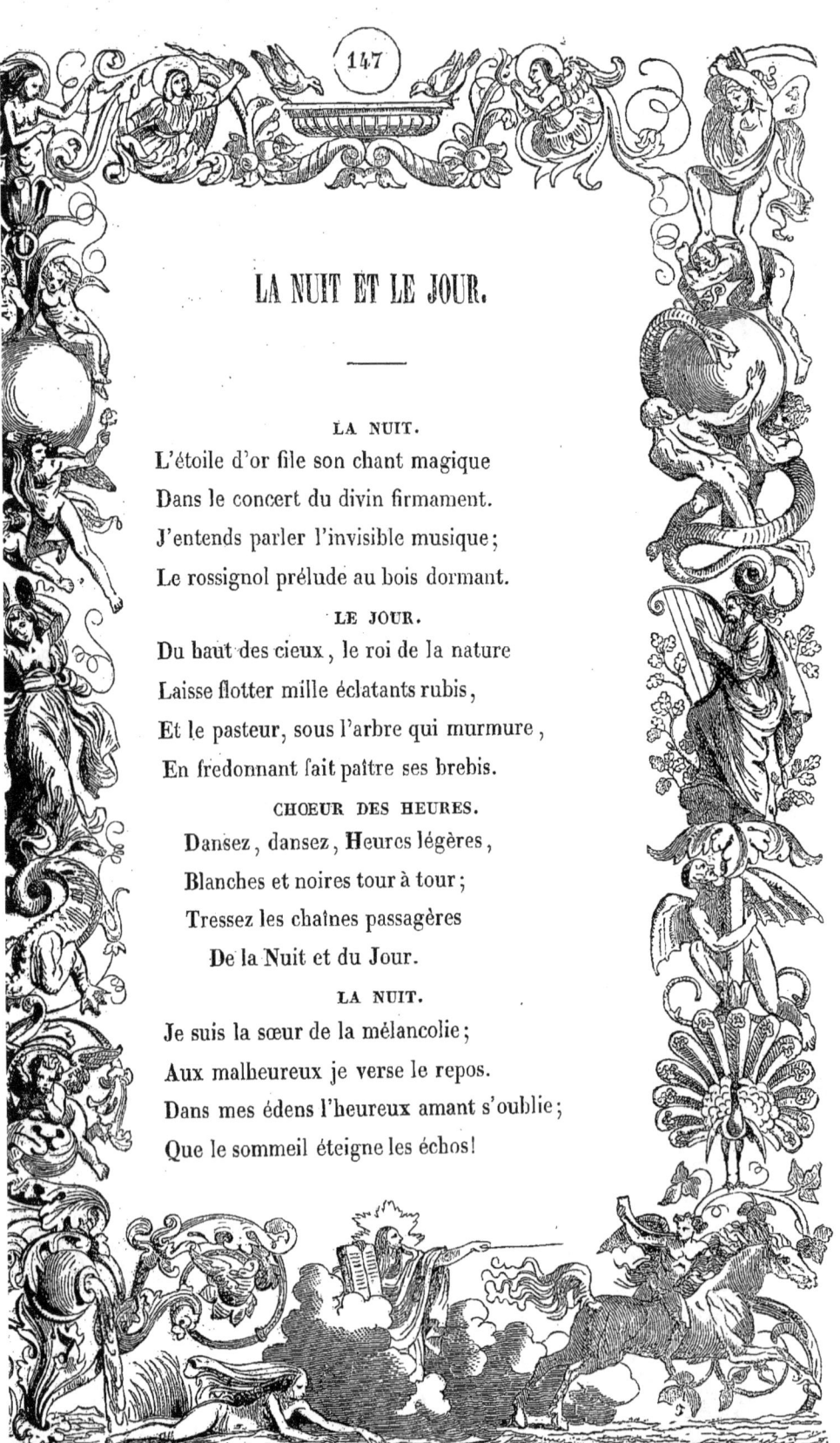

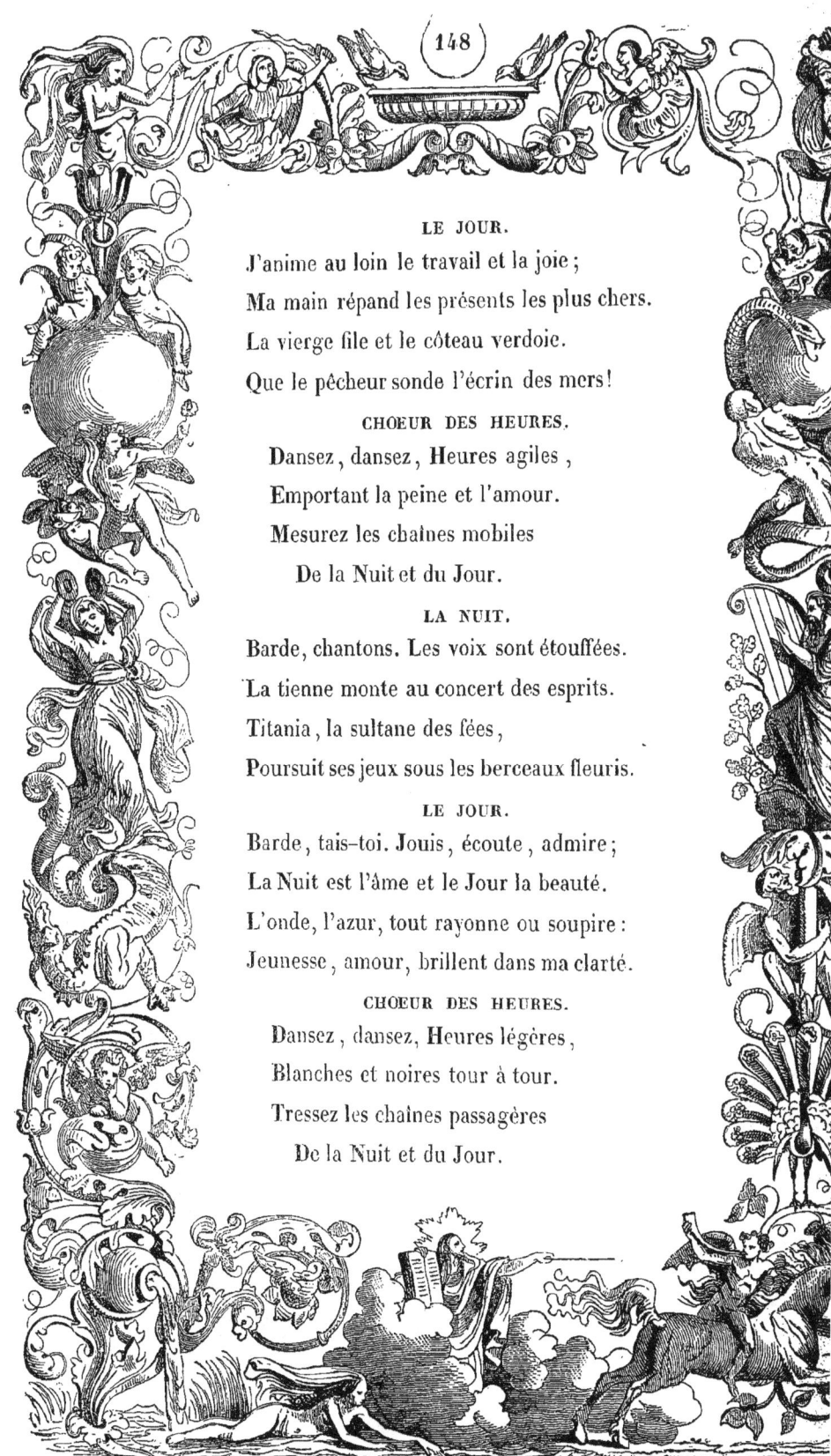

LE JOUR.

J'anime au loin le travail et la joie ;
Ma main répand les présents les plus chers.
La vierge file et le côteau verdoie.
Que le pêcheur sonde l'écrin des mers!

CHŒUR DES HEURES.

Dansez, dansez, Heures agiles,
Emportant la peine et l'amour.
Mesurez les chaînes mobiles
De la Nuit et du Jour.

LA NUIT.

Barde, chantons. Les voix sont étouffées.
La tienne monte au concert des esprits.
Titania, la sultane des fées,
Poursuit ses jeux sous les berceaux fleuris.

LE JOUR.

Barde, tais-toi. Jouis, écoute, admire ;
La Nuit est l'âme et le Jour la beauté.
L'onde, l'azur, tout rayonne ou soupire :
Jeunesse, amour, brillent dans ma clarté.

CHŒUR DES HEURES.

Dansez, dansez, Heures légères,
Blanches et noires tour à tour.
Tressez les chaînes passagères
De la Nuit et du Jour.

# LA DRUIDESSE,

POÈME CELTE.

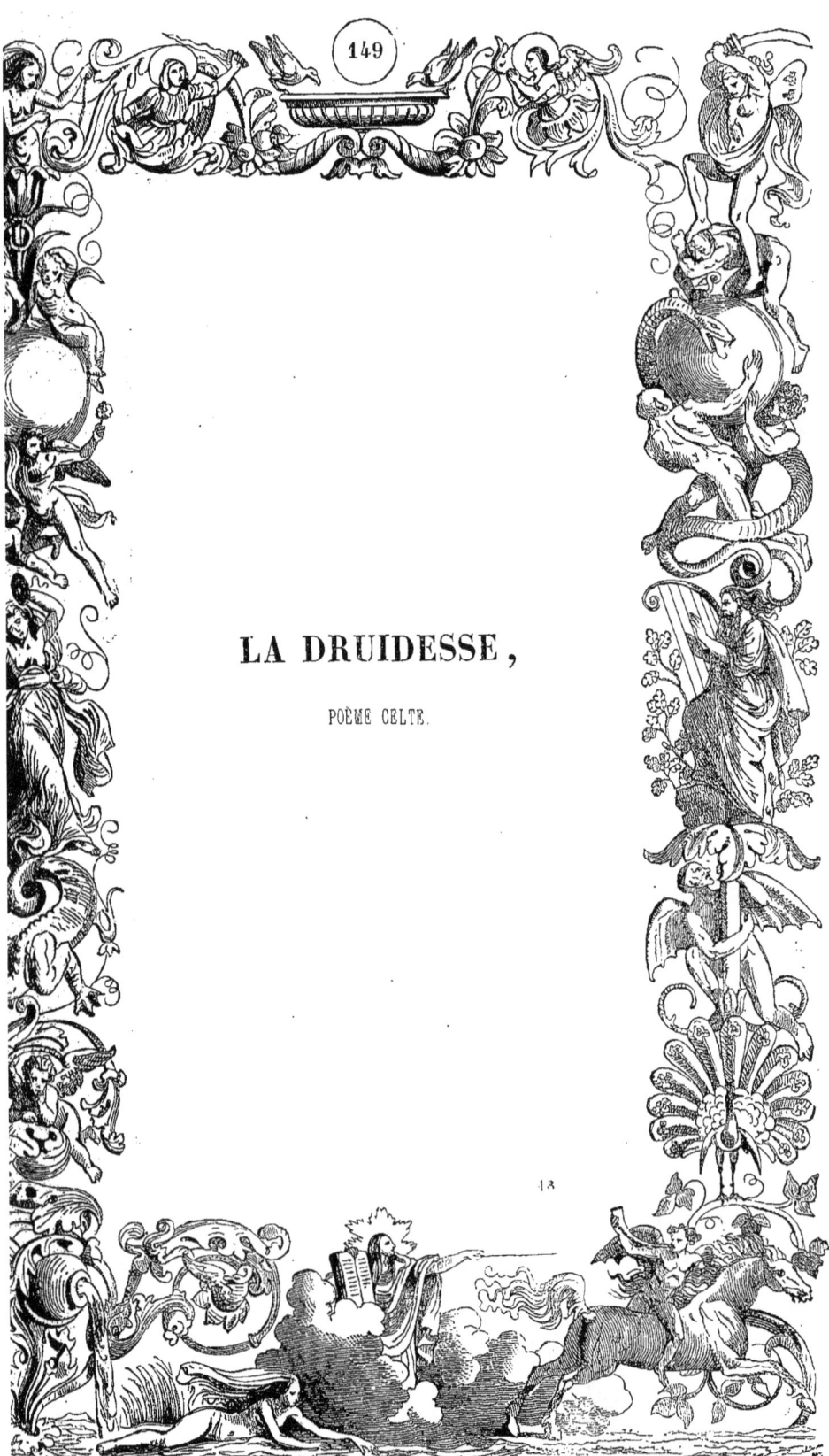

## NOTICE SUR LA DRUIDESSE.

La Druidesse apparaît, comme la Sibylle des temps antiques, environnée d'une sorte de mystère ténébreux dont les historiens n'ont soulevé qu'à demi le voile. Elle était associée, en qualité de prêtresse, au culte des Druides. Ce culte terrible, qui peut seul en expliquer les fonctions, fut importé dans la Gaule, suivant les traditions des Kimris, par Hésus, le chef de ces hordes asiatiques, et vint se confondre avec le polythéisme gaulois. On y retrouve, en effet, les dogmes primitifs de l'Asie, les croyances à l'immortalité de l'âme, à la métempsycose, aux peines et aux récompenses de la vie future, à l'éternité de l'univers, et le fétichisme ou l'adoration de la matière brute, des forces cachées des éléments, comme dans les mythologies du Nord. Les dieux druidiques avaient pour sanctuaire l'impénétrable enceinte des forêts, et leurs fêtes se célébraient dans les ténèbres de la nuit. La principale était celle où l'on cueillait le gui du chêne, consacré à Teutatès, le premier jour de l'année, c'est-à-dire le sixième de la lune de mars; car les Gaulois comptaient par lunes, ce qui les fit nommer par les Romains le peuple de Pluton. A l'époque de la fête, le grand-prêtre, armé d'une faucille d'or, coupait, aux acclamations de la foule immense, le gui sacré, que les Druides recevaient dans une saie blanche, de peur qu'il ne touchât la terre. La racine de la plante arrachée et conservée passait pour un remède souverain contre tous les maux. De là est venu le cri de *Au gui l'an neuf!* encore usité dans quelques provinces de la France. Dans les temps ordinaires de paix, on immolait, après la cueille du gui, deux taureaux blancs; en temps de guerre et dans les circonstances néfastes, on sacrifiait des prisonniers ou des victimes désignées par les Druides, dont le redoutable empire n'avait point de bornes; aucun abri ne dérobait à leur anathème. Ils enfermaient quelquefois les victimes dans des colosses d'osier et les jetaient au milieu des flammes, tandis que le bruit des cymbales et des chants en étouffait les hurlements. Les

adultères et d'autres coupables étaient précipités dans les lacs sacrés. Les horreurs d'une nature âpre et sombre s'harmoniaient avec un dogme pareil. Dans le nombre des plantes qui furent, avec le gui, l'objet de cérémonies et d'une vénération particulières, nous citerons le samolus, propre à guérir miraculeusement les animaux, la sélage, la jusquiame, douées de secrètes vertus médicales, et la verveine, puissant fébrifuge, plante magique dont se couronnaient les Druidesses. Ces dernières, élevées dans le sacerdoce, comme nous l'avons dit, formaient le second ordre de sa mystérieuse théocratie; elles possédaient la science pharmaceutique, celle des incantations et le don de prédire l'avenir. Divisées en plusieurs classes, comme les Druides, les unes faisaient vœu de virginité, et son infraction était suivie de cruels châtiments; les autres suivaient différentes pratiques étranges. Les écueils les plus sauvages servaient de temples à leurs cérémonies inconnues, d'où étaient sévèrement bannis les hommes. Elles avaient des oracles dans plusieurs petites îles de l'Archipel armoricain, notamment dans l'île de Céna, dont l'approche inspirait l'effroi aux voyageurs. On prétend que maintes fois des marins, assez hardis pour y descendre, en avaient été repoussés par la tempête et par des visions menaçantes. Les chants des Druidesses étaient, du reste, si merveilleux, et leurs charmes si extraordinaires, que ceux qui les entendaient ou les voyaient en perdaient la raison. Le vulgaire les regardait comme des magiciennes douées d'une puissance surnaturelle, suivant l'opinion commune des Scandinaves, qui attribuait aux femmes la prédestination dans ce monde et dans l'autre. Les Romains eux-mêmes, qui nous ont légué les traits les plus saillants de leur physionomie, demeuraient frappés d'étonnement à leur aspect. Plusieurs de leurs empereurs vinrent les consulter ou en reçurent des avis, et ajoutèrent foi à leurs prédictions. Ce sont les Druidesses dont semble parler Tacite, lorsqu'il dépeint ces femmes vêtues de noir, pareilles aux Furies agitant des torches ardentes, et volant sur les champs de bataille enflammer le courage de leurs guerriers en dévouant les ennemis aux dieux infer-

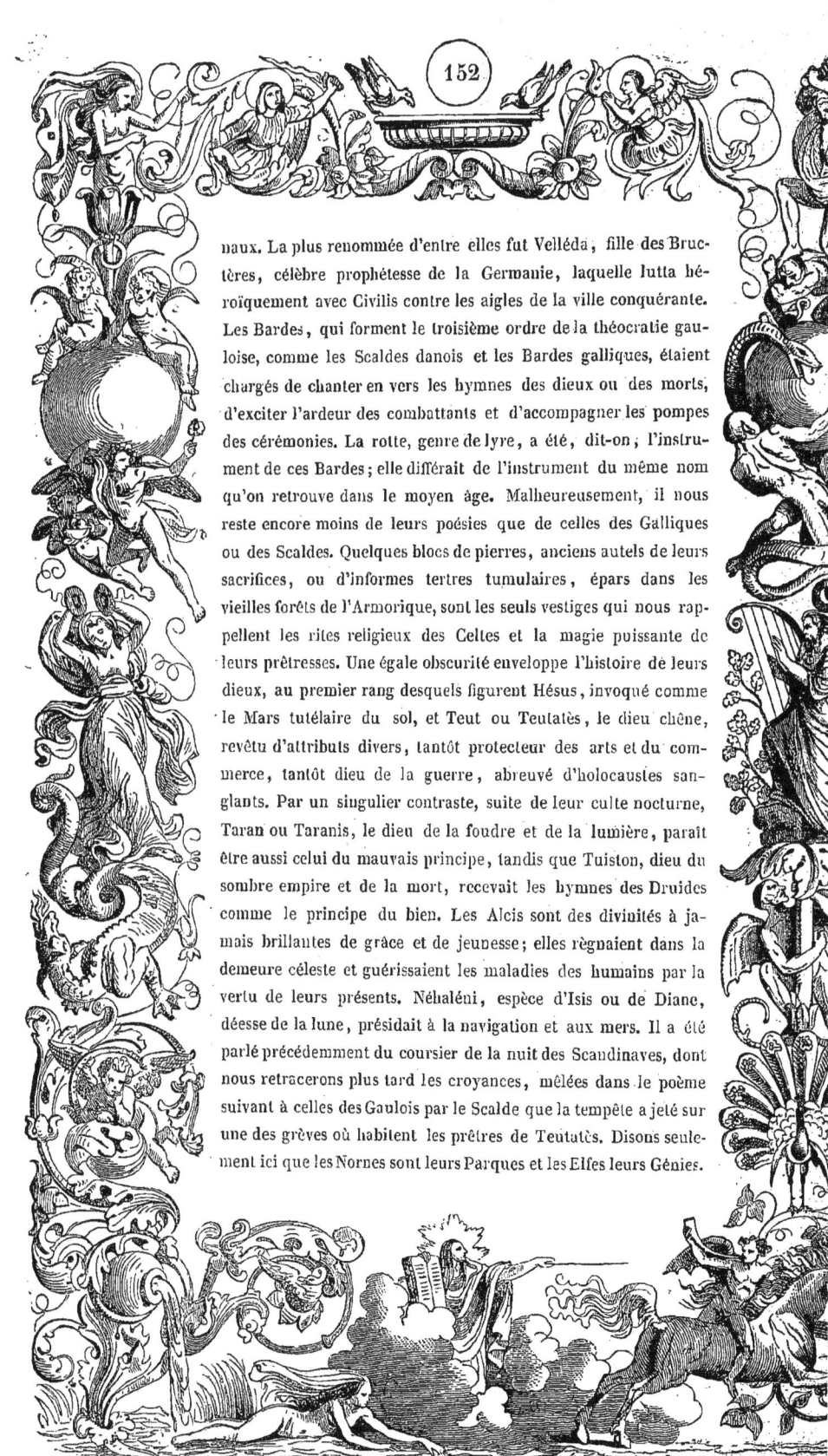

naux. La plus renommée d'entre elles fut Velléda, fille des Bructères, célèbre prophétesse de la Germanie, laquelle lutta héroïquement avec Civilis contre les aigles de la ville conquérante. Les Bardes, qui forment le troisième ordre de la théocratie gauloise, comme les Scaldes danois et les Bardes galliques, étaient chargés de chanter en vers les hymnes des dieux ou des morts, d'exciter l'ardeur des combattants et d'accompagner les pompes des cérémonies. La rotte, genre de lyre, a été, dit-on, l'instrument de ces Bardes; elle différait de l'instrument du même nom qu'on retrouve dans le moyen âge. Malheureusement, il nous reste encore moins de leurs poésies que de celles des Galliques ou des Scaldes. Quelques blocs de pierres, anciens autels de leurs sacrifices, ou d'informes tertres tumulaires, épars dans les vieilles forêts de l'Armorique, sont les seuls vestiges qui nous rappellent les rites religieux des Celtes et la magie puissante de leurs prêtresses. Une égale obscurité enveloppe l'histoire de leurs dieux, au premier rang desquels figurent Hésus, invoqué comme le Mars tutélaire du sol, et Teut ou Teutatès, le dieu chêne, revêtu d'attributs divers, tantôt protecteur des arts et du commerce, tantôt dieu de la guerre, abreuvé d'holocaustes sanglants. Par un singulier contraste, suite de leur culte nocturne, Taran ou Taranis, le dieu de la foudre et de la lumière, paraît être aussi celui du mauvais principe, tandis que Tuiston, dieu du sombre empire et de la mort, recevait les hymnes des Druides comme le principe du bien. Les Alcis sont des divinités à jamais brillantes de grâce et de jeunesse; elles régnaient dans la demeure céleste et guérissaient les maladies des humains par la vertu de leurs présents. Néhaléni, espèce d'Isis ou de Diane, déesse de la lune, présidait à la navigation et aux mers. Il a été parlé précédemment du coursier de la nuit des Scandinaves, dont nous retracerons plus tard les croyances, mêlées dans le poème suivant à celles des Gaulois par le Scalde que la tempête a jeté sur une des grèves où habitent les prêtres de Teutatès. Disons seulement ici que les Nornes sont leurs Parques et les Elfes leurs Génies.

Mme Rhéal invt.  Ed. Walter lith.

INCANTATION DE LA DRUIDESSE.

Imp. de Fourquemin.

# LA DRUIDESSE,

POÈME CELTE.

## PREMIÈRE PARTIE.

CHŒUR DES DRUIDES.

Salut, dieu des monts druidiques !
Entends nos cris profonds dans les forêts antiques,
Au sommet noir et chevelu.
Dans les ombres du temps, couronnés de verveine,
Cueillons le gui du chêne.
Le sacrifice est prêt; dieu des Celtes, salut !

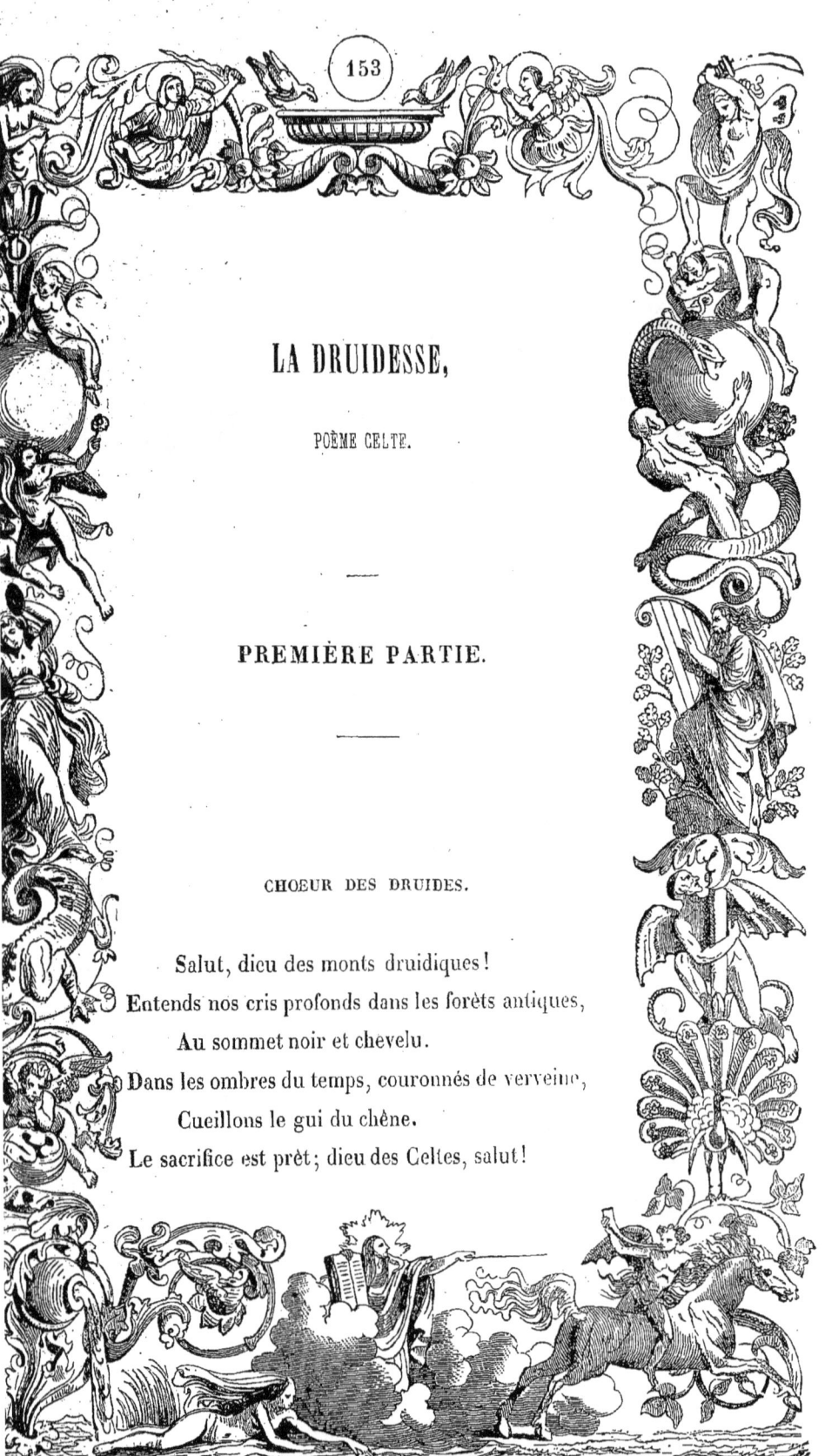

RÉCIT.

Les Bardes funèbres gémissent
Des rhythmes sourds et ténébreux.
Autour des arbres qui mugissent
Les hiboux conversent entre eux.
Cent torches dansent égarées
Comme les spectres de la nuit.
Sur l'autel des pierres sacrées
La victime appelle minuit.

C'est l'heure où s'ouvriront les voûtes glaciales
 Et du silence et du cercueil.
Par moments retentit le tam-tam des cymbales
 Qui se mêle aux accents du deuil.
Rien n'émeut l'étranger.... Peut-être sur sa rive
Sa vieille mère en pleurs et sa tribu plaintive
 Demandent sa nef à l'écueil.

Quels guerriers à l'aspect farouche
L'environnent ?... Son front est pur.

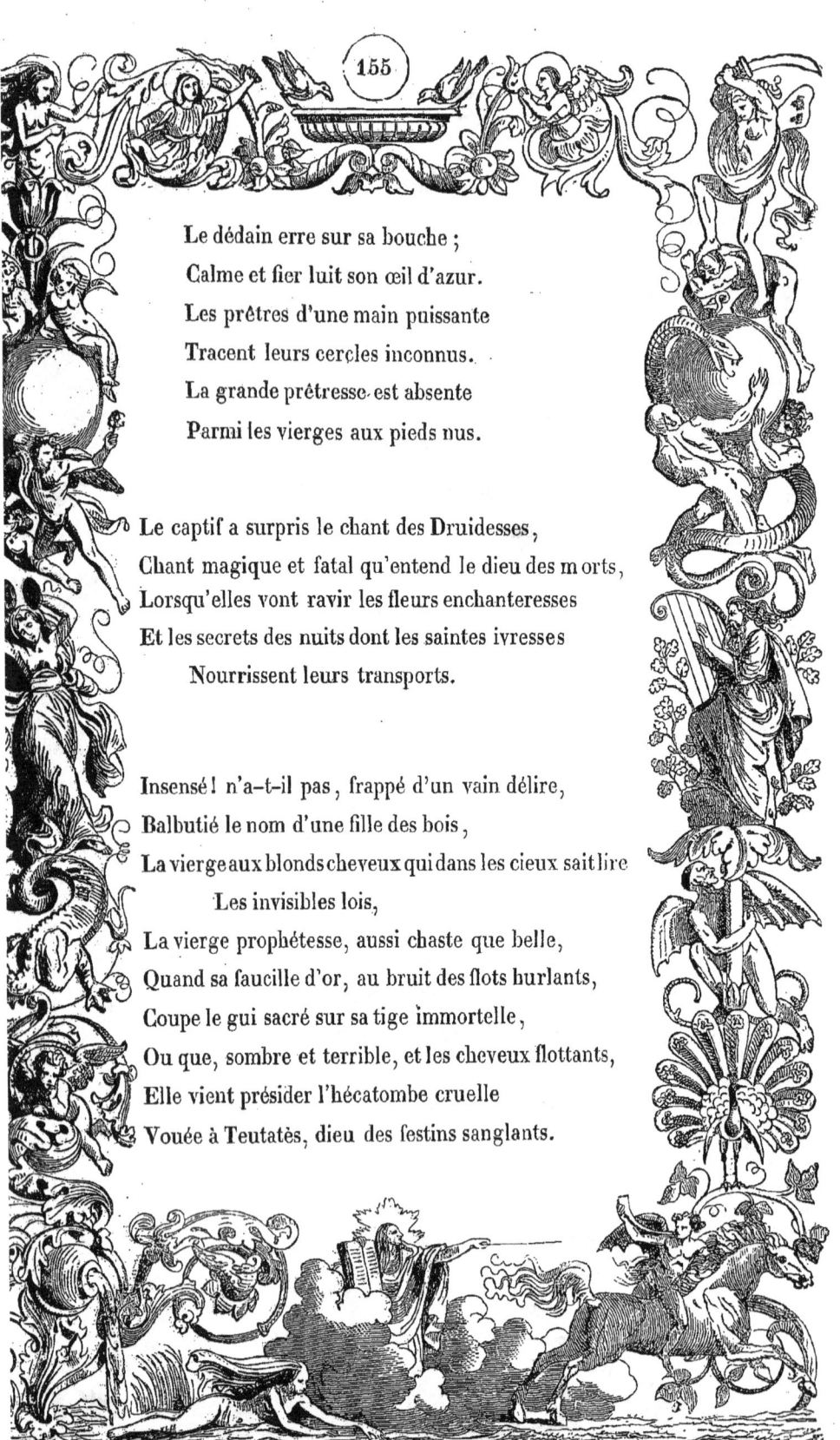

Le dédain erre sur sa bouche ;
Calme et fier luit son œil d'azur.
Les prêtres d'une main puissante
Tracent leurs cercles inconnus.
La grande prêtresse est absente
Parmi les vierges aux pieds nus.

Le captif a surpris le chant des Druidesses,
Chant magique et fatal qu'entend le dieu des morts,
Lorsqu'elles vont ravir les fleurs enchanteresses
Et les secrets des nuits dont les saintes ivresses
    Nourrissent leurs transports.

Insensé! n'a-t-il pas, frappé d'un vain délire,
Balbutié le nom d'une fille des bois,
La vierge aux blonds cheveux qui dans les cieux sait lire
        Les invisibles lois,
La vierge prophétesse, aussi chaste que belle,
Quand sa faucille d'or, au bruit des flots hurlants,
Coupe le gui sacré sur sa tige immortelle,
Ou que, sombre et terrible, et les cheveux flottants,
Elle vient présider l'hécatombe cruelle
Vouée à Teutatès, dieu des festins sanglants.

CHOEUR DES DRUIDES.

Malheur à l'étranger qui brave nos mystères !
Sa nef aux flancs légers ne prendra plus son vol.
Qu'il soit précipité dans les lacs solitaires
    Où sont plongés les adultères,
    Loin de l'espace et loin du sol !

    Salut, dieu des monts druidiques !
Entends nos cris profonds dans les forêts antiques,
    Au sommet noir et chevelu.
Dans les ombres du temps, couronnés de verveine,
    Cueillons le gui du chêne.
Le sacrifice est prêt ; dieu des Celtes, salut !

LA DRUIDESSE ET LE SCALDE.

# LA DRUIDESSE,

## DEUXIÈME PARTIE.

---

Nul astre aux cieux déserts n'allume son aurore ;
    Les ténèbres couvrent les eaux.
La ronde a disparu, lugubre météore,
    Avec les chants et les flambeaux.

  Le cri mourant d'une victime
  Répond au râle des forêts.
  Au bord du lac, perfide abîme,
  Une ombre marche à pas secrets.
  Elle glisse, errante, incertaine,
  Et se penche sur le flot noir ;
  Elle écoute... l'eau souterraine
  Répète un cri de désespoir.

« Taranis! Taranis! murmure la prêtresse,
C'est toi qui l'as frappé sur ton autel vengeur.
Pour punir ma pitié, par quelle ombre traîtresse
  As-tu soulevé ma terreur?
  Le flot jette un cri de détresse;
L'étranger vivrait-il? est-ce un rêve trompeur?

» O ciel! du lac sinistre a-t-il touché la rive?
Grande Néhaléni, perce l'obscurité!
Si jamais tu reçus mon offrande craintive
  A ta favorable clarté,
Reine des nautonniers, épargne-le! qu'il vive!
Sauve le malheureux vers l'abîme emporté! »

### L'ÉTRANGER.

« Je vivrai, fille des Druides,
 Si tu daignes me secourir.
Le cœur des Nornes homicides
 Par tes vœux se laisse attendrir.
L'un de nos dieux du sein de l'onde
 M'a retenu dans les roseaux.
J'ai traversé la vase immonde
 Et brisé mes sanglants réseaux.

» Prophétesse, à la voix céleste,
Serais-tu l'Elfe des amours ?
Mais, hélas ! un glaive funeste
M'a blessé : je meurs... au secours ! »
L'orbe de la lune tremblante
Épanche un rayon passager.
La Druidesse chancelante
Aperçoit le pâle étranger.

Elle vole, elle vole, aussi prompte et légère
Que la flèche rapide ou la biche des bois.
D'une furtive main, sur l'inculte bruyère,
Elle soutient le front du guerrier suédois ;
   De l'autre elle lave trois fois
Le sang de sa blessure aiguë et meurtrière,
  En implorant la déesse des mois.

Muette, elle dénoue avec un regard sombre
Les liens dont son corps subit le poids affreux ;
Puis elle va cueillir dans l'épaisseur de l'ombre
Les plantes dont son art, enfant des nuits sans nombre,
   Connaît les philtres précieux.

  L'étranger rouvre sa paupière
  Sous leurs dictames tout puissants ;

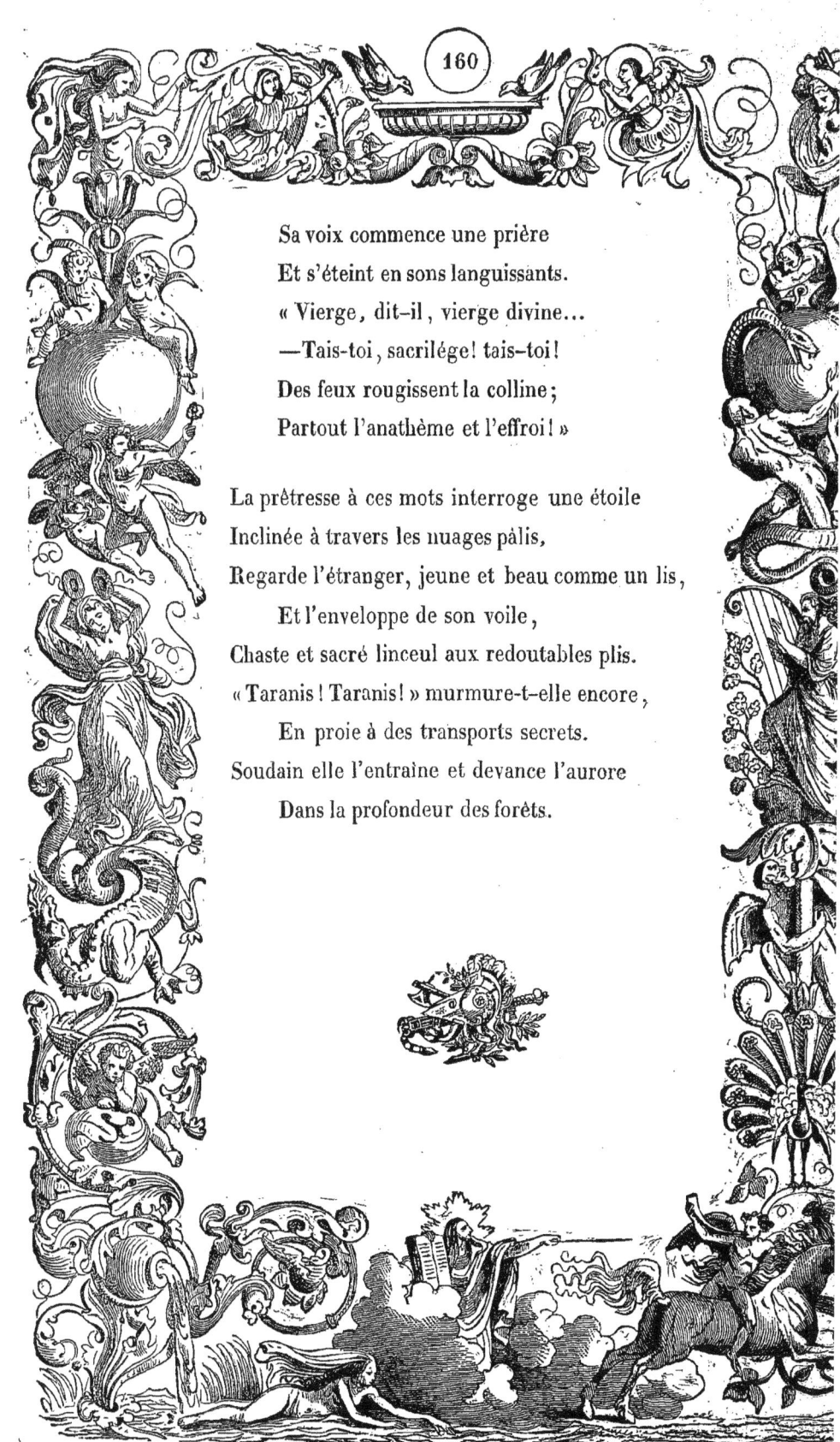

Sa voix commence une prière
Et s'éteint en sons languissants.
« Vierge, dit-il, vierge divine...
—Tais-toi, sacrilége! tais-toi!
Des feux rougissent la colline;
Partout l'anathème et l'effroi! »

La prêtresse à ces mots interroge une étoile
Inclinée à travers les nuages pâlis,
Regarde l'étranger, jeune et beau comme un lis,
Et l'enveloppe de son voile,
Chaste et sacré linceul aux redoutables plis.
« Taranis! Taranis! » murmure-t-elle encore,
En proie à des transports secrets.
Soudain elle l'entraîne et devance l'aurore
Dans la profondeur des forêts.

# LA DRUIDESSE,

## TROISIÈME PARTIE.

La chouette nocturne ouvrit neuf fois son aile
    Dans son réduit silencieux ;
Neuf fois blanchit la lune à la course éternelle,
Depuis que dans les flancs d'un antre nébuleux,
La prêtresse a veillé comme une Alcis fidèle
    Sur l'étranger mystérieux.


    Les Alcis, déités sublimes,
    Sont moins belles que Loeva ;
    Leur main protége les victimes
    Dont l'œil de la mort s'approcha.
    Les Alcis ont à la prêtresse
    Révélé leur divin pouvoir.
    Mais son cœur, que l'angoisse oppresse,
    Ressemble aux ondes du lac noir.

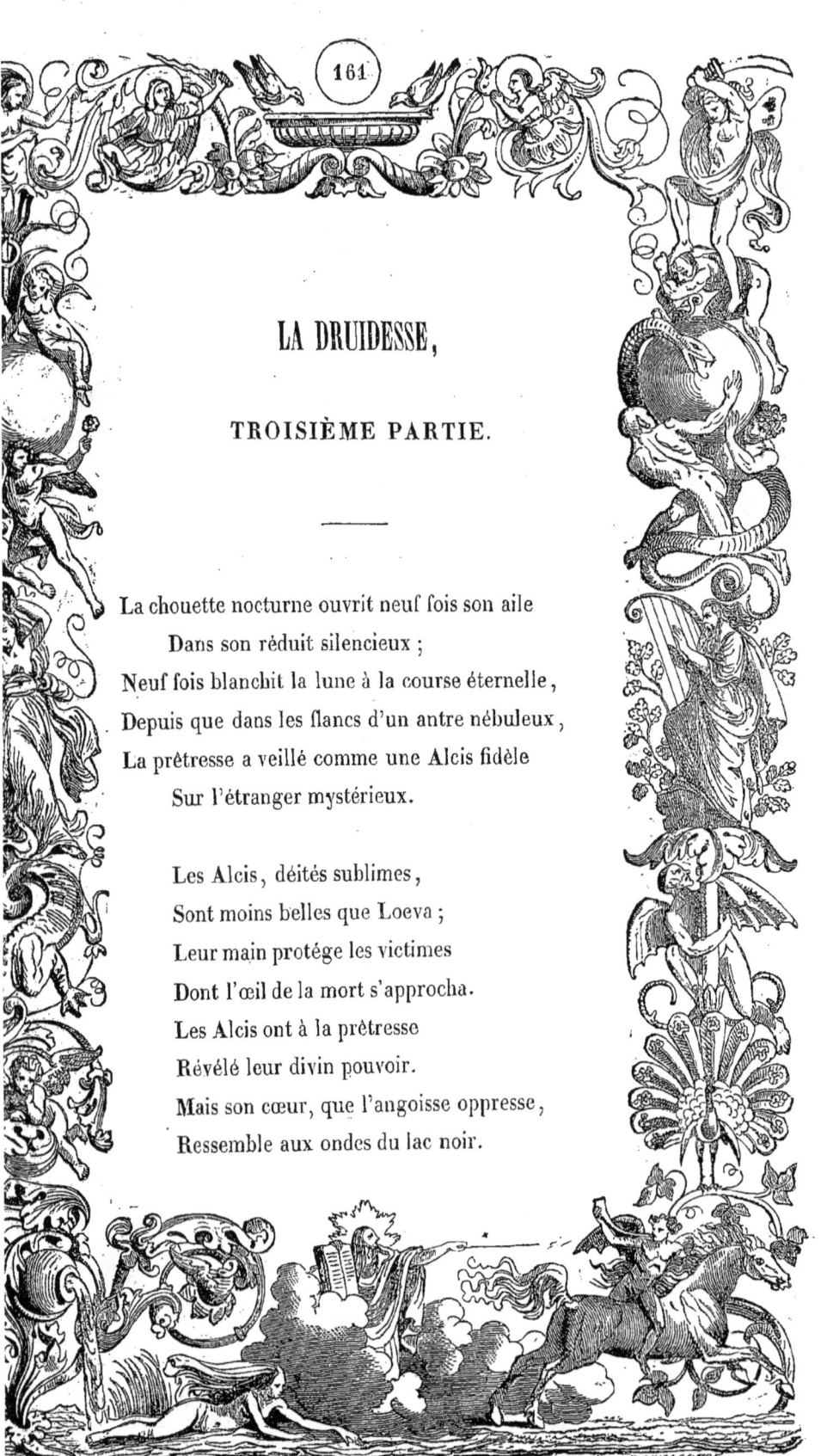

## L'ÉTRANGER.

« Prêtresse aux cheveux blonds, ne sois pas irritée ;
Je suis le fils d'un Scalde illustre dans Upsal.
Je voguais, en chantant sur ma barque agitée
    L'hymne sacré du Havamal,
Quand les vents furieux au loin l'ont emportée
    De mers en mers vers ce gouffre fatal.

    » Gloire aux Nornes! Sur le rivage,
    Parmi tes sœurs, sombres beautés,
    J'aperçus ta brillante image,
    Source d'étranges voluptés.
    Je crus voir, que Thor me pardonne,
    L'éblouissante Voluspa,
    Fière et ceinte de sa couronne,
    Prédisant la chute d'Hella.

» — Insensé! dit la vierge au Scalde; les Druides
Ont consacré leur fille à nos terribles dieux.
Je te suivrai moi-même au sein des flots livides,
Si Teut leur découvrait ton asile en ces lieux.
Pars. Je crains peu la mort ; mais dans la nuit prochaine

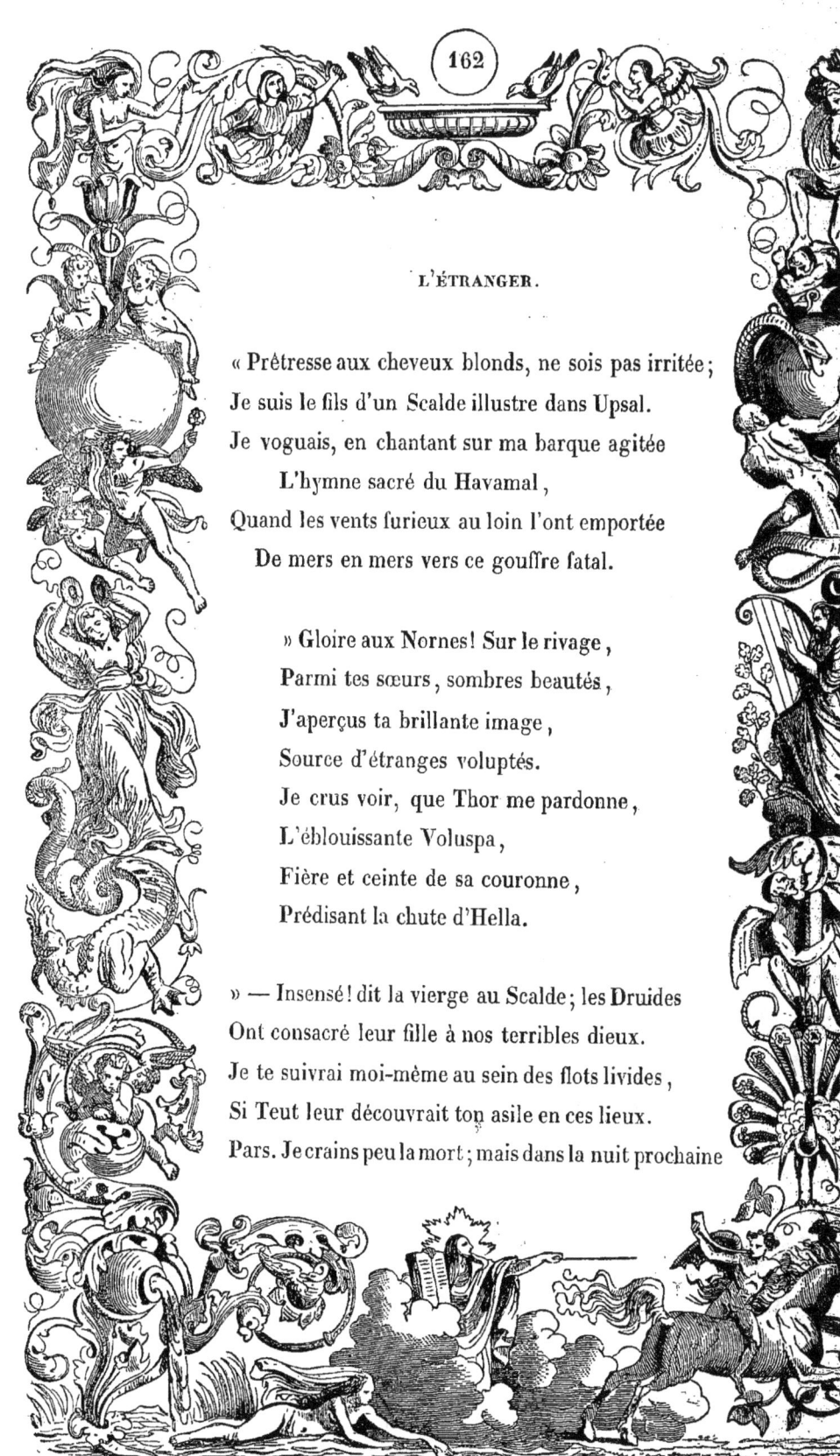

Je dois interroger les oracles du chêne.
Pars. Mes soins te sauront dérober à leurs yeux. »

L'ÉTRANGER.

« Eh bien! je retourne à l'abîme,
Loin de mes rochers suédois.
Tes dieux recevront leur victime;
Je vais chanter, fille des bois.
Recueille mon hymne sonore,
Le dernier avant de mourir.
— Non, reste! reste un jour encore, »
Dit la vierge avec un soupir.

Où va-t-elle, à travers les ombres? elle écoute
  Si rien n'a trahi son séjour.
Elle parle tout bas aux astres de la voûte,
  Aux plantes, aux rochers, aux esprits d'alentour;
Le Scalde, ivre d'espoir, se glisse sur sa route
  Et module un rêve d'amour.

CHANT DU SCALDE.

« Le coursier des nuits dans l'espace
Fait voler en reflet changeant

Sa blanche crinière de glace
Avec son écume d'argent.
Partons, divine enchanteresse;
Ose me suivre sur les eaux.
— Insensé! gémit la prêtresse,
Entonnons l'hymne des tombeaux.

### CHOEUR LOINTAIN DES DRUIDES.

» Malheur à l'étranger qui brave nos mystères!
Sa nef aux flancs légers ne prendra plus son vol.
Qu'il soit précipité dans les lacs solitaires
  Où sont plongés les adultères
Et la vierge infidèle aux autels de ses pères,
  Loin de l'espace et loin du sol.

» Salut, dieu des monts druidiques!
Entends nos cris profonds dans les forêts antiques,
  Au sommet noir et chevelu.
Dans les ombres du temps, couronnés de verveine,
  Cueillons le gui du chêne.
Le sacrifice est prêt; Dieu des Celtes, salut! »

# CHANSON DE LA NEIGE.

# NOTICE SUR LA CHANSON DE LA NEIGE.

Les peuples du Nord chantent la neige, comme ceux de l'Orient chantent les fleurs. C'est elle qui jette une sorte d'éblouissante floraison sur les stériles déserts des contrées boréales durant les longs mois où le soleil semble fuir leur hémisphère. Alors, le soir, au retour de la chasse, les tribus slaves, enfermées dans leurs cabanes, savouraient l'hydromel, leur boisson favorite, en écoutant les souvenirs des anciennes traditions ou les récits fabuleux des légendes populaires. Les paysans de la Vistule et de la Newa ont conservé les mêmes coutumes et les mêmes croyances superstitieuses aux fantômes nocturnes des blanches plaines dont le mirage, comme celui des sables brûlants, a trompé plus d'un pauvre pèlerin. Que d'histoires lamentables et touchantes sont ensevelies sous des monceaux de neige, depuis les steppes immenses traversés par les exilés de la Pologne jusqu'aux sommets du Saint-Bernard, où tinte la clochette argentine du chien qui sauve miraculeusement les voyageurs égarés! Pour nous, familles modernes de l'Occident, la neige annonce la saison des plaisirs aux heureux et la saison de la misère aux pauvres. La dernière et la plus belle des fées se nomme la Charité.

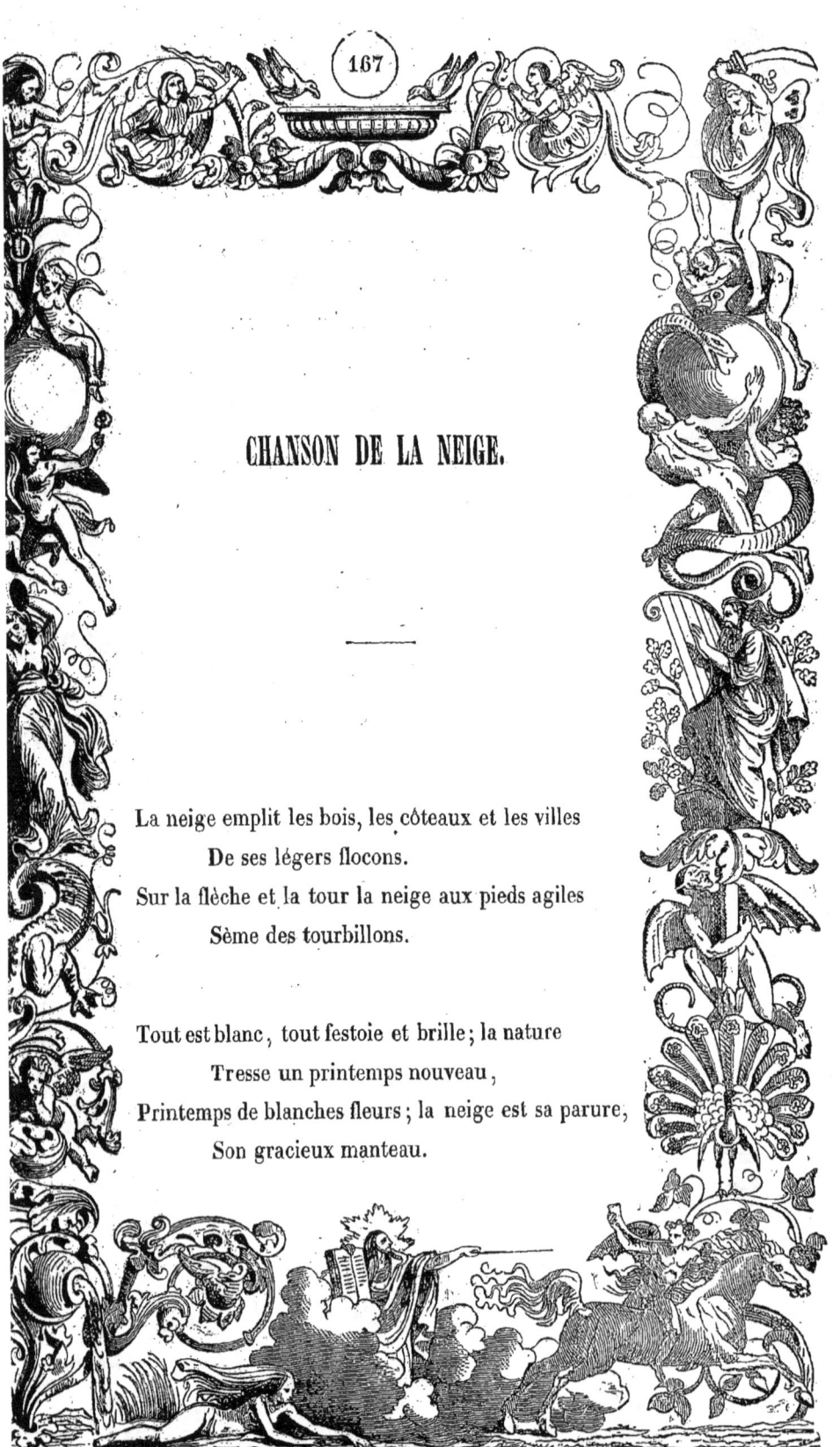

## CHANSON DE LA NEIGE.

La neige emplit les bois, les côteaux et les villes
　　De ses légers flocons.
Sur la flèche et la tour la neige aux pieds agiles
　　Sème des tourbillons.


Tout est blanc, tout festoie et brille; la nature
　　Tresse un printemps nouveau,
Printemps de blanches fleurs; la neige est sa parure,
　　Son gracieux manteau.

La neige a la blancheur des jeunes fiancées,
    Du bandeau virginal.
La terre, qui revêt ses guirlandes glacées,
    Semble un lit nuptial.


La neige a la blancheur du voile funéraire,
    Des couronnes du deuil.
Elle fleurit l'if sombre et la croix solitaire,
    Compagne du cercueil.


La neige fait danser sous le char de la lune
    Maint spectre au pied cornu ;
Tout paraît fantastique, et le bois et la dune,
    Comme un monde inconnu.


Voyageuse muette, errante Cydalise,
    Sœur des morts, des amours,
Elle a les pieds de l'heure et l'aile de la brise,
    Image de nos jours.


La neige fait reluire aux rayons de l'aurore
    Des lacs de diamants.

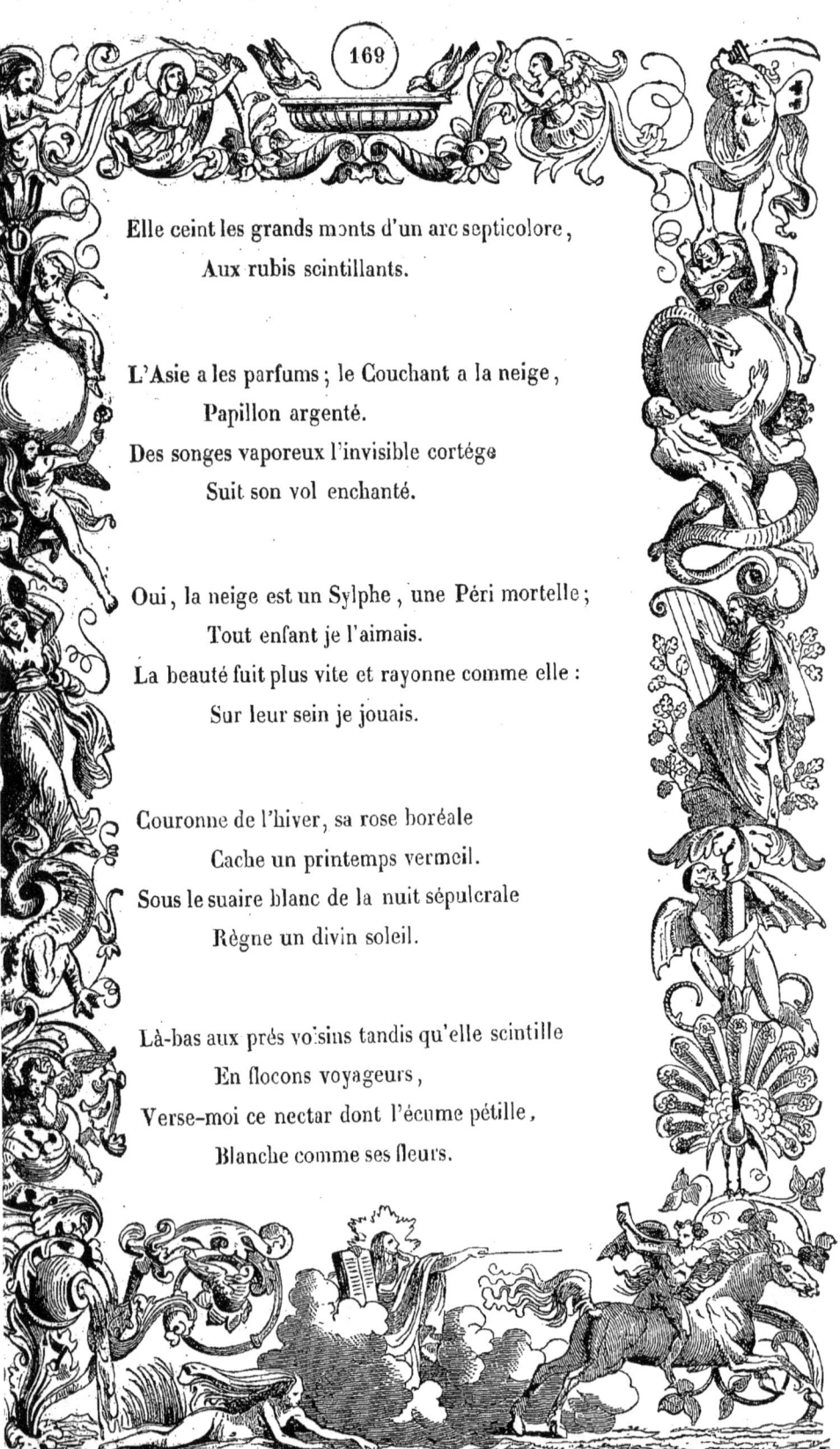

Elle ceint les grands monts d'un arc septicolore,
    Aux rubis scintillants.

L'Asie a les parfums ; le Couchant a la neige,
    Papillon argenté.
Des songes vaporeux l'invisible cortége
    Suit son vol enchanté.

Oui, la neige est un Sylphe, une Péri mortelle ;
    Tout enfant je l'aimais.
La beauté fuit plus vite et rayonne comme elle :
    Sur leur sein je jouais.

Couronne de l'hiver, sa rose boréale
    Cache un printemps vermeil.
Sous le suaire blanc de la nuit sépulcrale
    Règne un divin soleil.

Là-bas aux prés voisins tandis qu'elle scintille
    En flocons voyageurs,
Verse-moi ce nectar dont l'écume pétille,
    Blanche comme ses fleurs.

Dieu! les petits oiseaux, que la famine assiége,
　　Errent sur le balcon.
Dieu! les pauvres ont froid! ne tombe plus, o neige!
　　Et toi, clos ta chanson.

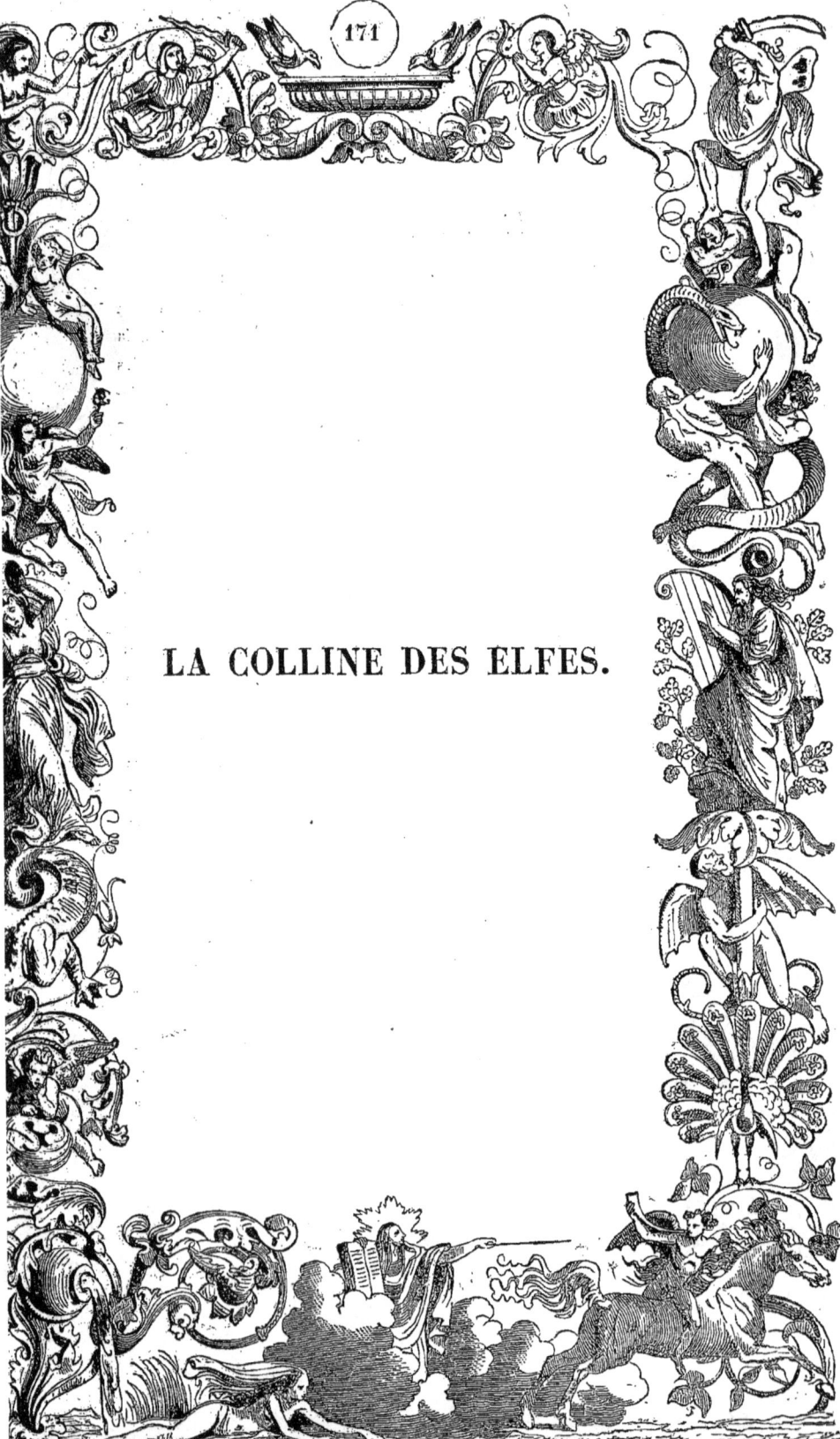

# LA COLLINE DES ELFES.

## NOTICE SUR LA COLLINE DES ELFES.

Les Elfes ou Alfes, dont les fantastiques images planent sans cesse dans les chants du moyen âge en Allemagne, en Danemarck et dans la Grande-Bretagne, appartiennent originairement à la mythologie scandinave. Ils y tiennent le rang des esprits ou génies élémentaires des forces physiques, espèces de Fervers créés par Alfra ou le Père universel. On les distingue en Liosalfars, génies bienfaisants et lumineux habitant l'Alfheim, demeure aérienne, et en Svaltarfars, génies ténébreux et funestes, habitant les profondeurs de la terre. Les premiers sont plus éclatants que le soleil, les seconds plus noirs que la poix. Il y avait aussi des Elfes femelles, désignées sous le nom de Dises, nom commun à toutes les nymphes favorables, et qui recevaient diverses offrandes. La tradition a perpétué leurs types primitifs sous la figure de ces Elfes encore vivants dans les poésies modernes comme dans l'imagination des paysans de l'Islande et de la Norwège. On les divise de même en deux classes, l'une d'esprits bons, l'autre d'esprits méchants. Ces Elfes, êtres légers, nains féeriques, hauts de deux pouces, exercent toute sorte de charmes et d'emplois surnaturels. Nous les raconterons plus loin en suivant leurs rondes magiques. Les Elfines, leurs compagnes, s'offrent d'abord à nous au milieu de leurs enchantements; elles apparaissent tantôt sous la forme d'un cheval, tantôt comme une belle femme qui se balance sur les ondes, tantôt comme une jeune fille timide qui implore un asile dans la cabane des bergers. Elles ont la voix douce et pénétrante et cherchent à séduire les hommes. Ce sont elles dont on entend les soupirs au bord des fleuves, qui donnent un léger frémissement aux roseaux et un doux murmure aux zéphyrs. Bienfaisantes envers ceux qui répondent à leur amour, elles se montrent implacables envers les ingrats qui les dédaignent ou les trahissent. Cette croyance populaire a donné lieu au récit naïf du chasseur endormi sur la colline, l'une des plus gracieuses légendes du Danemarck.

Mme Rhéal invt.    Régnier lith.

LES ELFES ET LE CHASSEUR.

Imp. de Fourquemin.

## LA COLLINE DES ELFES.

Je m'étais reposé sur la verte colline
    Des Elfes au chœur mensonger ;
Mes yeux s'assoupissaient sous un voile léger,
Comme la rose, à l'heure où le jour qui décline
    Dans le flot d'or va se plonger.

    Vers moi volent deux jeunes filles
    Pour nouer un tendre entretien.
L'une frappe mon cœur de ses deux mains gentilles ;
    L'autre murmure un hymne aérien :

«Lève-toi, beau dormeur, beau dormeur de ces plages;
Jeune homme, éveille-toi pour danser avec nous.
Si tu veux avec nous danser sous les ombrages,
Éveille-toi. Mes sœurs, jouant à tes genoux,
Moduleront pour toi le concert le plus doux.»

    Plus belle que toutes les femmes,
    L'une d'elles commence un chant.
L'eau du fleuve rapide, aux amoureuses lames,
S'arrêta pour l'entendre aux baisers du couchant.
Les hôtes des flots bleus, les poissons, agitèrent
    Leur queue aux ondoyants sillons,
    Et tous les oiseaux gazouillèrent
    Dans les bois et dans les vallons.


« Écoute, beau jeune homme, écoute! si tu veux
Demeurer avec nous, je puis, selon tes vœux,
T'enseigner le pouvoir des runes invincibles
    Et leurs mystères invisibles.
Par moi tu dompteras l'ours fatal au chasseur,
    L'ours et le sanglier sauvage;
Le dragon, des trésors avide possesseur,
    Le dragon, effroi du plus sage,
Cèdera sa conquête à ton art enchanteur.»

Et les vierges menaient leur danse vagabonde,
Effarée, imitant les mouvements de l'onde,
    Comme les Elfes au front noir.
Et moi, je regardais, la main sur mon épée,
    Leurs ombres sveltes se mouvoir.

« Écoute, beau jeune homme, écoute, beau dormeur.
Si tu ne réponds pas à notre amour trompée,
Le glaive et le poignard traverseront ton cœur. »

Si, par bonheur pour moi, le chant du coq joyeux,
Le ciel en soit loué! n'eut percé les feuillages,
Je serais demeuré parmi ces sombres jeux
    Sur la colline aux frais ombrages.

Or, vous qui chevauchez au sentier passager
    De la forêt déserte,
Ne vous endormez pas sur la colline verte
    Des Elfes au chœur mensonger.

# LE CHANT DE THRYM

OU

LE MARTEAU DE THOR.

## NOTICE SUR LE CHANT DE THRYM.

Ce chant curieux est tiré de l'*Edda*, recueil sacré des traditions religieuses des Scandinaves, où sont conservées toutes leurs anciennes croyances, recueillies par l'Islandais Saëmund, et filles mystérieuses des dogmes de l'Orient. L'*Edda* se divise en trois parties distinctes ; la première renferme les chants mystiques et cosmogoniques de la Voluspa, prophétesse qui raconte en strophes inspirées l'origine, la fin et la régénération du monde, et plusieurs autres morceaux, entre lesquels se trouve le Chant de Thrym. La deuxième partie comprend le Havamal ou chant suprême, livre des proverbes de la sagesse du Nord, attribué à Odin, le fondateur du culte, révéré comme le chef des dieux ou des Ases. La troisième partie embrasse les chants guerriers et historiques consacrés à reproduire la douloureuse histoire des Niebelungen, héros presque surnaturels, célèbres dans les sagas populaires. Le Chant de Thrym, qui nous occupe, rappelle par son caractère l'ingénieuse bonhomie homérique jointe à la sauvagerie du Nord. La mythologie scandinave, dont les principaux personnages y figurent, nous peint les dieux nommés Ases assis dans le Valhalla, palais divin de la cité d'Asgard, l'Olympe odinique. Thor, le plus puissant des Ases après Odin, est le dieu de la foudre, des vents et de la guerre, protecteur des hommes contre les géants et les mauvais génies ; il habite l'asile de la Terreur et porte un marteau ou une massue foudroyante, emblème de la tempête. Deux boucs traînent son char impétueux. Le principe du mal se personnifie dans Loke ou Loki, né du géant Farbauta et de la méchante Laufeya ; on représente ce dieu actif et rusé avec une jolie figure

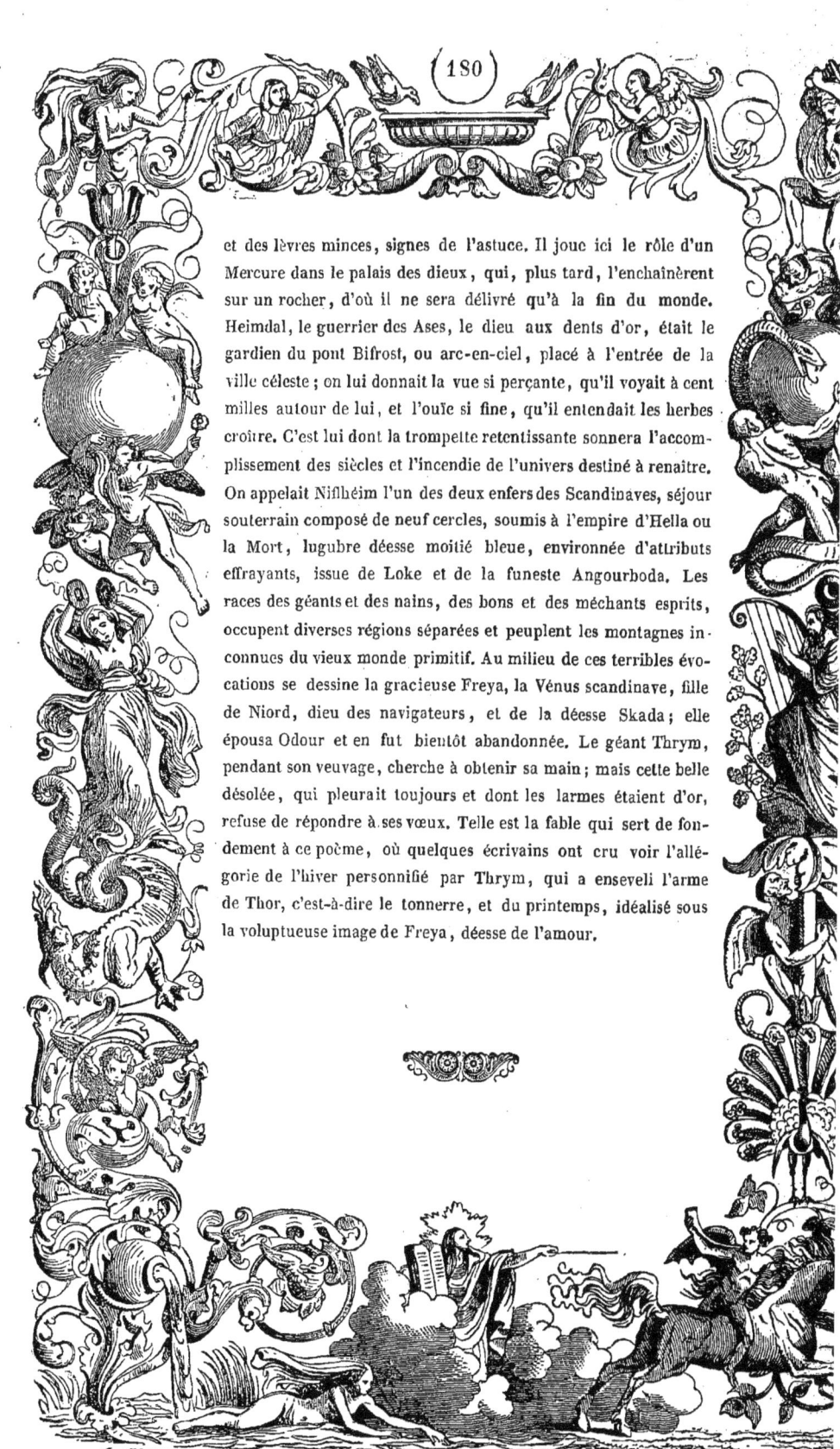

et des lèvres minces, signes de l'astuce. Il joue ici le rôle d'un Mercure dans le palais des dieux, qui, plus tard, l'enchaînèrent sur un rocher, d'où il ne sera délivré qu'à la fin du monde. Heimdal, le guerrier des Ases, le dieu aux dents d'or, était le gardien du pont Bifrost, ou arc-en-ciel, placé à l'entrée de la ville céleste ; on lui donnait la vue si perçante, qu'il voyait à cent milles autour de lui, et l'ouïe si fine, qu'il entendait les herbes croître. C'est lui dont la trompette retentissante sonnera l'accomplissement des siècles et l'incendie de l'univers destiné à renaître. On appelait Niflhéim l'un des deux enfers des Scandinaves, séjour souterrain composé de neuf cercles, soumis à l'empire d'Hella ou la Mort, lugubre déesse moitié bleue, environnée d'attributs effrayants, issue de Loke et de la funeste Angourboda. Les races des géants et des nains, des bons et des méchants esprits, occupent diverses régions séparées et peuplent les montagnes inconnues du vieux monde primitif. Au milieu de ces terribles évocations se dessine la gracieuse Freya, la Vénus scandinave, fille de Niord, dieu des navigateurs, et de la déesse Skada ; elle épousa Odour et en fut bientôt abandonnée. Le géant Thrym, pendant son veuvage, cherche à obtenir sa main ; mais cette belle désolée, qui pleurait toujours et dont les larmes étaient d'or, refuse de répondre à ses vœux. Telle est la fable qui sert de fondement à ce poème, où quelques écrivains ont cru voir l'allégorie de l'hiver personnifié par Thrym, qui a enseveli l'arme de Thor, c'est-à-dire le tonnerre, et du printemps, idéalisé sous la voluptueuse image de Freya, déesse de l'amour.

THOR ET FREYA.

# LE CHANT DE THRYM,

## OU LE MARTEAU DE THOR.

---

Thor un matin s'éveille furieux ;
Il a perdu son marteau merveilleux,
Son fort marteau, signe de la tempête.
Tirant sa barbe et secouant la tête,
Dans l'étendue il promène ses yeux.

Puis, élevant la voix, il dit : « Écoute,
Malin génie, un secret ignoré
Dans le bas lieu, sous la céleste voûte,
Au Niflhéim, dont nul ne sait la route ;
On m'a ravi mon marteau vénéré. »

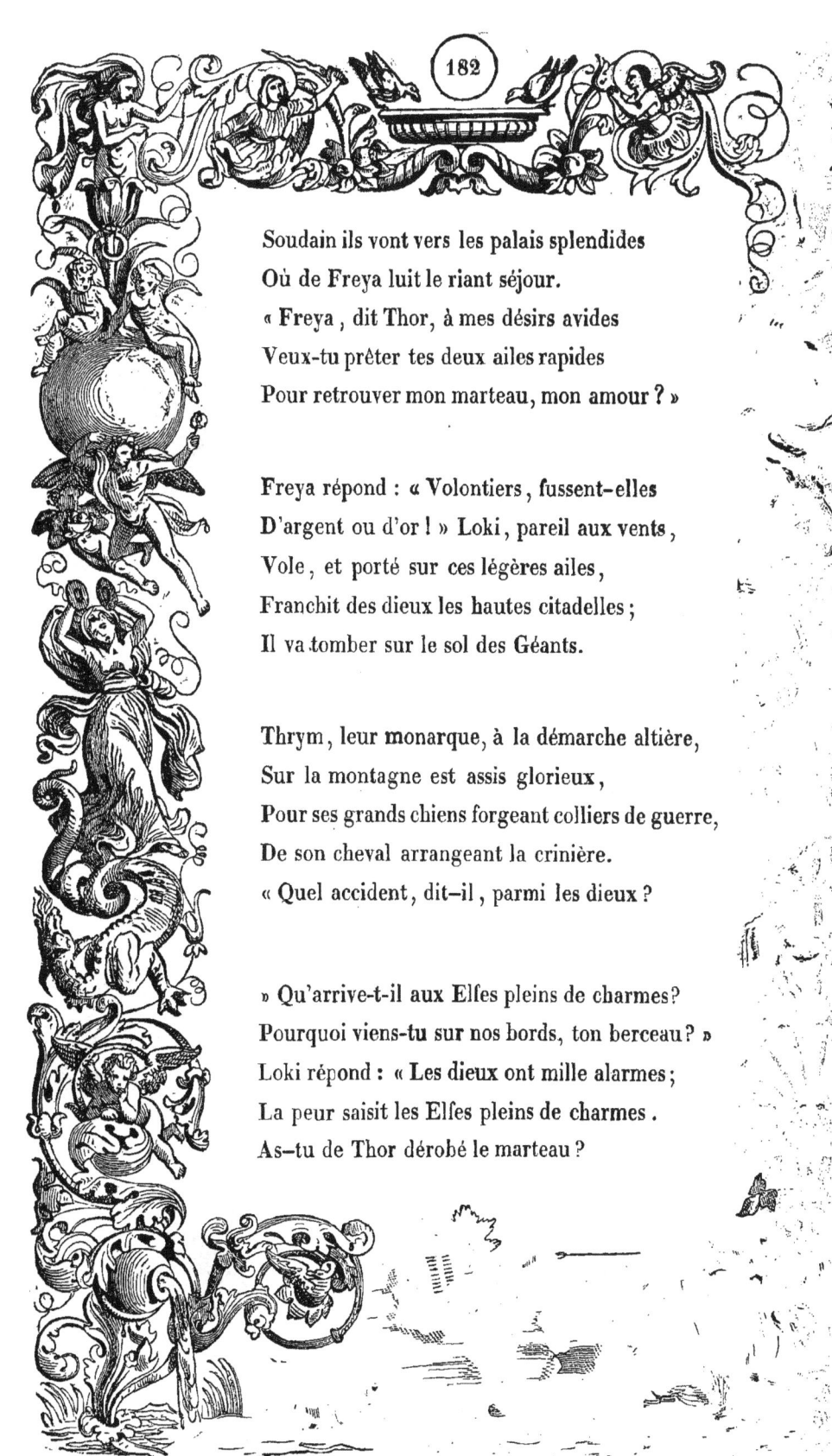

Soudain ils vont vers les palais splendides
Où de Freya luit le riant séjour.
« Freya, dit Thor, à mes désirs avides
Veux-tu prêter tes deux ailes rapides
Pour retrouver mon marteau, mon amour ? »

Freya répond : « Volontiers, fussent-elles
D'argent ou d'or ! » Loki, pareil aux vents,
Vole, et porté sur ces légères ailes,
Franchit des dieux les hautes citadelles ;
Il va tomber sur le sol des Géants.

Thrym, leur monarque, à la démarche altière,
Sur la montagne est assis glorieux,
Pour ses grands chiens forgeant colliers de guerre,
De son cheval arrangeant la crinière.
« Quel accident, dit-il, parmi les dieux ?

» Qu'arrive-t-il aux Elfes pleins de charmes?
Pourquoi viens-tu sur nos bords, ton berceau? »
Loki répond : « Les dieux ont mille alarmes;
La peur saisit les Elfes pleins de charmes.
As-tu de Thor dérobé le marteau ?

» — Je l'ai caché, répond Thrym, dans la terre,
Mais si profond, que nul ne le saura.
Jamais regards n'en verront le mystère,
Si pour épouse, aimable messagère,
Au géant Thrym on n'amène Freya. »


Loki déploie au loin ses vastes ailes
Et des Géants franchit la région,
Jusqu'au séjour des sphères éternelles
Où sont les dieux. « Conte-moi tes nouvelles,
Dit Thor, as-tu rempli ta mission?


» Parle! celui qui reste sédentaire
D'aucun récit n'évoque le tableau.
L'homme couché tisse le mal pour plaire. »
Loki répond : « J'ai commencé l'affaire ;
Le géant Thrym possède ton marteau.


» Mais tout espoir doit fuir de ta pensée,
Si Thrym n'obtient pour épouse Freya. »
Ils vont chercher la belle conviée.
Thor lui dit : « Prends l'habit de fiancée ;
Près des Géants Loki nous guidera. »

Freya l'écoute et devant sa colère
Tremblent d'Asgard les dômes rayonnants.
Son collier d'or se brise et roule à terre.
« Appelle-moi, répond-elle, adultère,
Si je te suis au pays des Géants ! »


En plein conseil, les dieux, chaque déesse,
Pour ressaisir leur arme, leur trésor,
Vont méditer au sein de leur détresse.
Ase brillant, couronné de sagesse,
Heimdal s'écrie : « Il faut envoyer Thor.

» Des lourdes clés nouons-lui la ceinture ;
Qu'une tunique arrive à ses genoux,
Et de Freya qu'il ceigne la parure.
Nous lui mettrons une riche coiffure,
De beaux colliers et d'éclatants bijoux. »


Thor, le dieu fort, à ce discours s'enflamme.
« Les habitants du sacré Walhalla,
Qui ne craint point le glaive ni la flamme,
Me traiteraient comme une faible femme,
Si je prenais la robe de Freya. »

Loki répond : « Cesse un pareil langage.
Écoute-nous, car bientôt les Géants,
Si nos efforts, trompant leur sombre rage,
N'ont à leur roi repris ton apanage,
Domineront nos palais chancelants. »


Des clés à Thor on donne la ceinture ;
Une tunique arrive à ses genoux.
De la déesse il revêt la parure,
Orne son front d'une riche coiffure ;
Sur sa poitrine éclatent des bijoux.


Loki lui dit : « Je serai ta servante ;
Allons ensemble au pays du Géant. »
Les boucs de Thor, à la corne puissante,
Sont amenés, selon sa vive attente.
On les attelle au char retentissant.


Prompt comme l'air, leur couple ardent s'élance ;
Les durs rochers se brisent sous leur vol ;
Le feu jaillit dans l'étendue immense.
Le fils d'Odin, brûlant d'impatience,
Va des Géants toucher l'antique sol.

Thrym crie aux siens d'une voix empressée :
« Debout, Géants ! voici les dieux du Nord.
Préparez-leur des siéges. Couronnée,
On me conduit ma noble fiancée,
L'astre du jour, la fille de Niord. »


Voici venir les vaches merveilleuses,
Aux cornes d'or, les bœufs noirs, dont l'odeur
Réjouit Thrym. « Mes richesses nombreuses
Couvrent, dit-il, mes salles fastueuses :
Seule, Freya manquait à mon bonheur. »


Le soir venu, grand festin, grande joie;
La bière à flots coule pour les Géants.
Thor mange un bœuf, huit saumons, large proie,
Les mets choisis qu'aux femmes on envoie;
Dix brocs de bière assouvissent ses flancs.


Thrym dit : « Jamais vit-on beauté si fière
Ni fiancée, au festin des amours,
Ou tant manger ou boire tant de bière ? »
Mais la servante, adroite et familière,
Le satisfit par ce rusé discours :

« La fiancée, inquiète et sauvage,
Depuis trois jours n'a pris aucun repas,
Tant le désir de faire ce voyage
La tourmentait. » Thrym veut voir son visage,
Lève son voile et recule d'un pas.


« Quels traits perçants! dit-il, quelle lumière!
Quels vifs rayons jaillissent de ses yeux ! »
Mais la servante, adroite et familière :
« Depuis trois jours a veillé sa paupière,
Dans le désir de voler en ces lieux. »


La sœur de Thrym s'approche et se hasarde
A demander les dons accoutumés.
« Accorde-moi, si tu veux que je garde
Ton amitié, sans que rien la retarde,
Les anneaux d'or de tes doigs bien-aimés. »


Rempli d'espoir, le roi géant s'écrie :
« Que le marteau soit apporté soudain!
Déposez-le pour la cérémonie
Sur les genoux de la beauté chérie.
Unissez-nous pour jamais. » Espoir vain !

Au fond du cœur, Thor sourit et festoie
En revoyant son marteau merveilleux.
Il s'en saisit, triomphant, frappe et broie
Le géant Thrym, puis les siens qu'il foudroie
Sous les éclairs de ses coups furieux.

Il frappe aussi de Thrym la sœur aînée
Qui demandait les présents et l'anneau.
Au lieu d'argent et des dons d'hyménée,
Elle reçut des coups, l'infortunée!
Ainsi vainqueur, Thor reprit son marteau.

# LE POUVOIR DES RUNES.

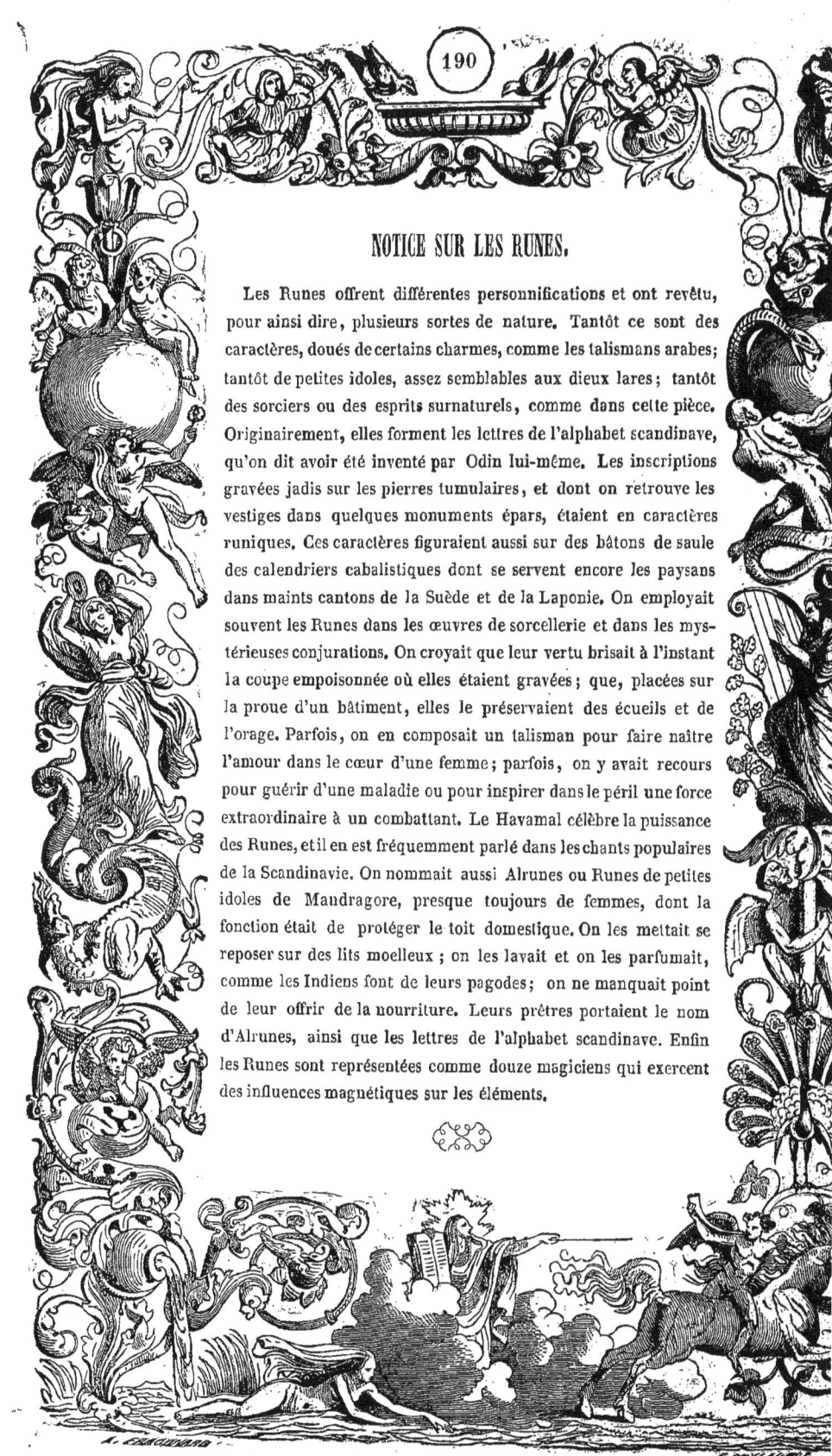

## NOTICE SUR LES RUNES.

Les Runes offrent différentes personnifications et ont revêtu, pour ainsi dire, plusieurs sortes de nature. Tantôt ce sont des caractères, doués de certains charmes, comme les talismans arabes; tantôt de petites idoles, assez semblables aux dieux lares; tantôt des sorciers ou des esprits surnaturels, comme dans cette pièce. Originairement, elles forment les lettres de l'alphabet scandinave, qu'on dit avoir été inventé par Odin lui-même. Les inscriptions gravées jadis sur les pierres tumulaires, et dont on retrouve les vestiges dans quelques monuments épars, étaient en caractères runiques. Ces caractères figuraient aussi sur des bâtons de saule des calendriers cabalistiques dont se servent encore les paysans dans maints cantons de la Suède et de la Laponie. On employait souvent les Runes dans les œuvres de sorcellerie et dans les mystérieuses conjurations. On croyait que leur vertu brisait à l'instant la coupe empoisonnée où elles étaient gravées; que, placées sur la proue d'un bâtiment, elles le préservaient des écueils et de l'orage. Parfois, on en composait un talisman pour faire naître l'amour dans le cœur d'une femme; parfois, on y avait recours pour guérir d'une maladie ou pour inspirer dans le péril une force extraordinaire à un combattant. Le Havamal célèbre la puissance des Runes, et il en est fréquemment parlé dans les chants populaires de la Scandinavie. On nommait aussi Alrunes ou Runes de petites idoles de Mandragore, presque toujours de femmes, dont la fonction était de protéger le toit domestique. On les mettait se reposer sur des lits moelleux; on les lavait et on les parfumait, comme les Indiens font de leurs pagodes; on ne manquait point de leur offrir de la nourriture. Leurs prêtres portaient le nom d'Alrunes, ainsi que les lettres de l'alphabet scandinave. Enfin les Runes sont représentées comme douze magiciens qui exercent des influences magnétiques sur les éléments.

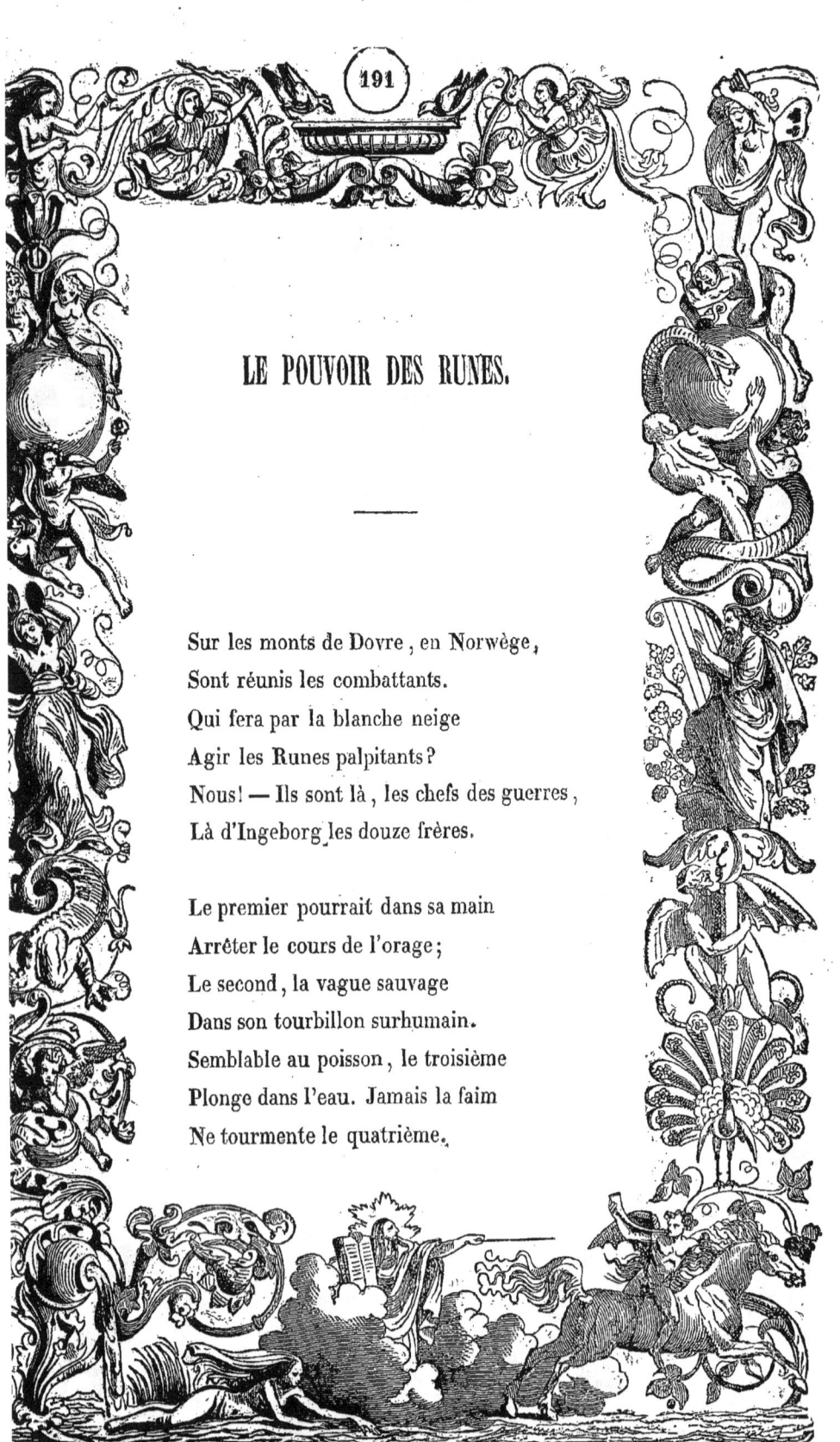

## LE POUVOIR DES RUNES.

Sur les monts de Dovre, en Norwège,
Sont réunis les combattants.
Qui fera par la blanche neige
Agir les Runes palpitants?
Nous! — Ils sont là, les chefs des guerres,
Là d'Ingeborg les douze frères.

Le premier pourrait dans sa main
Arrêter le cours de l'orage;
Le second, la vague sauvage
Dans son tourbillon surhumain.
Semblable au poisson, le troisième
Plonge dans l'eau. Jamais la faim
Ne tourmente le quatrième.

Le cinquième évoque à son tour
Les sons d'une harpe terrible ;
Ceux qui l'entendent, nuit et jour
Suivent une danse invisible.
Le sixième, en sonnant du cor,
Peut effrayer comme un tonnerre ;
Le septième, marcher sous terre ;
Le huitième, au rapide essor,
Danser sur les vagues mobiles ;
Le neuvième, par ses réseaux,
Enchaîne dans les bois stériles
La puissance des animaux.
Le dixième veille sans trêve ;
L'onzième dompte le dragon
Et peut avoir tout ce qu'il rêve.
Au loin, dans chaque région,
Pas de mystère si profond
Que l'art du douzième ne lève !

Je vous le dis, ces combattants
N'ont point leur égal en Norwège,
Dans le sable ni sur la neige,
Ni dans le monde des vivants.

# LE VIKING.

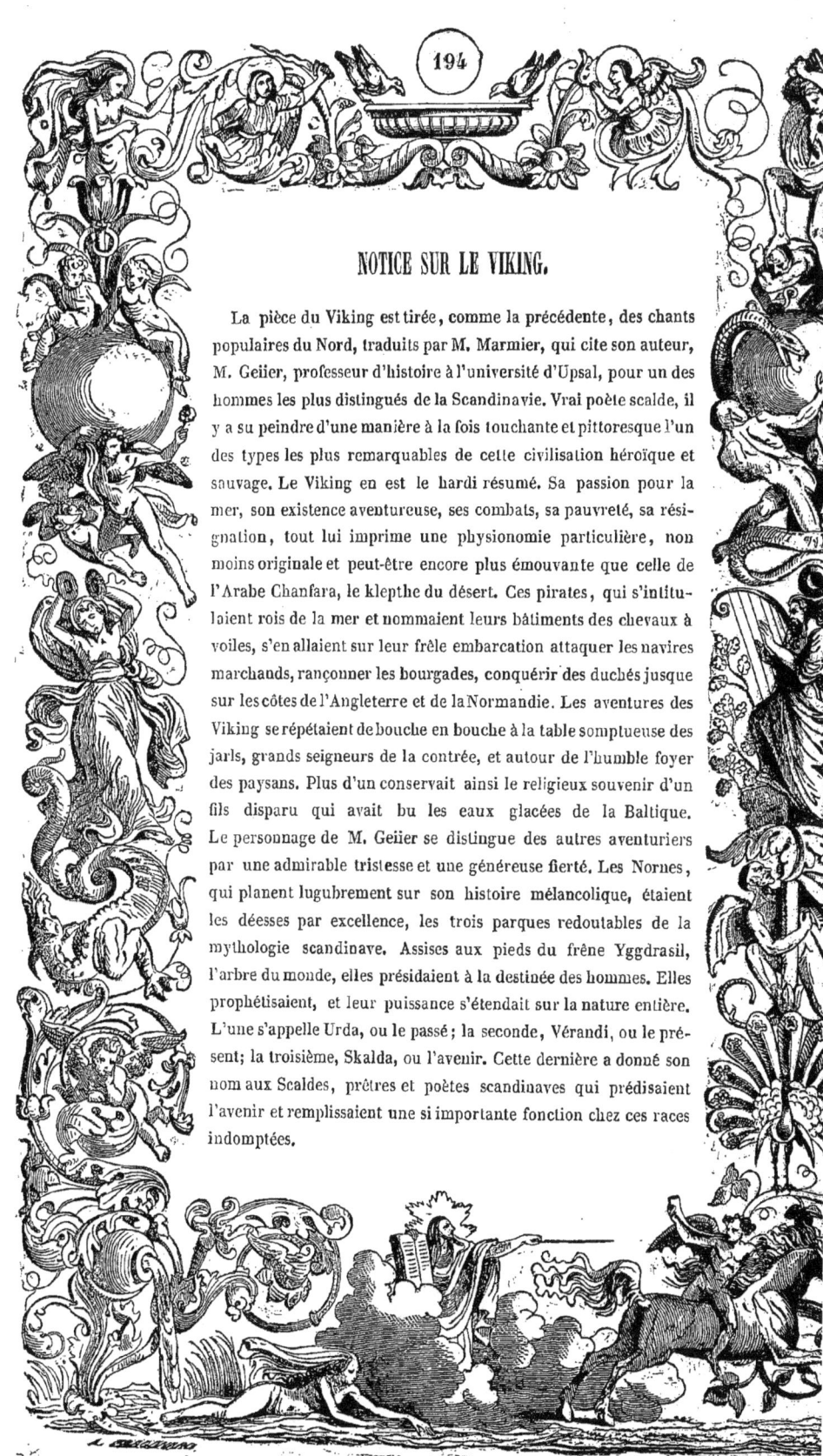

## NOTICE SUR LE VIKING.

La pièce du Viking est tirée, comme la précédente, des chants populaires du Nord, traduits par M. Marmier, qui cite son auteur, M. Geiier, professeur d'histoire à l'université d'Upsal, pour un des hommes les plus distingués de la Scandinavie. Vrai poète scalde, il y a su peindre d'une manière à la fois touchante et pittoresque l'un des types les plus remarquables de cette civilisation héroïque et sauvage. Le Viking en est le hardi résumé. Sa passion pour la mer, son existence aventureuse, ses combats, sa pauvreté, sa résignation, tout lui imprime une physionomie particulière, non moins originale et peut-être encore plus émouvante que celle de l'Arabe Chanfara, le klephte du désert. Ces pirates, qui s'intitulaient rois de la mer et nommaient leurs bâtiments des chevaux à voiles, s'en allaient sur leur frêle embarcation attaquer les navires marchands, rançonner les bourgades, conquérir des duchés jusque sur les côtes de l'Angleterre et de la Normandie. Les aventures des Viking se répétaient de bouche en bouche à la table somptueuse des jarls, grands seigneurs de la contrée, et autour de l'humble foyer des paysans. Plus d'un conservait ainsi le religieux souvenir d'un fils disparu qui avait bu les eaux glacées de la Baltique. Le personnage de M. Geiier se distingue des autres aventuriers par une admirable tristesse et une généreuse fierté. Les Nornes, qui planent lugubrement sur son histoire mélancolique, étaient les déesses par excellence, les trois parques redoutables de la mythologie scandinave. Assises aux pieds du frêne Yggdrasil, l'arbre du monde, elles présidaient à la destinée des hommes. Elles prophétisaient, et leur puissance s'étendait sur la nature entière. L'une s'appelle Urda, ou le passé; la seconde, Vérandi, ou le présent; la troisième, Skalda, ou l'avenir. Cette dernière a donné son nom aux Scaldes, prêtres et poètes scandinaves qui prédisaient l'avenir et remplissaient une si importante fonction chez ces races indomptées.

# LE VIKING.

J'avais quinze ans! La modeste chaumière
Que j'habitais avec ma pauvre mère
　Me paraissait une prison.
Durant le jour je conduisais mes chèvres.
Le temps pesait à mon cœur. Que de fièvres
　Me dévoraient chaque saison!

L'esprit brûlant d'orageuses pensées,
Rêvant toujours cent désirs inconnus,
　Comme les feuilles entassées
Sur le front noir des sapins chevelus,
Dans les forêts vastes, bouleversées,
　Triste, je ne bondissais plus.

Je m'élançais au sommet des montagnes ;
Je regardais par-delà nos campagnes,
　　Vers l'océan tumultueux.
Il me semblait ouïr chanter les vagues
De chants si doux, de murmures si vagues,
　　Qu'ils faisaient dresser mes cheveux.

Les flots hurlants, que pousse la tourmente
Dans les déserts de la mer écumante,
　　Arrivent d'un climat lointain.
Aucun réseau n'enchaîne leur puissance ;
Aucun séjour ne dompte leur essence,
　　Terrible comme le destin.

Un jour, debout sur la rive, ô mon âme !
Je découvris un vaisseau. Doux fanal !
　　Dans l'anse ouverte par la lame
Il s'élança comme un trait martial.
Je tressaillis, mon sang devint de flamme ;
　　Je savais d'où venait mon mal.

J'abandonnai mes chèvres et ma mère,
Et le Viking sur son vaisseau de guerre
　　M'emporte à travers l'océan.

LES FIANÇAILLES DU VIKING.

Le vent du Nord gonflait nos blanches voiles,
Et nous fuyions, aux clartés des étoiles,
  Plus rapides que l'ouragan.


Le pic des monts, dans un reflet bleuâtre,
S'efface au loin. Moi je me sens joyeux.
  Rien désormais ne peut m'abattre ;
Je porte dans ma main un glaive belliqueux,
Le glaive paternel. Hardi, prêt à combattre,
  Je jure de vaincre en tous lieux.


Or, à seize ans je tuai, moi superbe,
Le chef marin qui m'appelait imberbe ;
  Je devins le roi de la mer.
Je m'élançai sur le lit des tempêtes,
Dans les combats et les sanglantes fêtes,
  Et je rougis l'empire amer.


Je descendis sur le sol des richesses.
Mon bras conquit, aux lueurs de la mort,
  Des châteaux et des forteresses.
Mes compagnons et moi, bercés au port,
Coupe, domaine, armes, bijoux, duchesses,
  Nous tirâmes les parts au sort.

Nous savourions, dans notre corne creuse,
Le miœd vermeil sur la vague orageuse.
  Du sein de l'humide élément
Nous dominions sur les côtes vassales.
Je me choisis dans le pays de Galles
  Une fille au sourire aimant.

Pendant trois jours elle versa des larmes;
Puis la gaîté reparut dans ses yeux.
  Jamais Elfe n'eut tant de charmes.
Notre union, par des banquets joyeux,
Vint réjouir la mer : le bruit des armes
  N'était pas plus cher à mes vœux.

J'eus à mon tour des terres, des bourgades,
Et je vidais par nombreuses rasades
  La coupe où je noyais mes maux.
Sous un verrou, clos dans la saison noire,
Je tressaillais, quoique roi plein de gloire,
  Quand je songeais aux grandes eaux.

Tous mes loisirs se consumaient sans cesse
A secourir le pauvre en sa détresse,
  Sous le chaume, le paysan.

Las de complots, de châtiments, de crimes,
Je m'écriais, regrettant ses abîmes :
  Que ne suis-je sur l'Océan!

Je soupirais : à l'hiver monotone
Vint succéder l'éclatante anémone.
  Les flots chantaient leur chant joyeux.
Ce chant disait : A la mer! Voix divine!
L'air printanier souffla sur la colline,
  Et fondit les glaciers neigeux.

Alors, plus libre, et fier dans ma puissance,
Des jours passés je repris l'existence,
  Au roulis du flot triomphal.
Je dispersai tout mon or dans les villes,
Sur la chaumière et les tribus serviles,
  Avec mon lourd bandeau royal.

Comme autrefois, pauvre, dans mon empire,
Ayant pour biens mon glaive et mon navire,
  J'allais vers le but inconnu.
Pareils au vent, nous courions avec joie
Sur les flots bleus dont la crinière ondoie,
  Cavales au front chevelu.

En abordant aux rives étrangères,
Nous regardions les races éphémères,
　Se disputant leurs toits noircis,
Vivre et mourir, comme à nos bancs de sable,
Triste avorton, le polype immuable!
　Le viking fuit de tels soucis.

Parmi les rangs des braves, loin des roches,
J'allais encore épier les approches
　Du vaisseau dans l'azur serein.
Si d'un viking il portait la bannière,
Le sang teignait la farouche carrière
　Des vagues à la voix d'airain.

Mais du marchand le vaisseau sans alarmes
Voguait en paix vers son bord. Dans les armes,
　La gloire est l'astre du guerrier.
Pour le marin, qui des périls se joue,
Sa clarté brille et l'amitié se noue
　Au tranchant aigu de l'acier.

Si dans le jour je restais sur la poupe,
Mon avenir, comme une riche coupe,
　Semblait resplendir à mes yeux.

Moins beau le cygne, amant du lac limpide !
J'embrassais tout. Libre en son vol rapide,
　　Mon esprit planait sous les cieux.

Mais dans la nuit, syrènes funéraires,
Au bord grondant des ondes solitaires,
　　J'entendais les nornes tourner
Leurs noirs fuseaux, capricieux et sombres
Comme la vague et le sort voilé d'ombres ;
　　La norne doit nous entraîner.

Je suis à l'aube, et je l'attends sans crainte.
La mer a soif de mon sang qui l'a teinte
　　Vingt fois sous mon altier drapeau ;
Norne, salut ! bientôt, vague sonore,
Ce cœur ardent, qui bat si vite encore,
　　Dormira dans ton froid tombeau.

Point de regrets ! quand elle est bien remplie,
Courte existence est la meilleure vie ;
　　Voguons vers la salle des dieux.
La vaste mer chante mes funérailles !
Bercé par elle, en mon lit de batailles,
　　Jeune, je reposerai mieux.

Ainsi, jeté sur un écueil sauvage
Par les démons du sinistre naufrage,
 Chantait le viking plein de jours.
La mer l'entraîne en sa nuit murmurante.
Le vent ailé change sa course errante;
 Mais sa mémoire vit toujours.

# FÉERIES MARINES.

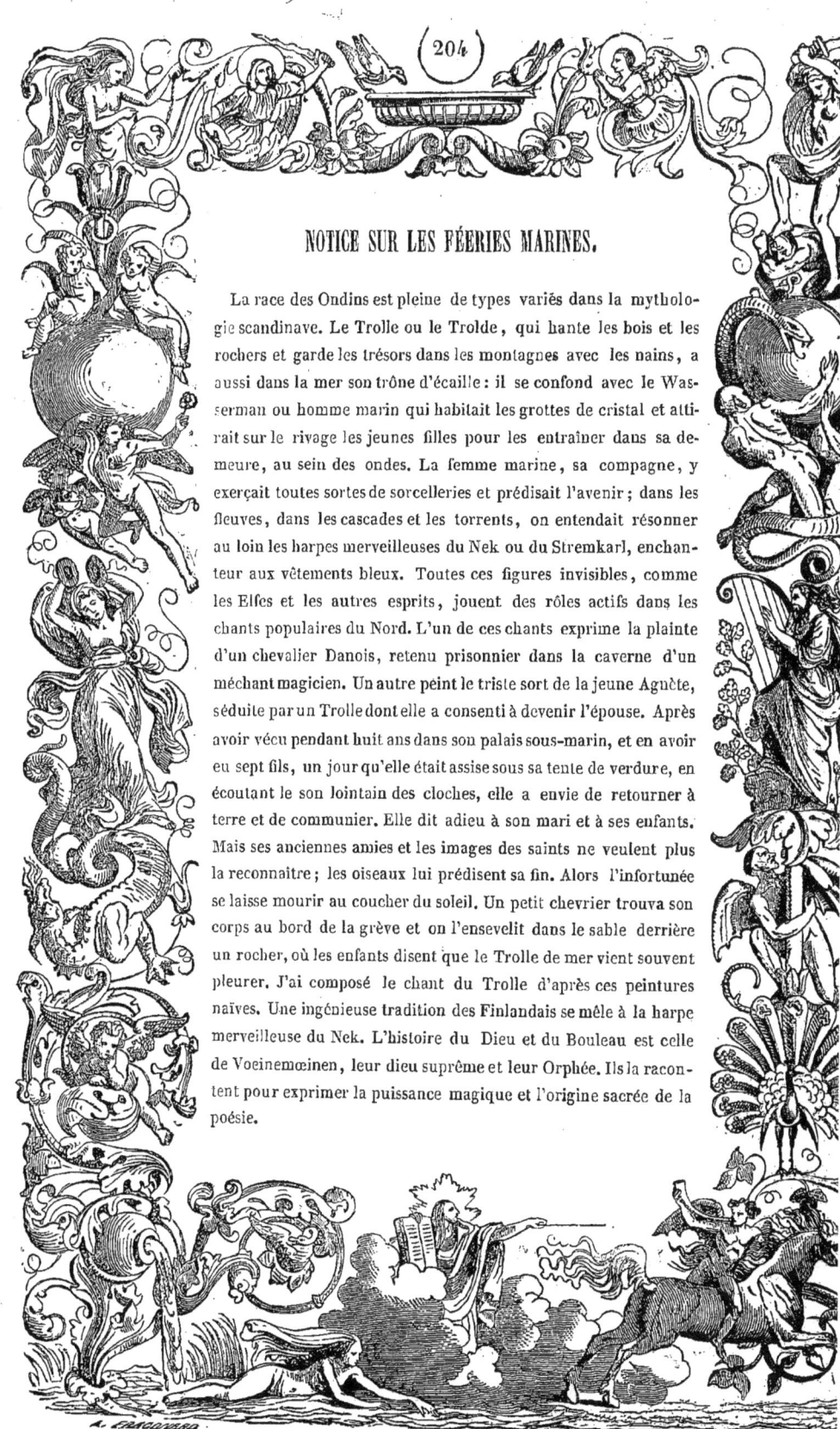

## NOTICE SUR LES FÉERIES MARINES.

La race des Ondins est pleine de types variés dans la mythologie scandinave. Le Trolle ou le Trolde, qui hante les bois et les rochers et garde les trésors dans les montagnes avec les nains, a aussi dans la mer son trône d'écaille : il se confond avec le Wasserman ou homme marin qui habitait les grottes de cristal et attirait sur le rivage les jeunes filles pour les entraîner dans sa demeure, au sein des ondes. La femme marine, sa compagne, y exerçait toutes sortes de sorcelleries et prédisait l'avenir ; dans les fleuves, dans les cascades et les torrents, on entendait résonner au loin les harpes merveilleuses du Nek ou du Stremkarl, enchanteur aux vêtements bleus. Toutes ces figures invisibles, comme les Elfes et les autres esprits, jouent des rôles actifs dans les chants populaires du Nord. L'un de ces chants exprime la plainte d'un chevalier Danois, retenu prisonnier dans la caverne d'un méchant magicien. Un autre peint le triste sort de la jeune Agnète, séduite par un Trolle dont elle a consenti à devenir l'épouse. Après avoir vécu pendant huit ans dans son palais sous-marin, et en avoir eu sept fils, un jour qu'elle était assise sous sa tente de verdure, en écoutant le son lointain des cloches, elle a envie de retourner à terre et de communier. Elle dit adieu à son mari et à ses enfants. Mais ses anciennes amies et les images des saints ne veulent plus la reconnaître ; les oiseaux lui prédisent sa fin. Alors l'infortunée se laisse mourir au coucher du soleil. Un petit chevrier trouva son corps au bord de la grève et on l'ensevelit dans le sable derrière un rocher, où les enfants disent que le Trolle de mer vient souvent pleurer. J'ai composé le chant du Trolle d'après ces peintures naïves. Une ingénieuse tradition des Finlandais se mêle à la harpe merveilleuse du Nek. L'histoire du Dieu et du Bouleau est celle de Vœinemœinen, leur dieu suprême et leur Orphée. Ils la racontent pour exprimer la puissance magique et l'origine sacrée de la poésie.

# LE CHANT DU TROLLE.

J'aime à voir se cabrer
Les vagues en délire ;
J'accours, je fais sombrer
Le superbe navire.
Viking et voyageurs
Descendent sous la dune,
Sans soleil ni sans lune,
Où glissent les plongeurs.


Au fond de ma caverne
D'onix et de crystal,
Maint captif, pâle et terne,
Pleure son ciel natal.

Sa mère, aux mains joyeuses,
Ne caressera plus
Les boucles onduleuses
De ses cheveux touffus.


Lorsque la nuit bleuâtre
M'apporte ses soupirs,
De la beauté folâtre
Je surprends les plaisirs.
Dans la ronde argentine
Je lui mets pour bandeau
Ma couronne marine
Et l'emporte dans l'eau.


Je me berce et me joue
Aux humides rayons,
Moins brillants que la roue
Du peuple des poissons;
Je suis leur troupe alerte,
A l'heure où ma moitié
Tisse la laine verte
Dans mon roc oublié.

# LA HARPE MERVEILLEUSE.

Tandis qu'au loin le Trolle sombre
  Rase le sein des mers,
La troupe des esprits sans nombre
  Voltige par les airs.
La voix d'une humide chanteuse
  Gémit dans les flots bleus;
Je suis la Harpe merveilleuse
  Du Nek mystérieux.

Je soupire dans les cascades,
  Dans les fleuves errants.
Je murmure sous les arcades
  Des limpides torrents.
Du berger la flûte amoureuse
  Cède à mes chants joyeux;
Je suis la Harpe merveilleuse
  Du Nek mystérieux.

Jadis un dieu, dans la Finlande,
  Passant au bord de l'eau,
Ouït sur la déserte lande

Soupirer un bouleau.
« Pourquoi ta plainte douloureuse? »
  Lui dit l'esprit des cieux :
— Je suis la Harpe merveilleuse
  Du Nek mystérieux.

« Ah! répond le triste prélude
  Au noble pélerin,
Je naquis dans la solitude;
  Jamais un doux refrain!
Jamais de fête harmonieuse
  Ni de vierge aux yeux bleus!
— Je suis la Harpe merveilleuse
  Du Nek mystérieux.

Le dieu détacha la racine
  Du bouleau virginal,
En forma sa harpe divine,
Ses cordes, des crins d'un cheval.
Quand parla l'aimable chanteuse,
  Dans les flots amoureux
Jaillit la Harpe merveilleuse
  Du Nek mystérieux.

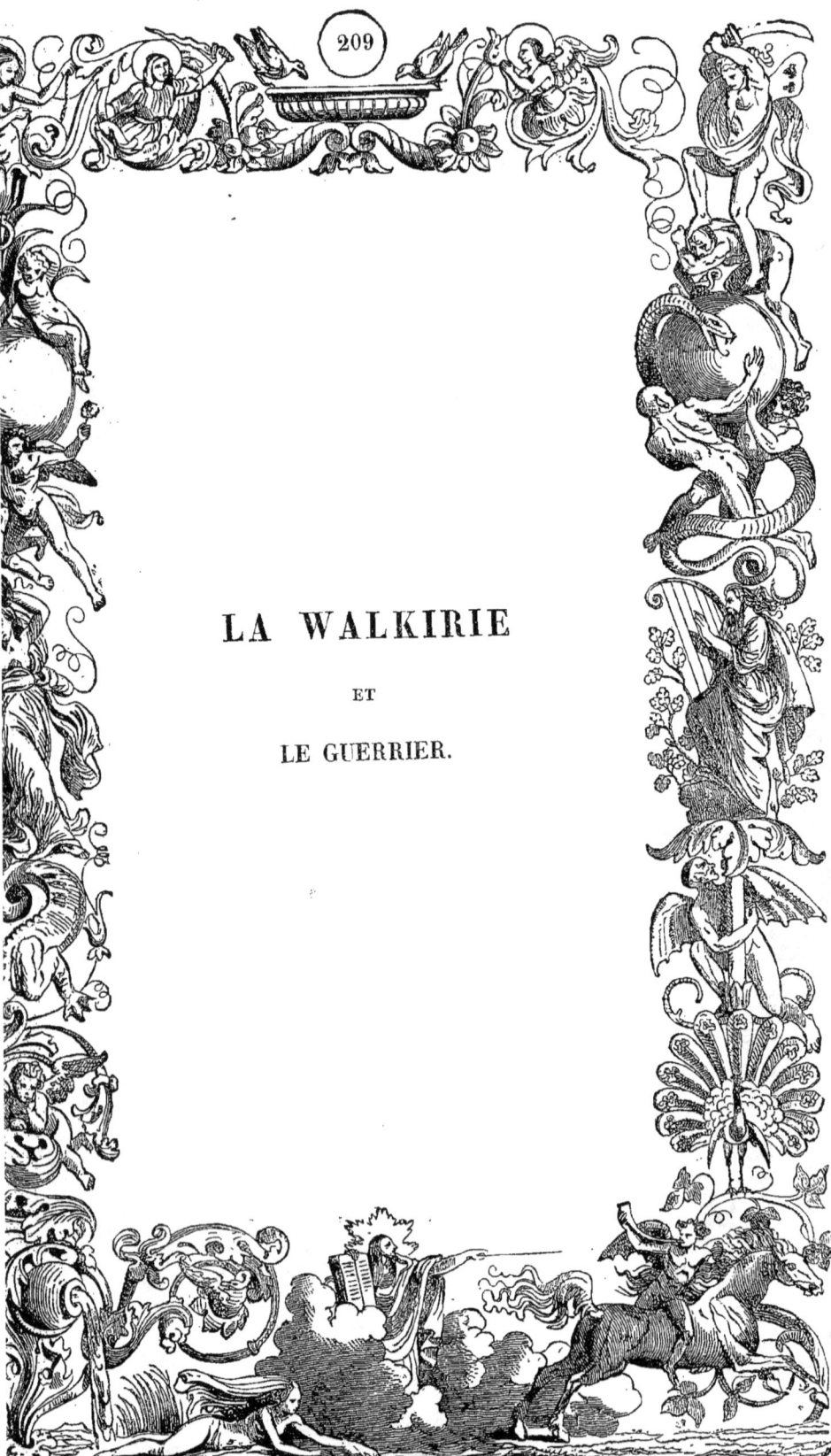

# LA WALKIRIE

ET

LE GUERRIER.

## NOTICE SUR LA WALKIRIE.

Les Walkiries, nommées aussi Dizes, étaient des Vierges, belles comme les Houris, puissantes comme les Nornes, guerrières comme les Amazones, poétiques et majestueuses hébés du Valhalla, le paradis d'Odin. Nul ne savait leur origine. Tantôt enveloppées de nuages, tantôt armées et ceintes d'un casque, montées sur des coursiers fougueux, elles planaient au dessus des champs de bataille, choisissant ceux qui devaient vaincre et ceux qui devaient périr. Ce sont elles qui ouvraient aux héros les portes du divin palais; c'est leur blanche main qui leur versait, ainsi qu'aux Ases et à Odin lui-même, les flots dorés de l'hydromel. Les Scaldes promettaient aux chevaliers du Nord les Délices de ce paradis. Là, leur vie s'écoule entre les batailles sanglantes et les somptueux festins; toutes les blessures reçues dans le combat sont guéries aussitôt que retentit le cor, signal du banquet embelli par les immortelles vierges. Les Walkiries n'étaient pas toute d'une nature céleste; Il y en avait qui habitaient la terre. Brünild, l'une des farouches héroïnes des Niebelung, passait pour une Walkirie. Ces dernières, quoique belles, s'éloignaient des glorieuses messagères du Valhalla. Le Dieu mystérieux des forgerons qui, en donnant un marteau magique pouvait rendre soudainement artiste, était le géant Mimir. Il séjourne dans les profondeurs de l'Océan où sont renfermés les trésors de la sagesse et de la création, où Odin va puiser les rayons de cette sagesse. Les Saivos, esprits des Cavernes, avaient la charge de recevoir les âmes des morts et de conduire celles qui ne sont pas dignes d'être admises dans la demeure sainte devant Iabmé-Akko, l'une des divinités des enfers, qui leur fait infliger les supplices les plus cruels.

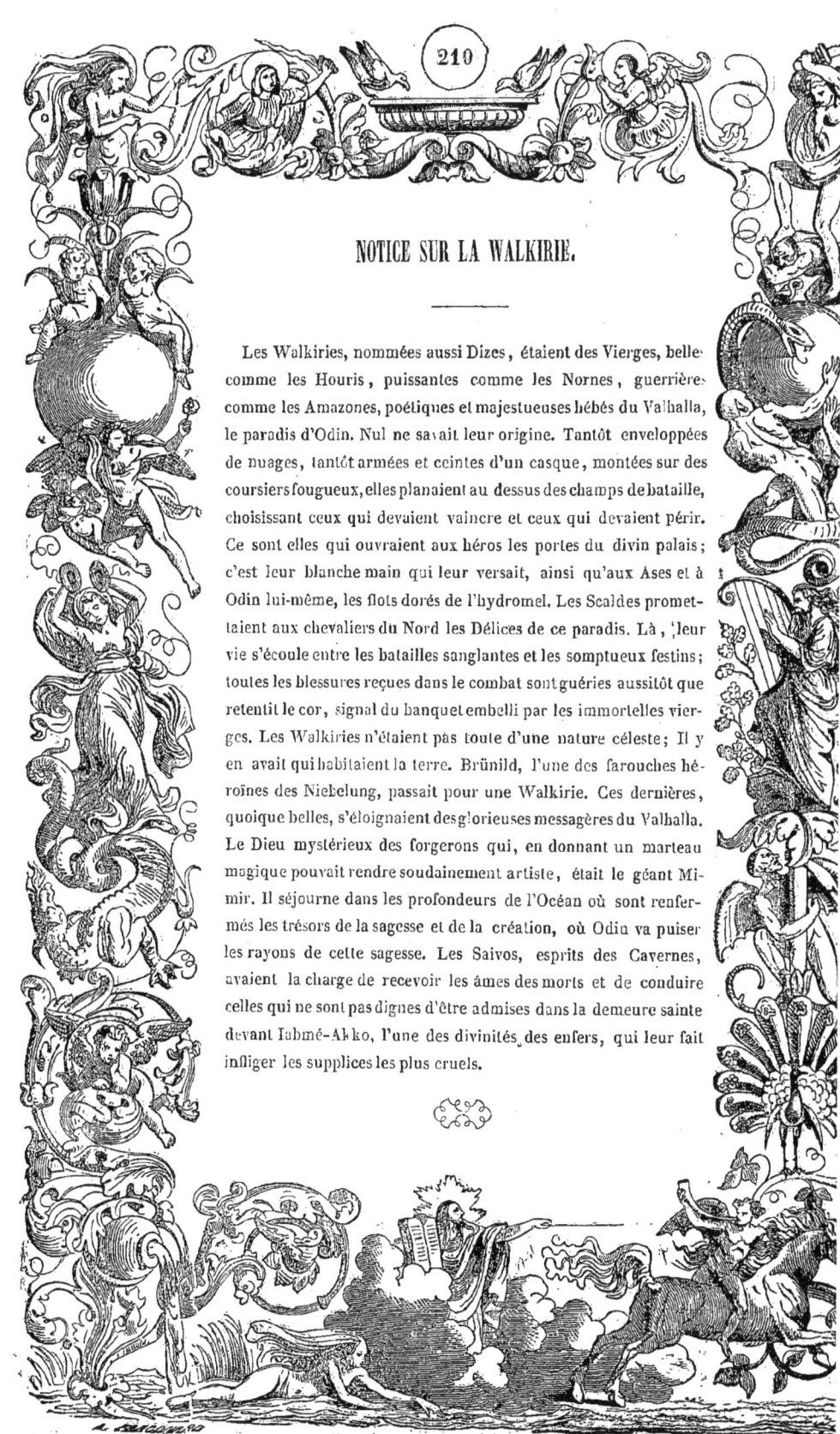

M.me Rhéal inv.t          Ed. Walter, lith.

LA VALKYRIE ET LE GUERRIER.

Imp. de Fourquemin.

## LA WALKIRIE ET LE GUERRIER.

#### LE GUERRIER.

Je suis tombé. De ma jeunesse
La bataille a brisé le cours.
Hélas! la Norne prophétesse
M'avait annoncé de longs jours!

#### LA WALKIRIE.

Brave à la blonde chevelure,
Ton adieu sonne; il faut mourir.

#### LE GUERRIER.

Walkirie! oh! vois ma blessure;
Pitié! daigne me secourir.
J'ai vingt printemps; mon âme est pure;
Laisse mes larmes t'attendrir.

LA WALKIRIE.

Qui? toi! pleurer! un Scandinave!
Viens t'abreuver de l'hydromel
Dans le festin promis au brave
Par les chants du Scalde immortel.

LE GUERRIER.

J'ai combattu sans espérance
Comme un loup terrible et sanglant.
Mais pardonne un regret brûlant.
Je fus choisi dès ma naissance
Par le grand dieu des forgerons,
Celui dont le marteau sublime
Crée un artiste à ses rayons.
Il habite le vaste abîme
De l'Océan mystérieux
Où les trésors de la sagesse
Dans leur merveilleuse richesse
S'ouvrent pour Odin, roi des cieux.

LA WALKIRIE.

Tu goûteras dans ma demeure

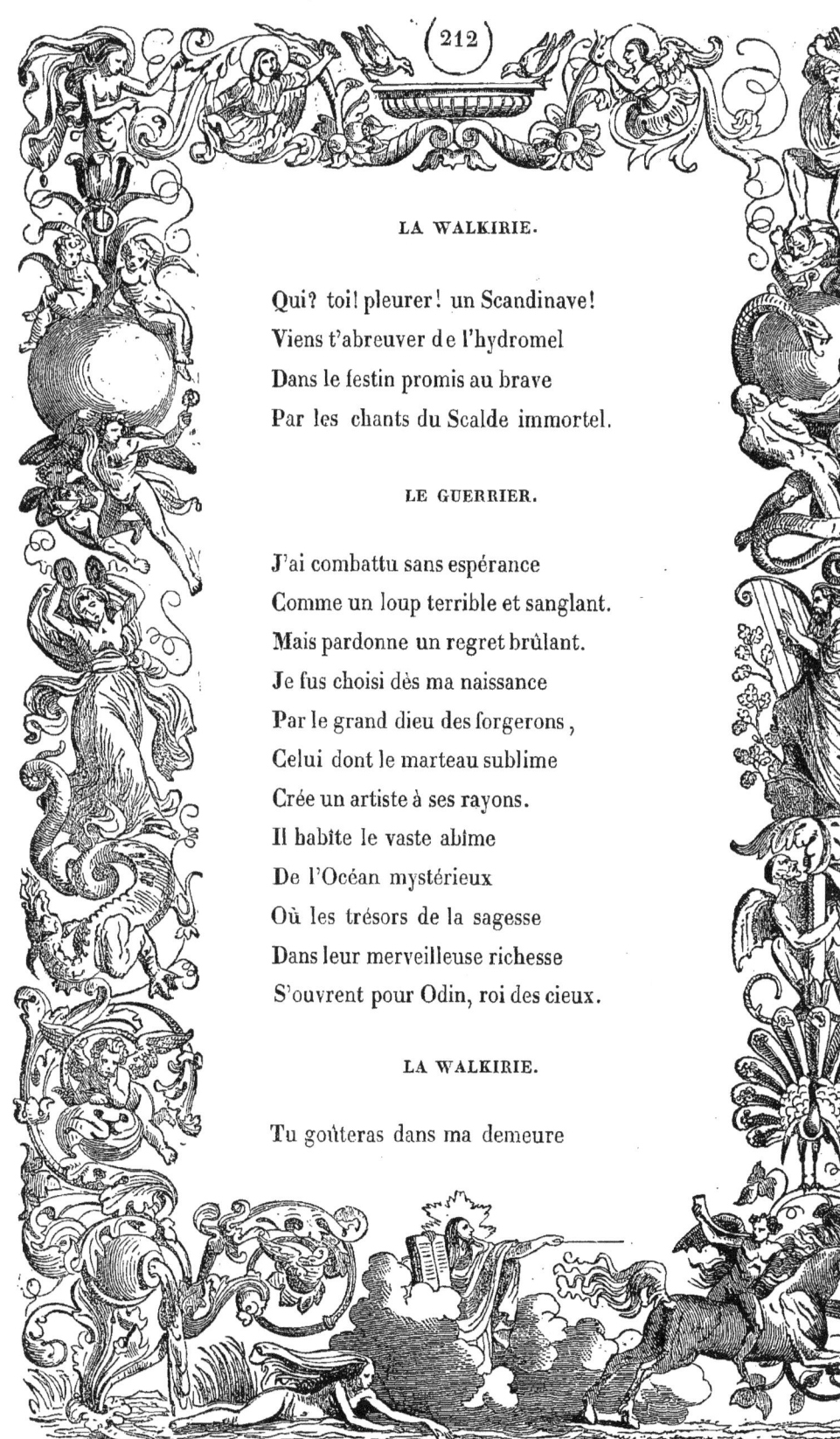

Les trésors d'immortalité.
Les Nornes ont marqué ton heure;
Des Ases bois la volupté.

### LE GUERRIER.

Épargne le fil de ma vie;
J'ai dans mon village natal
Une épouse tendre et chérie.
Sauve-la du deuil sépulcral.
Ses beaux yeux, fontaines pleurantes,
Imiteraient ceux de Freya,
Dont les larmes d'or gémissantes
Baignent sans fin le Walhalla.

### LA WALKIRIE.

Tremble, guerrier faible et timide,
Que les esprits des antres noirs
Saisissant ton âme livide
Ne l'entraînent, ô désespoirs,
Devant la reine ténébreuse,
Divinité des châtiments,
Loin de la sphère lumineuse
Où sont les dieux des éléments.

LE GUERRIER.

Mon sang rougit la terre émue.

LA WALKIRIE.

Entonne l'hymne du sommeil.

LE GUERRIER.

Un voile s'étend sur ma vue.

LA WALKIRIE.

Mes sœurs charmeront ton réveil.

L'ÉPÉE DE ROLAND.

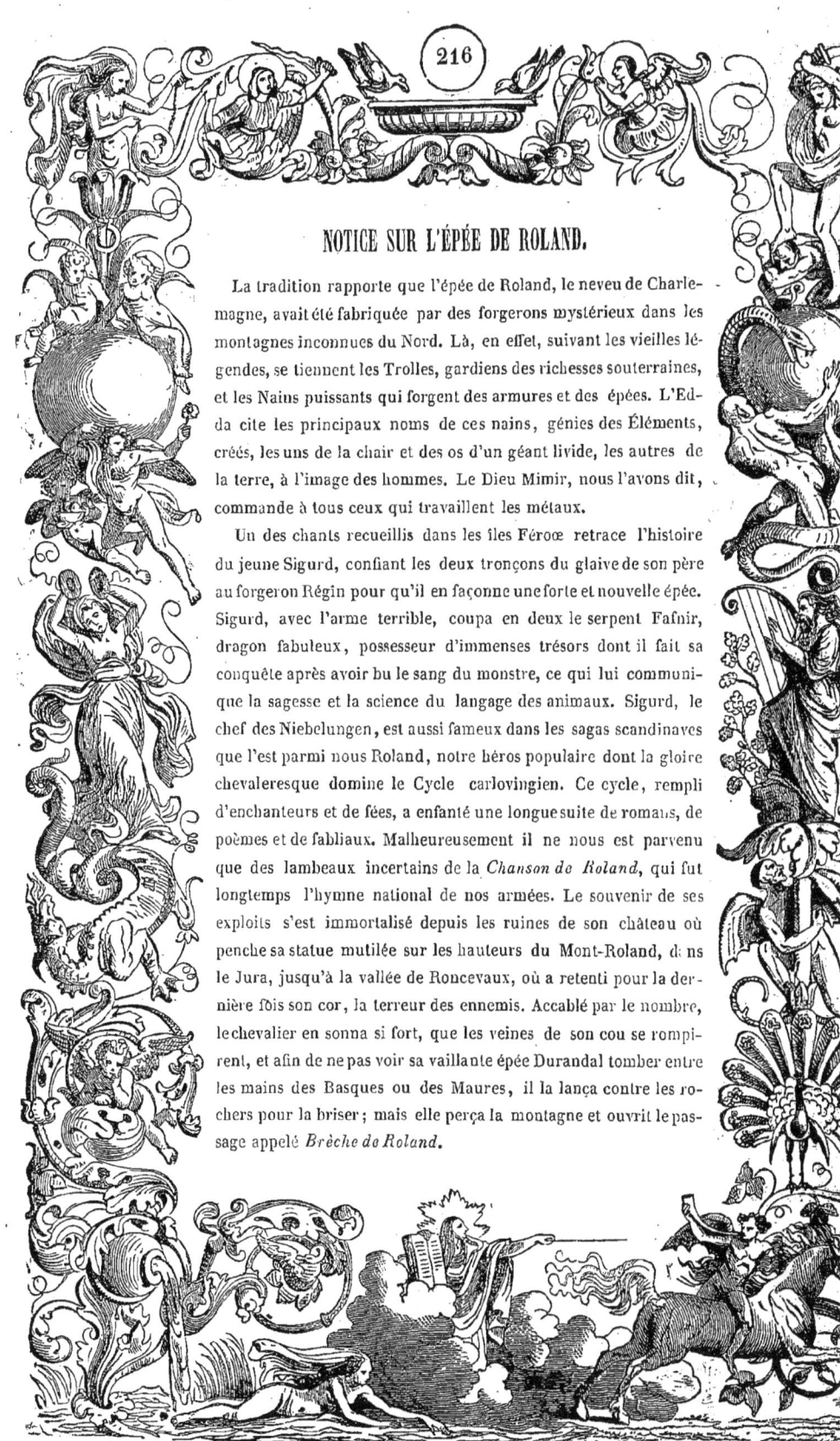

## NOTICE SUR L'ÉPÉE DE ROLAND.

La tradition rapporte que l'épée de Roland, le neveu de Charlemagne, avait été fabriquée par des forgerons mystérieux dans les montagnes inconnues du Nord. Là, en effet, suivant les vieilles légendes, se tiennent les Trolles, gardiens des richesses souterraines, et les Nains puissants qui forgent des armures et des épées. L'Edda cite les principaux noms de ces nains, génies des Éléments, créés, les uns de la chair et des os d'un géant livide, les autres de la terre, à l'image des hommes. Le Dieu Mimir, nous l'avons dit, commande à tous ceux qui travaillent les métaux.

Un des chants recueillis dans les îles Féroæ retrace l'histoire du jeune Sigurd, confiant les deux tronçons du glaive de son père au forgeron Régin pour qu'il en façonne une forte et nouvelle épée. Sigurd, avec l'arme terrible, coupa en deux le serpent Fafnir, dragon fabuleux, possesseur d'immenses trésors dont il fait sa conquête après avoir bu le sang du monstre, ce qui lui communique la sagesse et la science du langage des animaux. Sigurd, le chef des Niebelungen, est aussi fameux dans les sagas scandinaves que l'est parmi nous Roland, notre héros populaire dont la gloire chevaleresque domine le Cycle carlovingien. Ce cycle, rempli d'enchanteurs et de fées, a enfanté une longue suite de romans, de poèmes et de fabliaux. Malheureusement il ne nous est parvenu que des lambeaux incertains de la *Chanson de Roland*, qui fut longtemps l'hymne national de nos armées. Le souvenir de ses exploits s'est immortalisé depuis les ruines de son château où penche sa statue mutilée sur les hauteurs du Mont-Roland, dans le Jura, jusqu'à la vallée de Roncevaux, où a retenti pour la dernière fois son cor, la terreur des ennemis. Accablé par le nombre, le chevalier en sonna si fort, que les veines de son cou se rompirent, et afin de ne pas voir sa vaillante épée Durandal tomber entre les mains des Basques ou des Maures, il la lança contre les rochers pour la briser; mais elle perça la montagne et ouvrit le passage appelé *Brèche de Roland*.

# L'ÉPÉE DE ROLAND,

CHOEUR DES ESPRITS DE LA MONTAGNE.

A l'œuvre! à l'œuvre! êtres cabalistiques!
Nains, habitants du Mont, Trolles magiques,
Esprits des eaux, légions de Mimir.
Dieux souterrains, sur l'enclume brûlante,
Forgez, forgez l'épée étincelante;
Enchantez-la, car sa lame brillante
Doit éclipser les trésors de Fafnir.

Forgez-la belle, invincible et solide,
Plus belle encor que le glaive homicide
Du fier Sigurd, le vainqueur du Dragon.
Trempez son fil, source amère de larmes.
Que des géants elle fende les armes !
De vos pouvoirs unissez-y les charmes,
Au rubis rouge, éblouissant rayon.

Dans le creuset que tourmente la flamme
Versez les sucs, plongez l'ardente lame.
Forgez, forgez le terrible métal
Pour le héros des Francs, roi des épées.
Il porte un cor, présent divin des fées,
Dont le seul cri lui conquiert des trophées.
Du grand Roland forgeons la Durandal.

LE SYLPHE ET LE GNOME.

## NOTICE SUR LE SYLPHE ET LE GNOME.

Les Sylphes, les Gnomes et les Salamandres complètent, avec les Ondins, la chaîne des esprits élémentaires qui tiennent une si grande place dans le monde de la féerie. Les premiers, génies ailés, parcourent le fluide éthéré, où ils glissent sur les rayons des étoiles; ils revêtent, quand ils se manifestent, une forme gracieuse, et ont pour sœurs les Sylphides, compagnes de leurs danses aériennes. Les seconds, dont les femmes s'appellent Gnomides, sont d'une petite stature; ils vivent dans les fissures métalliques du globe, dans les grottes cristallines, et gardent les mines d'or, d'argent, de cristaux, de diamants. Ils savent aussi composer des amulettes. Les troisièmes, génies du feu, habitent ce fluide, et commandent à l'animal singulier dont ils portent le nom. La croyance à ces esprits se trouve répandue dans tout le moyen âge. Ils paraissent descendre des nains magiques du monde scandinave; leur existence périssable est presque toujours attachée à un charme ou à un secret dont la perte doit les anéantir. Les cabalistes prétendent que les esprits élémentaires peuvent acquérir l'immortalité en se faisant aimer d'une jeune fille. J'ai adopté cette fiction. Nous avons déjà parlé des vertus cabalistiques des pierres précieuses auxquelles on attribuait, dans le Nord, comme dans l'Orient, des propriétés surnaturelles. On comptait parmi les plus miraculeuses l'escarboucle, le rubis, l'opale, le saphir et le diamant.

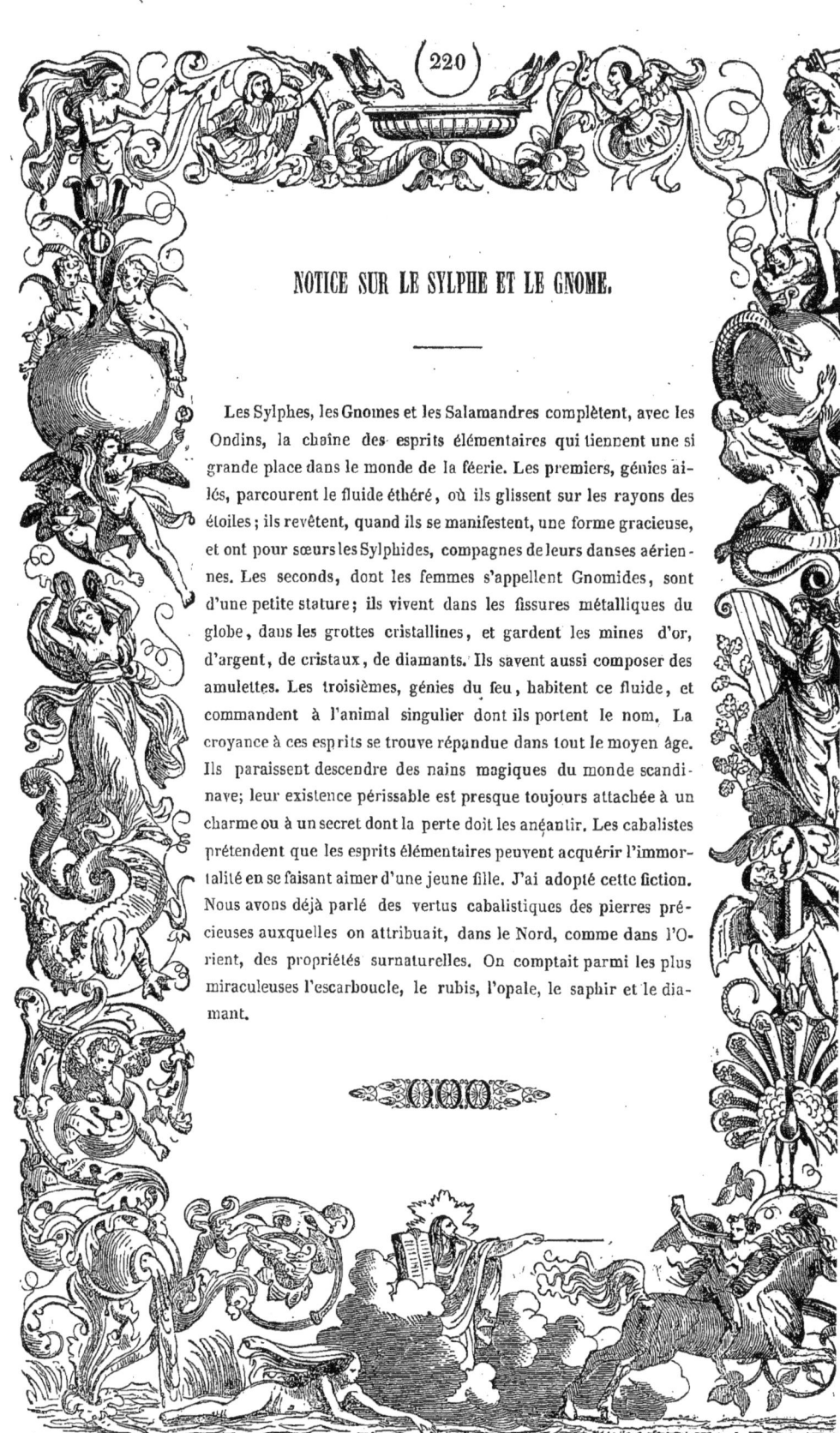

# LE SYLPHE ET LE GNOME.

Deux esprits amoureux suivaient sous le feuillage
La jeune chevrière, au modeste visage,
    Au regard pensif :
Le Sylphe, amant des fleurs, des soirs au doux mystère,
Et le Gnome, gardien des trésors de la terre,
    Au palais massif.

### LE SYLPHE.

Fille brune et charmante
Dont souvent mes folâtres jeux

Ont baisé les anneaux soyeux,
　La paupière dormante,
Pour te voir je suspends mon vol
Comme un timide rossignol.


　Vase d'ambre et de rose,
Fleur dont l'abeille eût pris le miel,
Ouvre-moi les trésors du ciel
　Sur ta lèvre mi-close.
Plane dans l'arc-en-ciel de feu;
Sois ma déesse et moi ton dieu.


　Sans toi, terrestre amante,
Je dois m'évanouir dans l'air,
Comme un songe, un éclair,
　Ou l'étoile tombante.
Tu peux diviniser mes jours.
Aime-moi, je vivrai toujours.


　Reine de mon empire,
Je couronnerai ta beauté.
Donne-moi l'immortalité

LE SYLPHE ET LE GNOME.

Par un tendre sourire.
La fleur, le pré, le bois, le val,
Seront ton palais nuptial.


L'essaim des blanches fées,
Dont le trône est un bleu rayon,
M'appelle en vain dans le vallon
　　Aux lueurs étouffées.
Je préfère à leurs chants vainqueurs
Tes yeux humides et rêveurs.


　Sur ton beau front candide
Je tresserai mille bouquets.
Dans mes abris les plus secrets
　　Tu viendras, ma sylphide,
Raser le cristal du flot pur
Ou les plis du céleste azur.


LE GNOME.

Dans le royaume où le mineur habite,
Où l'escarboucle étincelle et palpite,
　　Luit mon séjour.

Là du saphir la clarté se dérobe
Et l'émeraude y teint sa verte robe
    Si belle au jour.


Tous les trésors enviés par les femmes,
Astres cachés, y répandent leurs flammes,
    Rayons mouvants,
Topazes d'or et rubis magnifiques,
Et l'améthyste et les pierres magiques,
    Charmes vivants.


Moins belle au Nord la splendeur boréale!
Ils sont à toi pour l'aube virginale
    Peinte en tes yeux.
Ils sont à toi pour les lys de ta joue,
Pour le bonheur du zéphyr qui dénoue
    Tes longs cheveux.


Ils sont à toi pour ton âme immortelle
Dont mon amour mêlera l'étincelle
    A mes splendeurs.
Viens réjouir mes cavernes humides,

Et commander au trône des Gnomides
    Mes fiers sondeurs.


Je poserai sur ton beau front de reine
Un talisman qu'enviera la Syrène,
    Pareille à toi,
La Salamandre en ses feux symboliques,
Et tout l'essaim des esprits fantastiques
    Dont je suis roi.


LA JEUNE FILLE.

Sylphe, va-t'en ! Gnome, rentre sous terre ;
Je veux toujours demeurer solitaire
    Jusqu'à l'heure de mon hymen.
Un blond chasseur, à la flèche acérée,
Doit m'emmener sur la cime azurée
    Dont l'ours noir connaît le chemin.

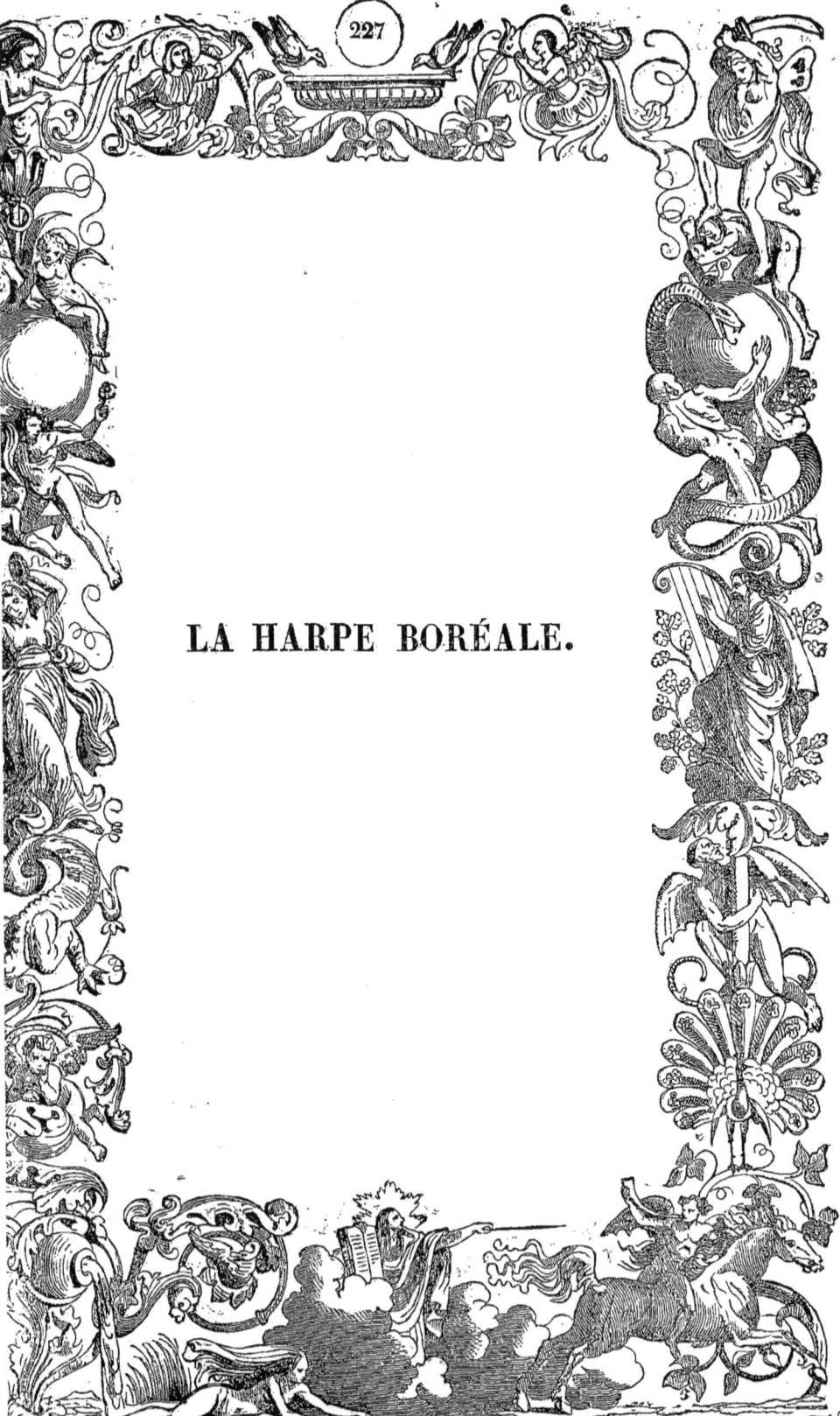

LA HARPE BORÉALE.

# NOTICE SUR LA HARPE BORÉALE.

J'ai rassemblé sous ce titre quatre petits chants originaux empruntés aux mœurs odiniques, écossaises et slaves. Le premier retrace l'ancienne coutume des guerriers scandinaves, qui buvaient dans le crâne de leurs ennemis. Ils s'en façonnaient des coupes plus chères que leurs coupes de corne, ou les coupes d'or des Jarls. C'était pour eux un bonheur et la consécration de leurs exploits, dont ils espéraient jouir jusque dans le Valhalla de cette mythologie sombre où flottait, comme son emblème, l'image terrible du Naglfar, navire construit avec les ongles des morts, qui doit se détacher à l'heure de la destruction du monde.

Le second chant forme la ballade des Kelpies, esprits trompeurs et malfaisants, l'une des superstitions modernes, particulières à l'Écosse et à quelques cantons de l'Allemagne. Grêles et fluets comme tous les lutins, ils se montrent tantôt sous la forme d'un beau jeune homme, tantôt sous celle d'un cheval blanc; ils errent autour des lacs et des rivières, où ils attirent les passants pour les y précipiter. Si quelque paysan se déchire en se baignant aux plantes aquatiques, ou est emporté par les ondes, le peuple croit que c'est l'ouvrage des méchants Kelpies, aux griffes d'acier. Ces esprits séduisent surtout les jeunes filles coquettes et imprudentes, et ont des sœurs comme les Sylphes et les Gnomes. Leur souvenir jette l'effroi jusqu'au milieu des fêtes du village. Il est facile de reconnaître en eux le Trolle et l'homme marin. On donne aussi, en certains endroits, le nom de Kelpys ou Kelpies aux gouffres perfides des sables mouvants.

Le troisième chant esquisse la vie sauvage du Kosak, qui rappelle, avec son coursier volant dans les steppes, le Bédouin du Sahara. Celui qui veut entrer dans la tribu indomptée des Zaporogues ne doit même pas prendre d'épouse, afin de garder sa vie libre, nomade et guerrière. Il possède aussi ses légendes, en harmonie avec la nature farouche de son climat et de ses mœurs. L'Ukraine est remplie de follets et de mauvais esprits qui voltigent autour des bois et des marais : l'un d'eux a l'emploi d'égarer les voyageurs, et le vent de la nuit lui sert de ministre. A leur suite se glisse le plus horrible des fantômes nocturnes créés par la superstition, le Vampire qui suce le sang des malheureux endormis et le cadavre des suppliciés. Les chouettes et les hiboux, compagnons des sorcières, jouent un grand rôle dans la plupart de ces légendes et passent pour des oiseaux prophétiques. Humble plante des solitudes, la fougère ne fleurit qu'un instant à l'heure de minuit. La personne qui peut l'apercevoir à cette heure devine toutes les choses cachées, et celle qui la possède découvre toute sorte de trésors. On nomme toya une autre plante dont les qualités narcotiques sont regardées par le peuple comme un remède contre la tristesse. Le Sumak est un petit animal fort doux, assez semblable à la chèvre, orné de cornes blanches et luisantes; il marche souvent en arrière, surtout quand il pait. On l'aperçoit dans les campagnes désertes, parmi les hauts chardons, sur les rives du Dniéper dont le cours parsemé d'îles verdoyantes récrée l'œil à travers ces plaines marécageuses.

Le quatrième chant est inspiré de la mythologie des anciens Slaves, qui présente beaucoup de rapports avec celle des autres peuples environnants. Ils reconnaissaient une foule de divinités analogues, les unes bienfaisantes, dérivant de Bielbog, leur dieu bon ; les autres malfaisantes, de Czernobog, l'ahriman ténébreux dont le visage était toujours couvert de mouches avides qui se nourrissaient de son sang. Parmi leurs figures variées apparaissent Polkan, dieu centaure dont on a fait un volcan, et Pogoda, le génie du printemps, qui plane dans les airs avec des

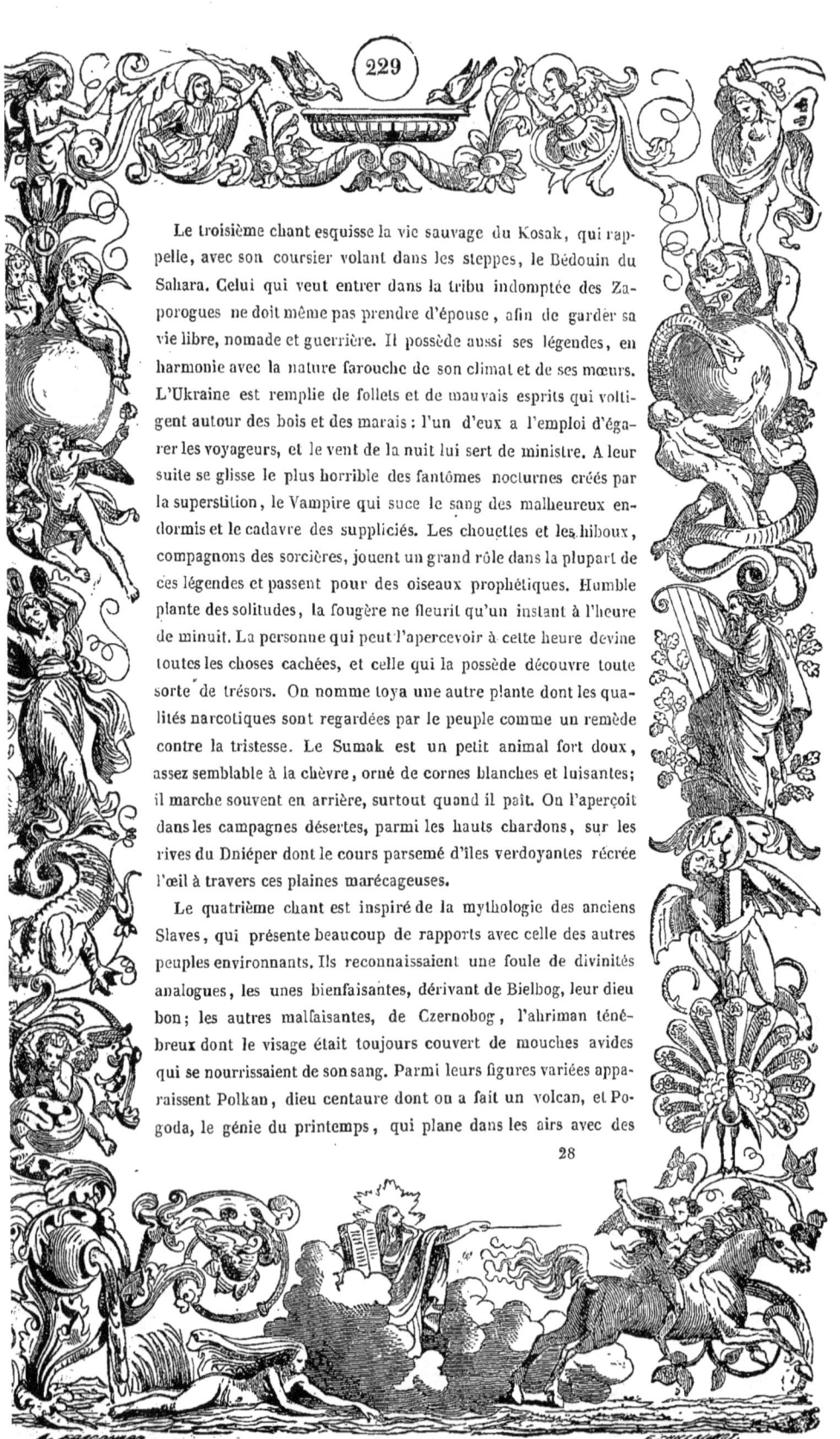

ailes, une robe et une couronne de fleurs bleues ; à ses côtés volait Simzerla, la Flore septentrionale. Des mauvais génies, espèce de satyres, sous le nom de Léchies, habitaient les forêts ; ils avaient tantôt une taille gigantesque, tantôt un corps petit et grêle. Leur plaisir, la nuit, lorsqu'ils avaient égaré un voyageur, était de le chatouiller jusqu'à ce qu'il en mourût. On les représente à peu près comme des Faunes ; ils formaient dans les bois leurs rondes lascives avec les Rousalkis, nymphes à la chevelure verdâtre ; ces nymphes habitent ordinairement les fleuves, d'où elles sortent pour aller danser sous les voûtes épaisses des chênes. Les paysans russes croient encore à l'existence des Léchies et de leurs nymphes vagabondes.

## LA COUPE DU SCANDINAVE.

La coupe de cristal fragile
Ne convient pas au vrai guerrier.
Que l'art du ciseleur habile
S'unisse à l'or du joaillier.
Je foule aux pieds dans les batailles
Ces vains objets, mépris des forts ;
Même au jour de mes fiançailles,
Je bois dans le crâne des morts.

Verse à boire! ce noble gage
Est le tribut de ma valeur;
Éloigne tout triste présage;
Voici la coupe du vainqueur.
Verse à boire, o sœur de mes armes,
En riant des spectres d'Hella.
Tu la rempliras sans alarmes
Dans les festins du Walhalla.

Je veux qu'on sculpte sur ce crâne
Les symboles de notre amour:
L'immortelle que rien ne fane,
Et l'aile sombre d'un vautour.
La fleur présentera l'emblème
Et de ma gloire et de nos feux;
Le vautour, de la nuit suprême
Qui conduit au palais des dieux.

LE KELPIE

# LES KELPIES.

De pâles vapeurs
Baignent les montagnes.
Dans les campagnes
Errent des lueurs,
Parfois, sous des formes perfides ;
Les esprits du mal
Séduisent les âmes timides.
Le galop d'un cheval
A fait mouvoir les feuilles assoupies.
Arinda, prends garde aux Kelpies.

### ARINDA.

« Si triste est mon sort
Dans l'humble chaumière !
Reine ou sorcière
Ne craint pas la mort.
Dois-je ensevelir sous un voile
Mon sein virginal,
Et tomber comme cette étoile !... »
Le galop d'un cheval
A fait mouvoir les feuilles assoupies.
Arinda, prends garde aux Kelpies.

## LA VOIX.

« Pourquoi tressaillir ?
Approche, fileuse ;
L'onde amoureuse
Répond au zéphyr.
Viens partager mon beau royaume,
Éden nuptial.
La nuit est douce, l'air embaume.... »
Le galop d'un cheval
A fait mouvoir les feuilles assoupies.
Arinda, prends garde aux Kelpies.

La belle, ô transport !
Suit pâle et tremblante
La voix charmante
Qui l'attire au bord.
Elle cherche dans ses domaines
Le sylphe idéal.
Malheur ! des griffes inhumaines
Dans le lac fatal
Plongent la jeune fille impie !
Cette image était un Kelpie.

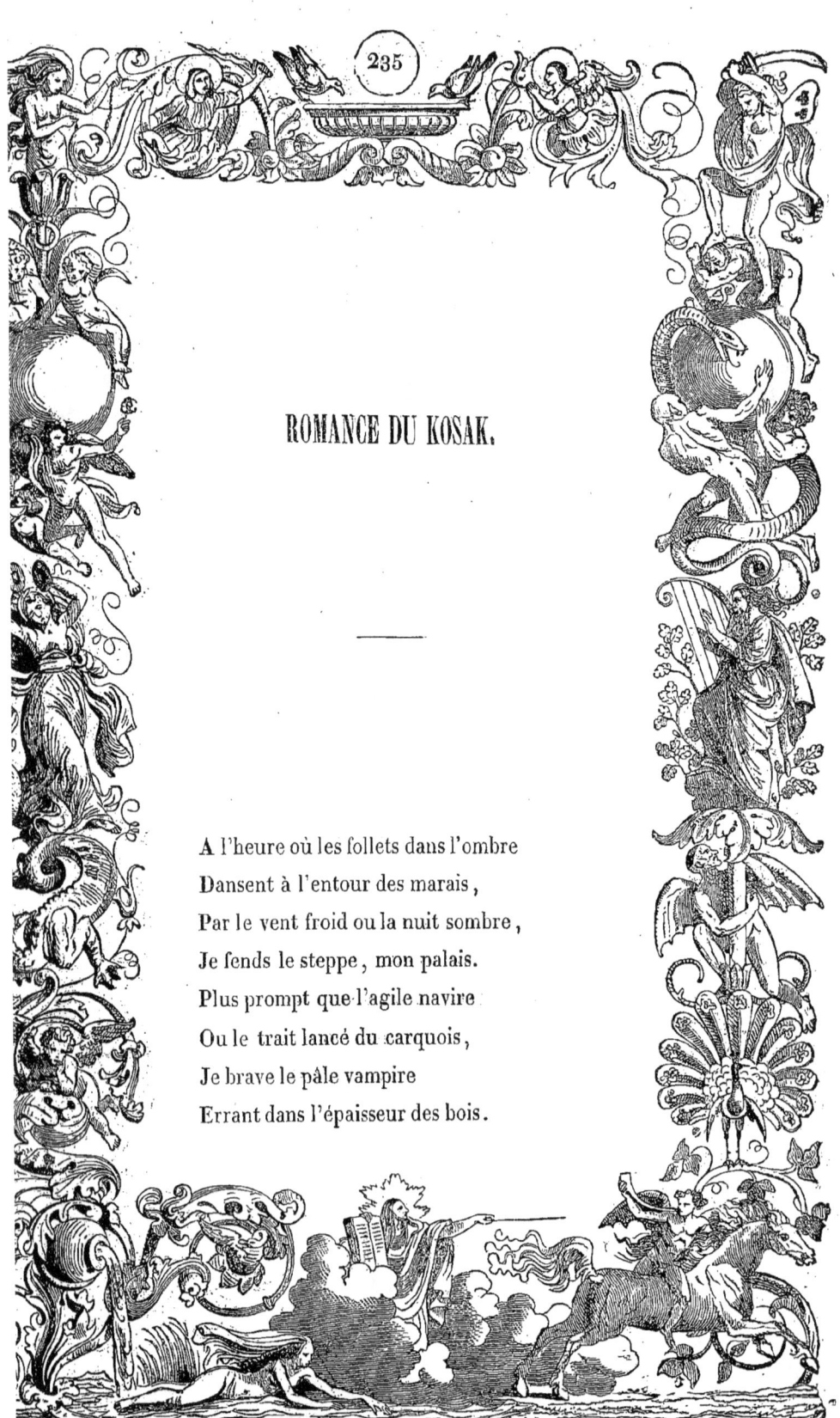

## ROMANCE DU KOSAK.

A l'heure où les follets dans l'ombre
Dansent à l'entour des marais,
Par le vent froid ou la nuit sombre,
Je fends le steppe, mon palais.
Plus prompt que l'agile navire
Ou le trait lancé du carquois,
Je brave le pâle vampire
Errant dans l'épaisseur des bois.

Hurra! mon cheval a des ailes.
Libre, je devance l'oiseau
Dans ces régions éternelles
Qu'entoure un glacial bandeau.
Par les solitudes dormantes
Je vois courir, doux voyageur,
Le sumak aux cornes luisantes
Sur les bords du fleuve enchanteur.

A l'heure où brille la fougère,
Couché sous l'aile des autans,
Je ris de la vieille sorcière
Qu'invoquent les tristes amants.
Si la chouette prophètesse
Chante mon funèbre destin,
La fleur qui bannit la tristesse
Préside à mon dernier festin.

LE LÉKIE ET LA ROUSALKIS.

## ADIEU DE LA JEUNE SLAVE.

Tu me fuis, chasseur intrépide.
Tiens, emporte ce talisman.
Il brisera l'aile homicide
De Czernobog et de Polkan.
Reviens avant que les ténèbres
Baignent les monts et les ravins,
Car mille visions funèbres
Se répandent sur les chemins.

N'attends pas l'heure où loin des âtres
Errent les nymphes de la nuit,
Syrènes aux cheveux verdâtres,
Dont le pas léger vous poursuit.
Parfois elles quittent les rives
Pour courir les antres secrets,
Et former leurs rondes lascives
Avec les esprits des forêts.

Si tu rencontrais ces génies,
Effroi du pauvre voyageur,
Jamais de douces harmonies
Ne viendraient réjouir ton cœur.
Tu ne verrais plus ta contrée
Ni le dieu fleuri du printemps
Secouant sa robe azurée,
Ni mes yeux fermés pour longtemps.

# BALLADES SERVIENNES.

## NOTICE SUR LES BALLADES SERVIENNES.

La Servie a, comme la Scandinavie, ses chants populaires, chants pleins de grâce et de naïveté, composés en partie par les femmes, miroirs fidèles où revivent ses mœurs et ses traditions. Une des plus intéressantes est celle qui se rattache à la Wila, oréade ou créature fantastique, passée de l'ancienne mythologie slave dans les croyances que professe aujourd'hui cette race chrétienne. On peint les Wilas jeunes, agiles, puissantes, ornées d'une longue chevelure flottante et de voiles blancs, aériens; moitié fées, moitié sibylles, êtres élémentaires, privées d'âme, elles sont accessibles aux passions et à la douleur. L'imagination populaire a peuplé de ces redoutables et gracieux fantômes les montagnes, les lacs, les torrents, le gué des rivières, où elles exercent leur pouvoir; elles se reposent et dansent à l'ombre des forêts. Malheur à l'imprudent qui trouble leurs demeures ombragées, au chanteur avec qui leur caprice lutte en vain pour la beauté du chant! Quelquefois elles combattent avec un guerrier. Marko, fils de roi, le héros de ces contrées, terrassa une d'entre elles. Les Wilas se montrent secourables en plusieurs occasions, surtout lorsqu'elles sont unies par les liens sacrés de l'adoption à ceux qui les invoquent. La première des trois ballades suivantes, la Marjolaine, est imitée des chants serviens, qui ont été traduits en français par madame Élise Voiard. La ballade du Charme est entièrement originale, ou plutôt elle réfléchit le sentiment vierge de cette poésie mystérieuse qu'exprime le tympanon du ménestrel agreste. Le sujet de la troisième ballade est puisé dans l'histoire émouvante d'une jeune fille qui va chercher son frère et son fiancé, au milieu des morts, après la bataille d'Amsel, et apprend leur fin de la bouche d'un de leurs amis expirants. L'image du coucou, que j'ai introduite dans la pièce, retrace la mélancolique superstition des Serviens, qui le regarde comme un emblème de la tendresse fraternelle, du regret et de la douleur. Une ancienne tradition raconte qu'une jeune fille, à force de pleurer la mort de son frère, fut transformée en cet oiseau, dont le cri monotone et doux semble imiter sa plainte lamentable. Le myriologue, dont le rosier pourpré offre un modèle, est une sorte d'élégie funèbre, ordinairement improvisée, que chantent des chœurs de femmes, aux jours de deuil, en Grèce et en Servie. Parmi les différents gages emblématiques usités chez ces peuples, un souvenir de la fable a sans doute conservé aux pommes le symbole de l'amour.

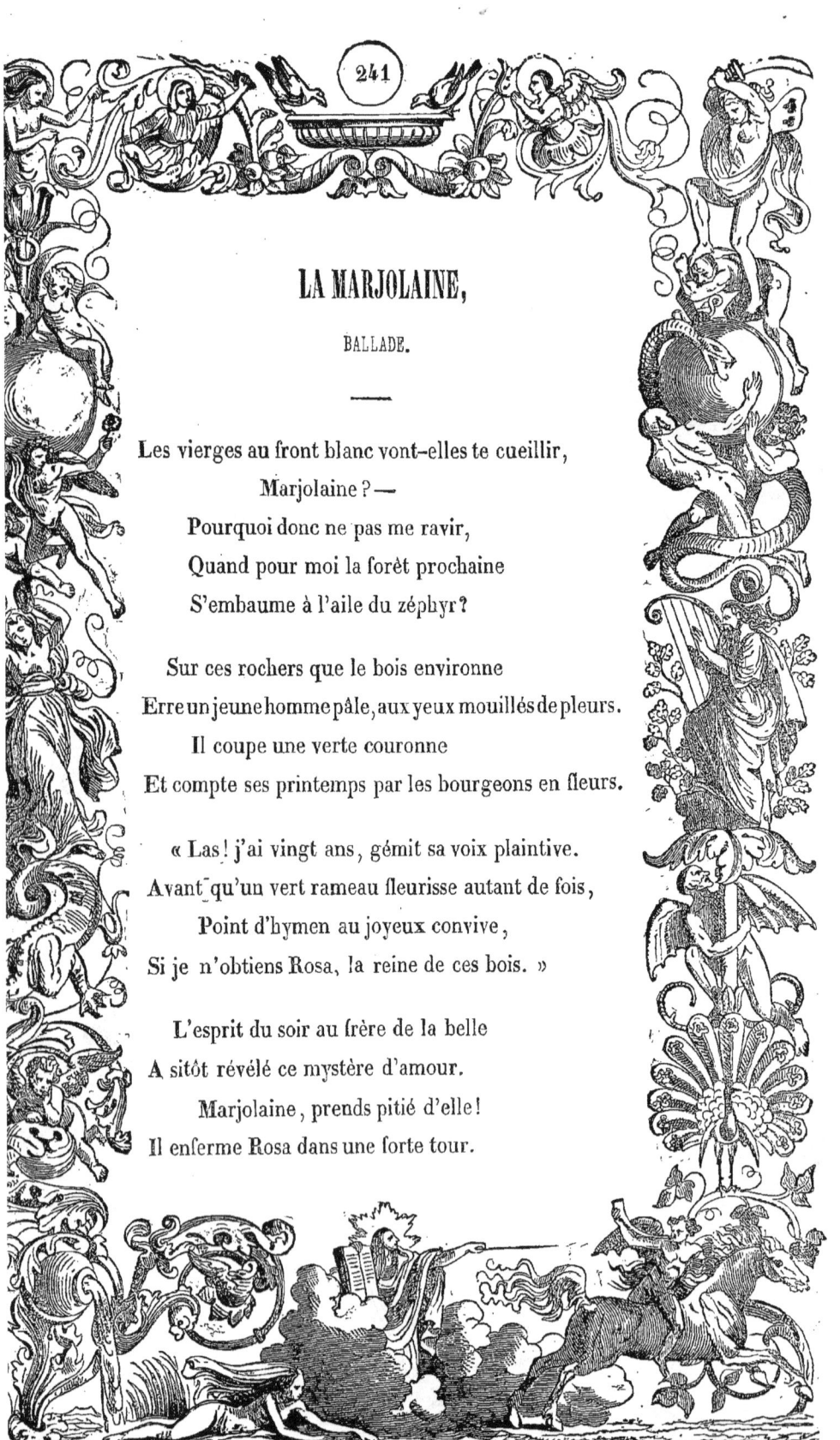

# LA MARJOLAINE,

BALLADE.

---

Les vierges au front blanc vont-elles te cueillir,
      Marjolaine ? —
    Pourquoi donc ne pas me ravir,
    Quand pour moi la forêt prochaine
    S'embaume à l'aile du zéphyr ?

    Sur ces rochers que le bois environne
Erre un jeune homme pâle, aux yeux mouillés de pleurs.
      Il coupe une verte couronne
Et compte ses printemps par les bourgeons en fleurs.

« Las ! j'ai vingt ans, gémit sa voix plaintive.
Avant qu'un vert rameau fleurisse autant de fois,
      Point d'hymen au joyeux convive,
Si je n'obtiens Rosa, la reine de ces bois. »

    L'esprit du soir au frère de la belle
A sitôt révélé ce mystère d'amour.
      Marjolaine, prends pitié d'elle !
Il enferme Rosa dans une forte tour.

La jeune fille, en sa tour prisonnière,
Implore la Wila, la fée aux ailes d'or.
« Accorde à ma tendre prière
Un vent de la montagne aussi doux que le cor.

» Dis-lui d'ouvrir cette prison obscure.
Fais-moi voir en quels lieux erre mon bien-aimé,
S'il est nu-pieds ou sans ceinture,
S'il languit de fatigue ou de soif consumé. »]

La fée envoie un vent de la montagne
Qui vient ouvrir le seuil de la cruelle tour.
La vierge voit dans la campagne
Errer son bien-aimé, l'objet de son amour.

Il n'était point nu-pieds ni sans ceinture,
Et la soif et la faim ne le consumaient pas;
Mais plein de son image pure,
Tel qu'un faon vers sa biche il volait dans ses bras.

Marjolaine,
Les vierges au front blanc vont-elles te cueillir? —
Pourquoi donc ne pas me ravir,
Quand pour moi la forêt prochaine
S'embaume à l'aile du zéphyr?

# LE JOUEUR DE TYMPANON,

### BALLADE.

A l'ombre des mûriers sauvages
Où dansent les blanches Wilas,
　　Là-bas,
Quand passent de légers nuages,
Je reviens chaque soir,
Attiré par un secret charme.
Dans mon œil ruisselle une larme;
Mais ce n'est pas le désespoir.

Les rayons dorés de la lune
Glissent à travers les rameaux.
　　Les eaux
S'argentent en baignant la dune,
　Et le chantre du soir
Par ses accords module un charme.
Dans mon œil ruisselle une larme;
Mais ce n'est pas le désespoir.

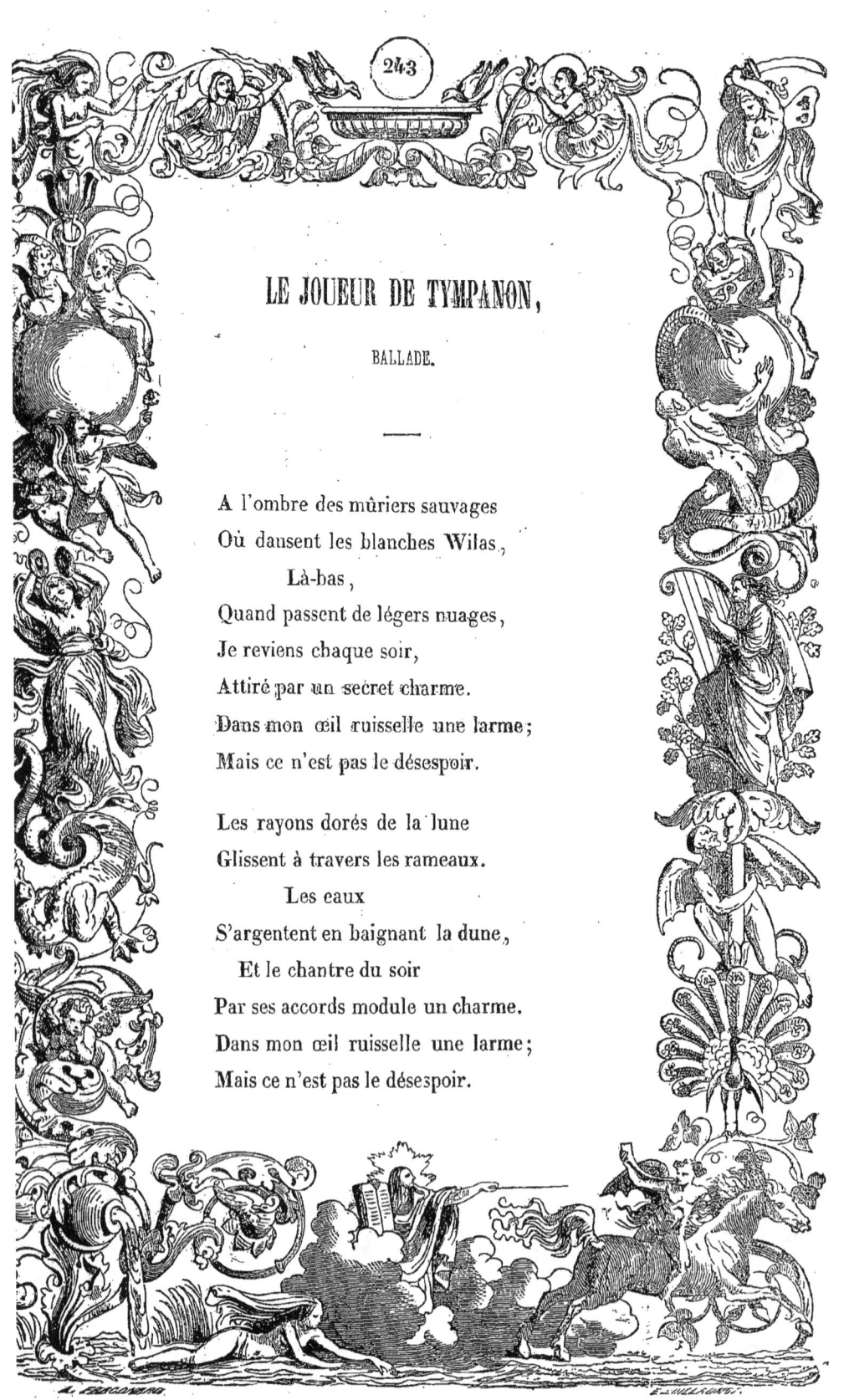

Les esprits mêlent leur mystère
Aux nocturnes enchantements,
Dormants
Et dans l'espace et sur la terre.
Le délire inconnu du soir
Sur mon tympanon jette un charme.
Dans mon œil ruisselle une larme;
Mais ce n'est pas le désespoir.

---

## LA WILA.

Qui vole dans les airs, pareil à la tempête,
Ses longs cheveux flottants, un voile sur la tête?
　　Est-ce une fée avec son aigle roux?
Malheur au pèlerin, objet de son courroux,
Pour avoir profané sa retraite ombrageuse!...
C'est la Wila, superbe, agitant un carquois,
　　Et d'une course impétueuse
S'envolant vers son lac au-dessus des grands bois.

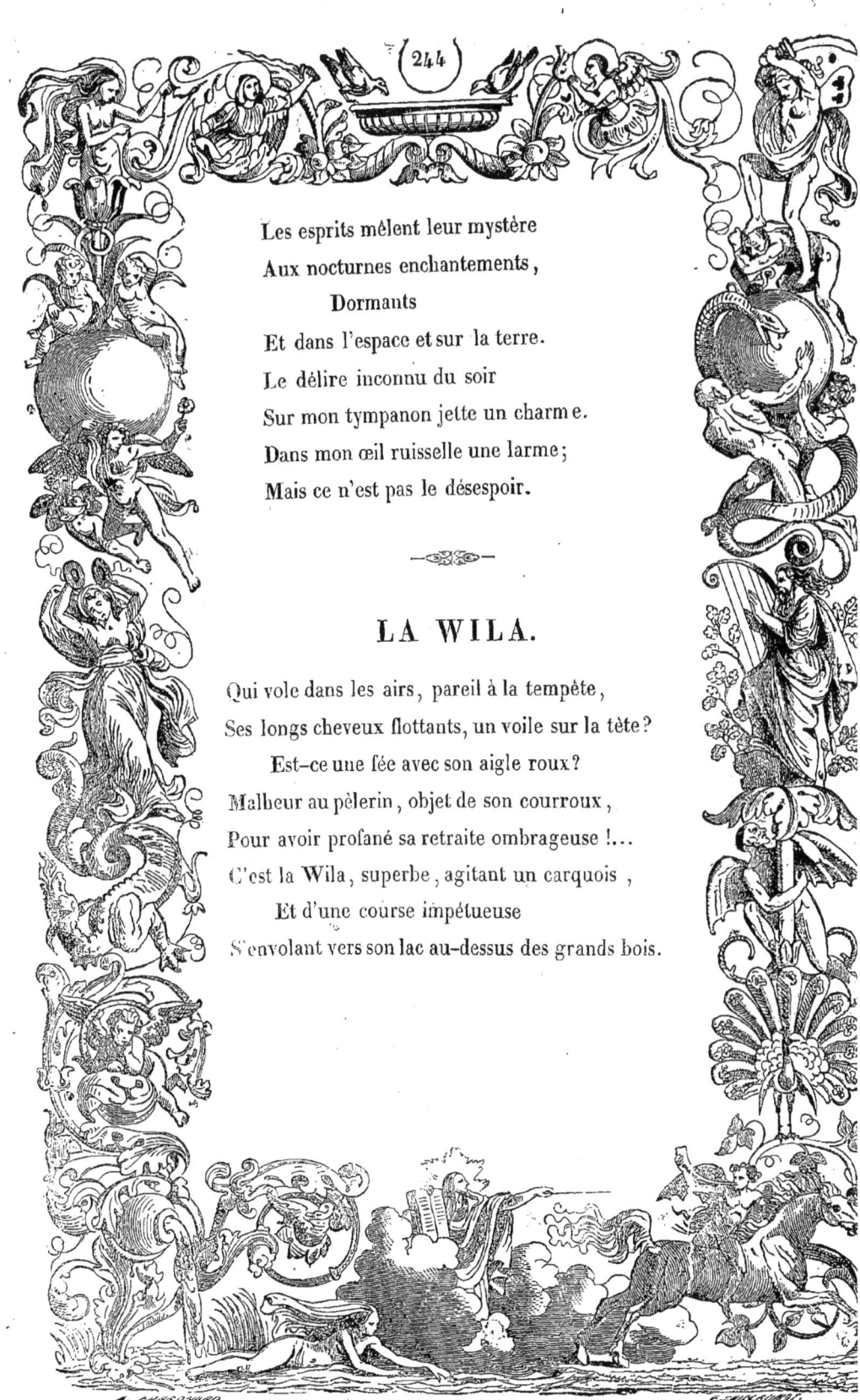

LA WILA.

## LA JEUNE FILLE SUR LE CHAMP DE BATAILLE,

### BALLADE.

« Parmi les cavaliers couchés dans la poussière,
Où vais-je? où retrouver mon fiancé, mon frère?

» Hélas! que de débris épars!
Quels beaux fronts couverts de blessures!
Je vois les sanglants étendards
Renversés avec les armures.
Qui gémit là sur le chemin?
Pour ranimer le corps débile,
Je porte deux vases d'argile,
L'un rempli d'eau, l'autre de vin.

» Parmi les cavaliers couchés dans la poussière,
Où vais-je? où retrouver mon fiancé, mon frère?

» Le maître gît près du coursier.
Maudite soit la guerre impie!
Sous le glas du fer meurtrier
La foule entière est assoupie.
Hier, ces chasseurs au soleil
Remplissaient la joyeuse amphore...
Grand Dieu! si l'un d'eux vit encore,
Voici du pain pour son réveil.

» Parmi les cavaliers couchés dans la poussière,
Où vais-je? où retrouver mon fiancé, mon frère?

» Mon cœur a froid! Les noirs corbeaux
Au loin promènent leurs volées.
Pauvres veuves! que de tombeaux!
Combien de mères désolées!
Les coucous pleurent au vallon.
Mes pas chancellent sur l'arène;
Du courage!—un blessé se traîne;—
De Johann c'est le compagnon.

» Parmi les cavaliers couchés dans la poussière,
Où vais-je? où retrouver mon fiancé, mon frère? »

« — Dans ces espaces dévastés,
N'avance pas, fille timide;

Là-bas, aux lieux ensanglantés
Où triomphe la mort livide,
Sont étendus nos deux amis. —
Soutiens ma tête qui se penche. —
L'un porte ton écharpe blanche,
Et l'autre une croix de rubis. »

« — Parmi les cavaliers couchés dans la poussière,
Où vais-je? Allons revoir mon fiancé, mon frère.

» Adieu, Milosch! mon cher parrain!
Demain luira la jeune aurore.
Nous ne la verrons plus demain.
Pleure, coucou; larmes, roulez encore.
De Johann j'ai gardé l'anneau.
Voici les deux guerriers ensemble.
Heureux ceux que la mort rassemble !
Mon lit de noce est un tombeau.

» Parmi les cavaliers couchés dans la poussière,
Dormons. J'ai retrouvé mon fiancé, mon frère. »

# LE ROSIER POURPRÉ,

MIRIOLOGUE.

Un jeune homme, une vierge, unis par la tendresse,
Comme la tourterelle aime son tourtereau
S'aimaient. Ils se baignaient dans le même ruisseau,
Et des mêmes parfums enivraient leur jeunesse.
Dieu les avait créés pour être unis toujours.
Un an sur leur secret jeta son heureux voile.
Mais les parents instruits, brisant leurs purs amours,
Séparèrent deux cœurs qu'assemblaient tant de jours.
Alors pour messager l'amant prit chaque étoile
Et la chargea de dire en son rayon divin :
« Avant le second soir, meurs, o ma bien-aimée !
Moi, j'irai te rejoindre au soufle du matin. »
Ce qu'il dit arriva. L'étoile vit s'éteindre
La vierge au second soir, à l'aube son amant ;
Sur son lit nuptial la mort vint les étreindre,
Couchés l'un près de l'autre en son embrassement.
Dans leurs doigts enlacés on mit des pommes vertes.
Du tombeau du jeune homme un sapin éploré
Jaillit, quand du printemps les fleurs furent ouvertes ;
De celui de la vierge, un beau rosier pourpré.
Ils s'inclinaient tous deux sur leurs couches désertes.
Au sapin verdoyant la rose s'unissait
Comme un ruban de soie environne un bouquet.

# LA DANSE DES MORTS,

LÉGENDE FANTASTIQUE.

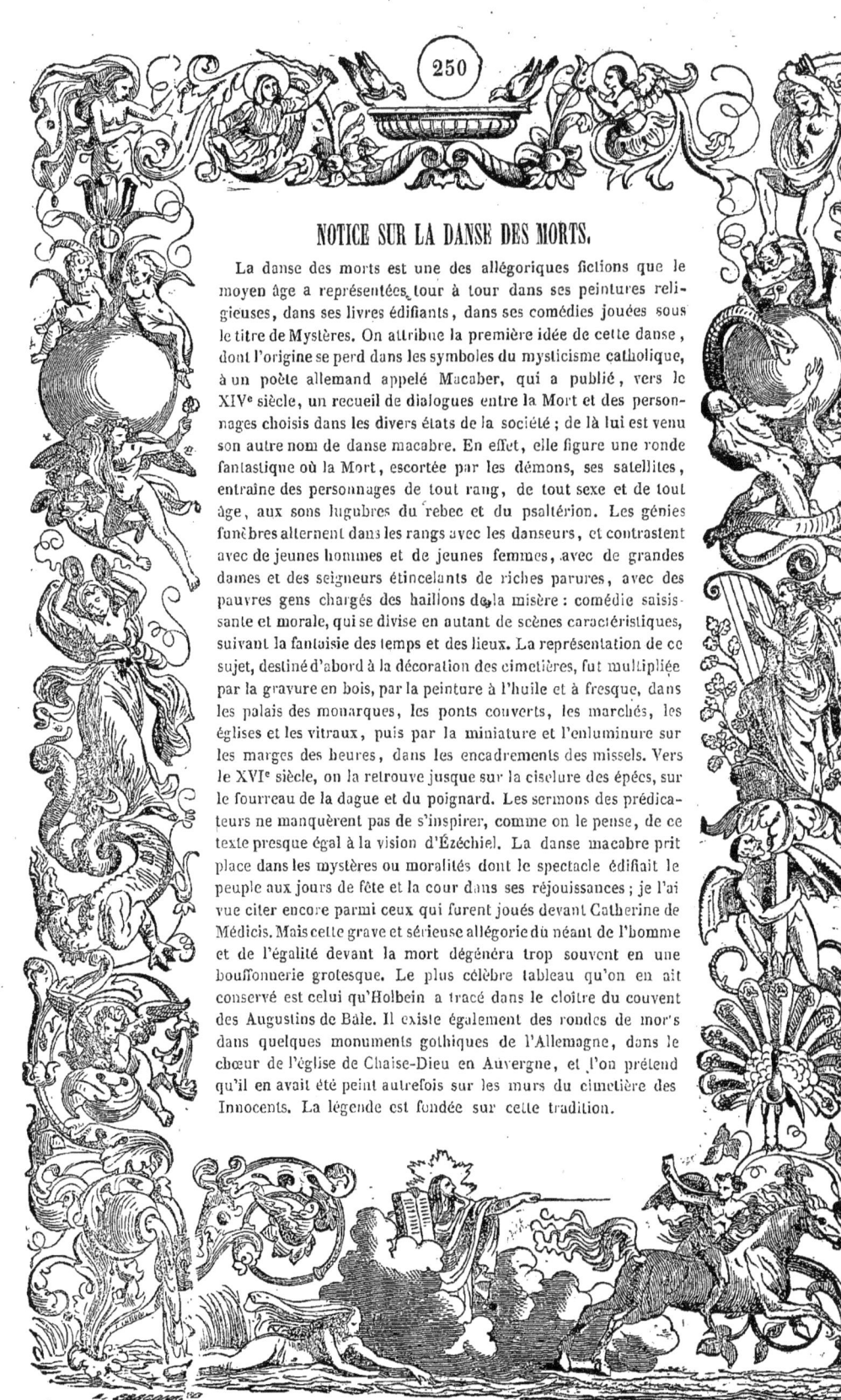

## NOTICE SUR LA DANSE DES MORTS.

La danse des morts est une des allégoriques fictions que le moyen âge a représentées tour à tour dans ses peintures religieuses, dans ses livres édifiants, dans ses comédies jouées sous le titre de Mystères. On attribue la première idée de cette danse, dont l'origine se perd dans les symboles du mysticisme catholique, à un poète allemand appelé Macaber, qui a publié, vers le XIV$^e$ siècle, un recueil de dialogues entre la Mort et des personnages choisis dans les divers états de la société ; de là lui est venu son autre nom de danse macabre. En effet, elle figure une ronde fantastique où la Mort, escortée par les démons, ses satellites, entraîne des personnages de tout rang, de tout sexe et de tout âge, aux sons lugubres du rebec et du psaltérion. Les génies funèbres alternent dans les rangs avec les danseurs, et contrastent avec de jeunes hommes et de jeunes femmes, avec de grandes dames et des seigneurs étincelants de riches parures, avec des pauvres gens chargés des haillons de la misère : comédie saisissante et morale, qui se divise en autant de scènes caractéristiques, suivant la fantaisie des temps et des lieux. La représentation de ce sujet, destiné d'abord à la décoration des cimetières, fut multipliée par la gravure en bois, par la peinture à l'huile et à fresque, dans les palais des monarques, les ponts couverts, les marchés, les églises et les vitraux, puis par la miniature et l'enluminure sur les marges des heures, dans les encadrements des missels. Vers le XVI$^e$ siècle, on la retrouve jusque sur la ciselure des épées, sur le fourreau de la dague et du poignard. Les sermons des prédicateurs ne manquèrent pas de s'inspirer, comme on le pense, de ce texte presque égal à la vision d'Ézéchiel. La danse macabre prit place dans les mystères ou moralités dont le spectacle édifiait le peuple aux jours de fête et la cour dans ses réjouissances ; je l'ai vue citer encore parmi ceux qui furent joués devant Catherine de Médicis. Mais cette grave et sérieuse allégorie du néant de l'homme et de l'égalité devant la mort dégénéra trop souvent en une bouffonnerie grotesque. Le plus célèbre tableau qu'on en ait conservé est celui qu'Holbein a tracé dans le cloître du couvent des Augustins de Bâle. Il existe également des rondes de mor's dans quelques monuments gothiques de l'Allemagne, dans le chœur de l'église de Chaise-Dieu en Auvergne, et l'on prétend qu'il en avait été peint autrefois sur les murs du cimetière des Innocents. La légende est fondée sur cette tradition.

LA DANSE DES MORTS.

## LA DANSE DES MORTS.

Les morts volent, dit la ballade.
Où vont-ils? où vont-ils, hélas?
　　Où va le glas
De la funèbre sérénade!...

Dans l'île verte, au château du vieux roi,
Le rire éclate et le son des fanfares.
Est-ce la chasse et ses rondes bizarres
De noirs esprits? Non, non, c'est le tournoi.

Le vieux monarque en ce jour d'allégresse
Donne festins, jeux, bals et carrousels.
Sa blanche fille, amour de sa vieillesse,
Est fiancée au plus beau des mortels.

Des chevaliers scintillent les bannières.
Pages, héraults, font retentir le cor.
Les fiers coursiers agitent leurs crinières.
Gloire au vainqueur! Salut, jeune Timor!

« Que la musique annonce au loin la danse ! »
Dit le vieux roi. Sous les vastes lambris
Les violons s'animent en cadence ;
Le bal s'allume aux regards éblouis.

Gai ménestrel, chante les nobles dames.
Les fiancés se mêlent dans les jeux.
Tout brille et rit, parfums, roses et flammes,
Et le vieux roi verse des pleurs joyeux.

Un cavalier soudain entre à la fête.
Son pas sinistre y fait glisser l'effroi.
Couvert d'un masque, il incline la tête
Et vient prier la fille du vieux roi.

Ceinte de fleurs, la jeune fiancée
Suit l'étranger dans les groupes brillants.
Sa trace exhale une haleine glacée ;
Les lustres d'or jettent des feux sanglants.

Des instruments l'étrange mélodie
Ressemble au glas qu'emporte l'aquilon,
Au sourd tam-tam d'un lugubre incendie,
Au cri des flots roulant leur tourbillon.

Seul, le monarque entend ces noirs augures.
Aux grands frontons de la salle du bal
Des morts sculptés se dressent les figures,
Et le beffroi tinte un air infernal.

L'agile couple, entraîné par la ronde,
Guide l'essaim des danseurs fugitifs ;
Et le vieux roi, que la douleur inonde,
Leur tend les bras avec des cris plaintifs.

Le cavalier vers lui court et le touche :
« Tu veux les suivre ? Eh bien ! va, lui dit-il ;
Jeunes beautés, dont le fard teint la bouche,
Escortez-les dans leur lointain exil. »

Spectre masqué, tandis que le glas pleure,
Le cavalier les touche tour à tour ;
Et chaque fois que sa main les effleure,
La voix du deuil résonne dans la tour.

Hors du château qu'entourent les nuages,
La mort conduit le funèbre concert,
Ducs, ménestrels, dames, varlets et pages ;
Fleurs et bijoux jonchent le sol désert.

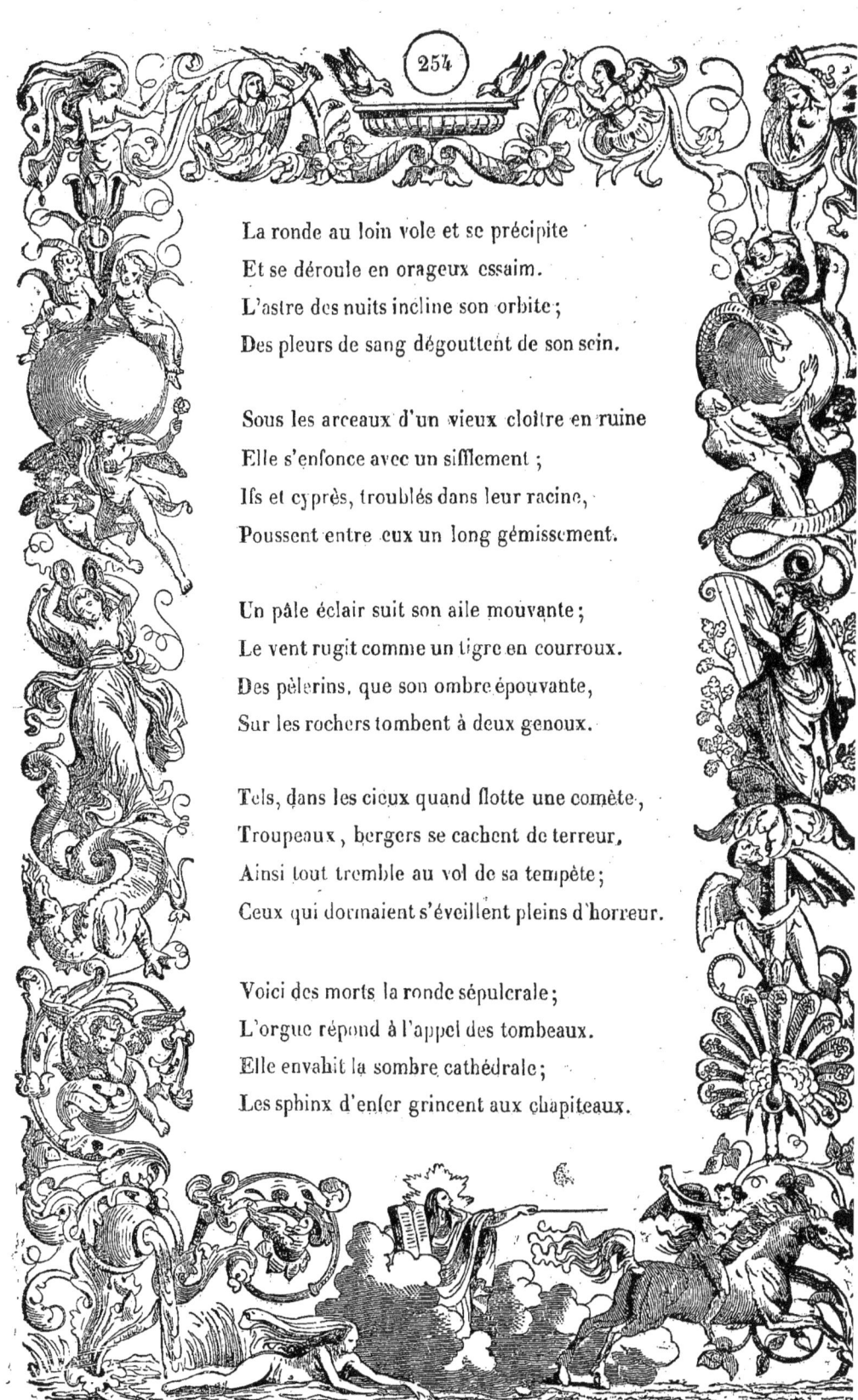

La ronde au loin vole et se précipite
Et se déroule en orageux essaim.
L'astre des nuits incline son orbite ;
Des pleurs de sang dégouttent de son sein.

Sous les arceaux d'un vieux cloître en ruine
Elle s'enfonce avec un sifflement ;
Ifs et cyprès, troublés dans leur racine,
Poussent entre eux un long gémissement.

Un pâle éclair suit son aile mouvante ;
Le vent rugit comme un tigre en courroux.
Des pèlerins, que son ombre épouvante,
Sur les rochers tombent à deux genoux.

Tels, dans les cieux quand flotte une comète,
Troupeaux, bergers se cachent de terreur,
Ainsi tout tremble au vol de sa tempête ;
Ceux qui dormaient s'éveillent pleins d'horreur.

Voici des morts la ronde sépulcrale ;
L'orgue répond à l'appel des tombeaux.
Elle envahit la sombre cathédrale ;
Les sphinx d'enfer grincent aux chapiteaux.

Quels longs soupirs dans les tombes sonores !
Les cris, les pleurs se mêlent par élan.
Des feux follets, effrayantes aurores,
Le chœur s'assemble au char de l'ouragan.

Où les hiboux sommeillent, elle passe,
La ronde ardente, écho du désespoir.
Leur vol confus bourdonne sur sa trace ;
Des hauts clochers elle atteint le pic noir.

Loin de la flèche et de la tour livide,
Elle s'élance à la cime des monts,
Et l'on croit voir sur la vapeur perfide
Passer le char des nocturnes démons.

Elle franchit le Broken fantastique
Où la sorcière évoque le sabbat,
Et les glaciers de l'Islande magique,
Et les sommets où l'aigle roi s'abat ;

Plus loin qu'Atlas aux mornes symphonies,
Plus loin encor que le froid Démavan,
Et tous les monts hantés par les génies,
Et Ténériffe où bouillonne un volcan ;

31*

Elle s'envole au-dessus des nuées,
La ronde immense, aux replis vagabonds;
Elle tournoie aux sphères étoilées,
Comme la Wuïvre en ses gouffres profonds.

Près des soleils, où rayonnent les anges,
Dans les chemins où tomba Lucifer,
Elle répand ses lugubres phalanges,
Depuis le ciel jusqu'au seuil de l'enfer.

A son aspect les planètes gémissent,
Et la douleur suspend l'hymne d'amour.
Pleines de deuil, les étoiles pâlissent
En murmurant : Nous te suivrons un jour.

La ronde immense et grandit et se plonge
De monde en monde avec un triste son.
Comme un linceul, son spectre se prolonge
Dans l'infini sur la création.

Les morts volent, dit la ballade.
Où vont-ils? où vont-ils, hélas?
    Où va le glas
De la funèbre sérénade!...

LA FLEUR MAGIQUE.

## NOTICE SUR LA FLEUR MAGIQUE.

La mandragore, plante narcotique, aux grandes fleurs d'un blanc purpurin, passait autrefois pour une fleur magique, douée de puissantes vertus. On la voit se mêler aux sombres enchantements des Thessaliennes, aux philtres d'amour des Orientaux, aux charmes nocturnes des sorcières du moyen âge. Les croyances cabalistiques et populaires lui attribuaient la merveilleuse faculté de chanter à minuit. Ceux qui l'entendaient connaissaient l'avenir. Le plus souvent elle était censée croître sur le tombeau d'une jeune fille morte d'amour, ou d'un voyageur assassiné. Les magiciennes, armées d'une petite serpe, les cheveux dénoués, les pieds nus, allaient la cueillir au clair de lune, en observant des cérémonies particulières. La fleur répandait du sang au moment où on la séparait de sa tige. Parmi les autres plantes ou fleurs, objets des incantations de la science occulte, nous citerons la verveine, la colchique, la sanguinaire; elles avaient presque toutes des propriétés narcotiques et vénéneuses.

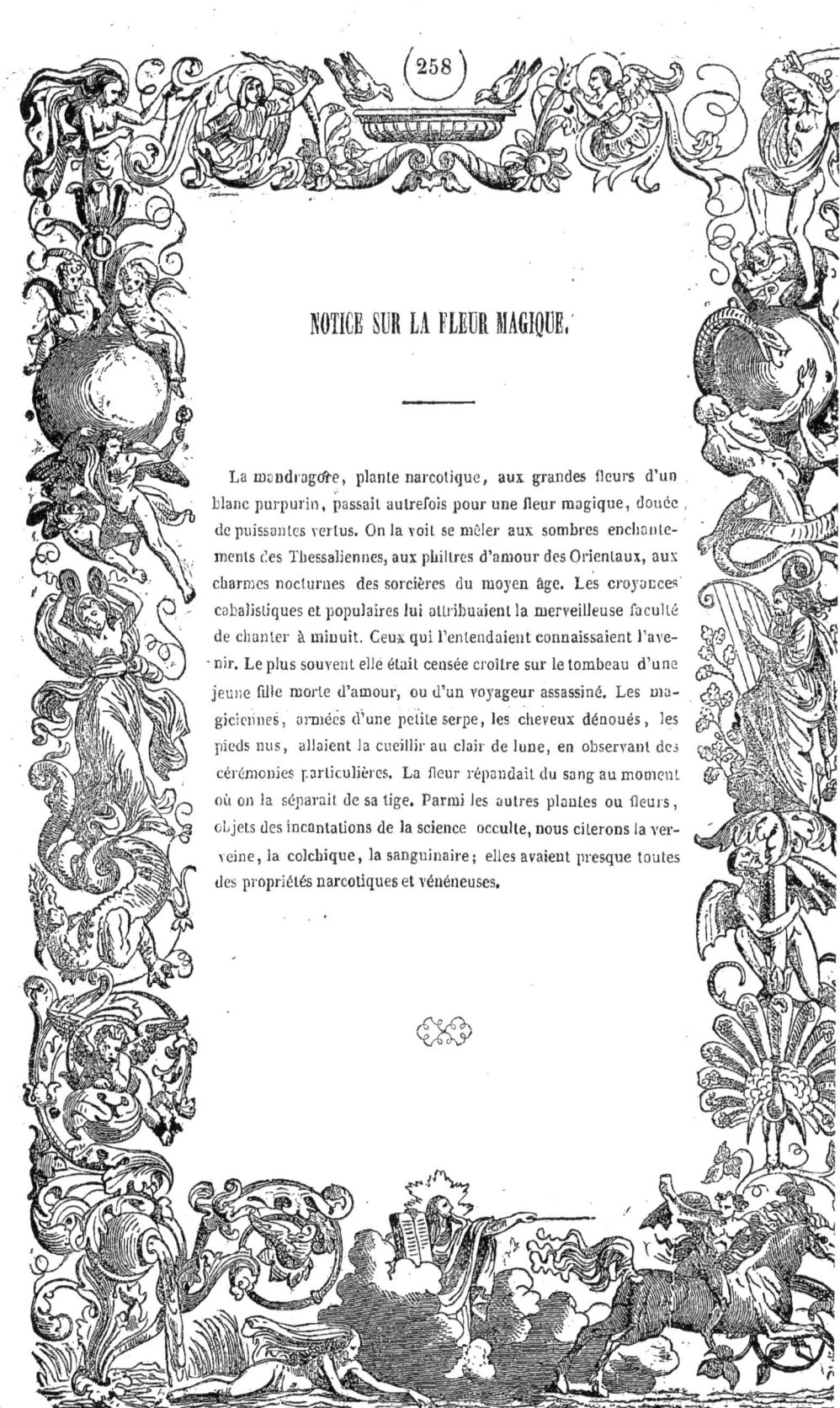

LA MAGICIENNE.

## LA FLEUR MAGIQUE.

La blanche lune, au croissant argenté,
Enchante l'onde et les vertes collines.
L'insecte dort sur l'épi velouté.
La fleur des nuits ouvre ses étamines.
Le lampiris lui prête sa clarté.
La conque parle aux syrènes marines.
Nocturne hécate, immortelle Astarté,
Viens-tu guider les essences divines
Ou les amours d'une pâle beauté ?


Je te salue, amante des mystères.
Mais quel soupir agite les roseaux ?
Là-bas qui pleure en ces vals solitaires ?
Est-ce la voix de la brise ou des eaux,
Du rossignol la plainte enchanteresse ?
Serait-ce toi, rêveuse trouverresse,
Qui viens gémir ton amour aux ruisseaux ?
Zéphyrs, silence... Aux feux du météore,
J'entends chanter la triste mandragore.

## LA MANDRAGORE.

Voici l'heure mystérieuse.
La lune a partagé son cours.
Sur la terre silencieuse
Tout dort, mais non les cœurs qu'ont blessés les amours,
Ou la douleur, vampire ailé des jours.
Descends, jeune magicienne.
Je module au désert ma plainte aérienne.

Toi qui dois lire dans mon sein,
Viens couper ma tige brillante !
Je rougirai ta main tremblante.
Ainsi le sang du meurtre inonde l'assassin.
Déjà chaque étoile m'appelle ;
Des nocturnes esprits glisse le chœur fidèle.

Viens, sorcière, accours à ma voix.
Là repose une fiancée
Plus blanche que le lis des bois.
Au lieu des fleurs d'hymen, j'orne sa nuit glacée.
Je suis seule à pleurer sa mort.
Je vais périr comme elle et tu suivras mon sort.

L'ANGE REPENTANT.

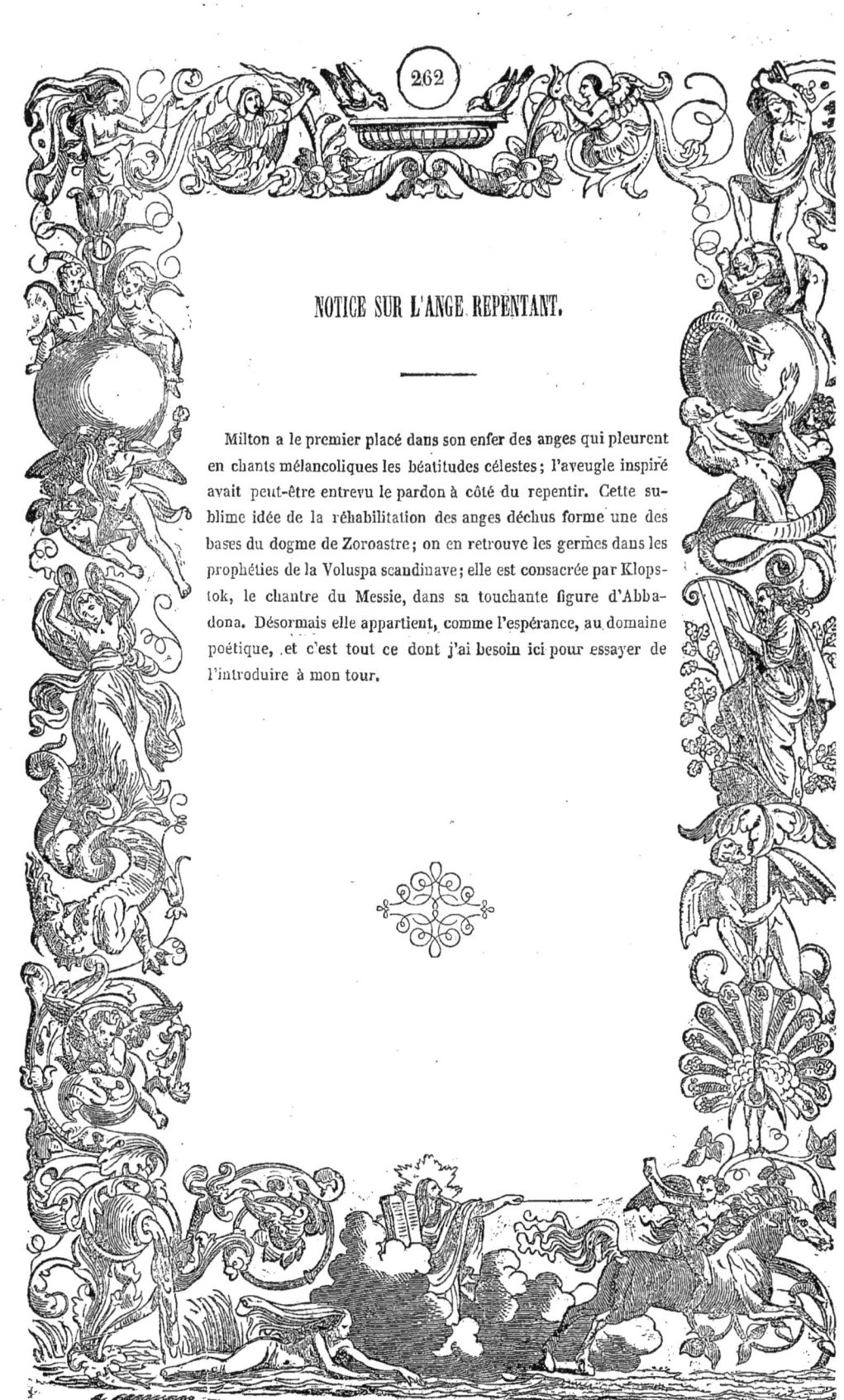

## NOTICE SUR L'ANGE REPENTANT.

Milton a le premier placé dans son enfer des anges qui pleurent en chants mélancoliques les béatitudes célestes; l'aveugle inspiré avait peut-être entrevu le pardon à côté du repentir. Cette sublime idée de la réhabilitation des anges déchus forme une des bases du dogme de Zoroastre; on en retrouve les germes dans les prophéties de la Voluspa scandinave; elle est consacrée par Klopstok, le chantre du Messie, dans sa touchante figure d'Abbadona. Désormais elle appartient, comme l'espérance, au domaine poétique, et c'est tout ce dont j'ai besoin ici pour essayer de l'introduire à mon tour.

L'ANGE REPENTANT.

# L'ANGE REPENTANT,

ÉPISODE DE L'ENFER.

---

Un ange errait aux portes de l'abîme
Où pour jamais se lamente le crime.
Triste et flétri par sa morne pâleur,
C'était un ange de ténèbres.
Les maudits des plages funèbres
Mêlent leurs grincements au chant de sa douleur.

Ses cheveux noirs flottent sur son épaule,
Voilé pareil au feuillage du saule
Que le vent bat près du lac nébuleux.
Son aile immobile retombe
Comme le marbre d'une tombe ;
Des larmes par torrents s'échappent de ses yeux.

Un luth d'ébène, aux cordes désolées,
Rend sous sa main des notes éplorées
Dont le sanglot répond à ses sanglots ;
　　Sa plainte immortelle, infinie,
　　Parcourt dans sa grave harmonie
L'échelle des soupirs et les râles des flots.


« Tombez, mes pleurs, sans fléchir l'anathème ;
En quel lieu fuir ces gouffres de blasphème
D'où sont bannis l'espérance et l'amour ?
　　Infortuné ! moi j'aime encore ;
　　Le feu du regret me dévore,
Plus ardent mille fois que ceux de ce séjour.


» Tombez, mes pleurs, laves inextinguibles ;
Allez baigner les voûtes insensibles
Des sourds cachots qu'habitent les démons.
　　Lacs embrasés ! hideux complices !
　　Concerts affreux ! cruels supplices !
Dois-je rouler sans fin dans vos noirs tourbillons ?


» Tombez, mes pleurs, comme une froide pluie ;
Vous ruisselez, et nul ne vous essuie
Depuis le jour où j'ai perdu le ciel.

Mes yeux, qu'enivrait sa lumière,
Nagent dans l'ombre meurtrière;
Abîme, remplis-toi de mon deuil éternel.

» Tombez, mes pleurs, comme des dards de flamme...
Ange d'amour que chérissait mon âme,
J'appelle en vain ton regard étoilé !
Tous deux unis dès la naissance,
Nous formions une seule essence;
Dans l'horreur de l'enfer tu m'aurais consolé.

» Tombez, mes pleurs, pareils au météore.
Globes lointains dont j'entrevois l'aurore,
Je n'ose, hélas ! voler vers vos soleils.
Mon front sillonné par la foudre
Cache sa honte dans la poudre;
Ne puis-je m'élancer sur vos trônes vermeils !

» Tombez, mes pleurs, comme des flèches lentes,
Avec les flots des tempêtes brûlantes,
Avec les sons de ce luth gémissant.
Jadis son magique prélude
Soupirait ma béatitude;
Sa voix du désespoir a pris le sombre accent.

» Tombez, mes pleurs, au fond de ces abîmes!
Ange rebelle aux voluptés sublimes,
De Lucifer j'y suivis le malheur.
    Soif de connaître, orgueil funeste,
    Par toi j'ai fui l'Éden céleste;
Par toi je suis déchu du haut de ma splendeur.

» Tombez, mes pleurs! déplorable mélange,
Mon triste aspect effraîrait l'homme et l'ange.
L'astre égaré, sinistre objet d'effroi,
    Dans ses ellipses vagabondes,
    Comète, épouvante les mondes.
Que dis-je? l'homme et l'ange auraient pitié de moi!

» Tombez, mes pleurs, dans l'ardente fournaise;
Mes longs tourments, dont aucun ne s'apaise,
Ne s'éteindront qu'avec ces mers de feux.
    J'ai brisé l'ineffable vase
    Où je m'abreuvais de l'extase;
Mon immortalité se consume en ces lieux.

» Tombez, mes pleurs, tombez, eaux sépulcrales;
Baignez le sein des tombes infernales
Où du Sauveur a brillé le rayon.
    Les âmes justes s'envolèrent

Des limbes que ses pieds touchèrent ;
Pour les anges maudits n'est-il point de pardon?

» Tombez, mes pleurs, en vagues orageuses !
Au seuil hurlant des flammes ténébreuses,
Amaziel, viens voir mes repentirs.
    Heureux près du trône de gloire,
    As-tu donc chassé ma mémoire?
Mon frère... tu le fus... écoute mes soupirs.

» Tombez, mes pleurs, sur ma brûlante couche...
Toi dont le nom expire dans ma bouche,
O Tout-Puissant! suspends mon désespoir ;
    Prends pitié de ta créature.
    Mes maux surpassent la mesure :
Le néant vaudrait mieux que de ne plus te voir ! »

L'ange achevait son hymne lamentable
Que répéta le gouffre inconsolable.
Un astre au loin parut se détacher
    Vers l'exilé des sombres plages ;
    A travers de pâles nuages,
D'un jeune séraphin le front vint se pencher.

« Triste moitié, malheureuse victime
Dont je déplore et l'absence et le crime,

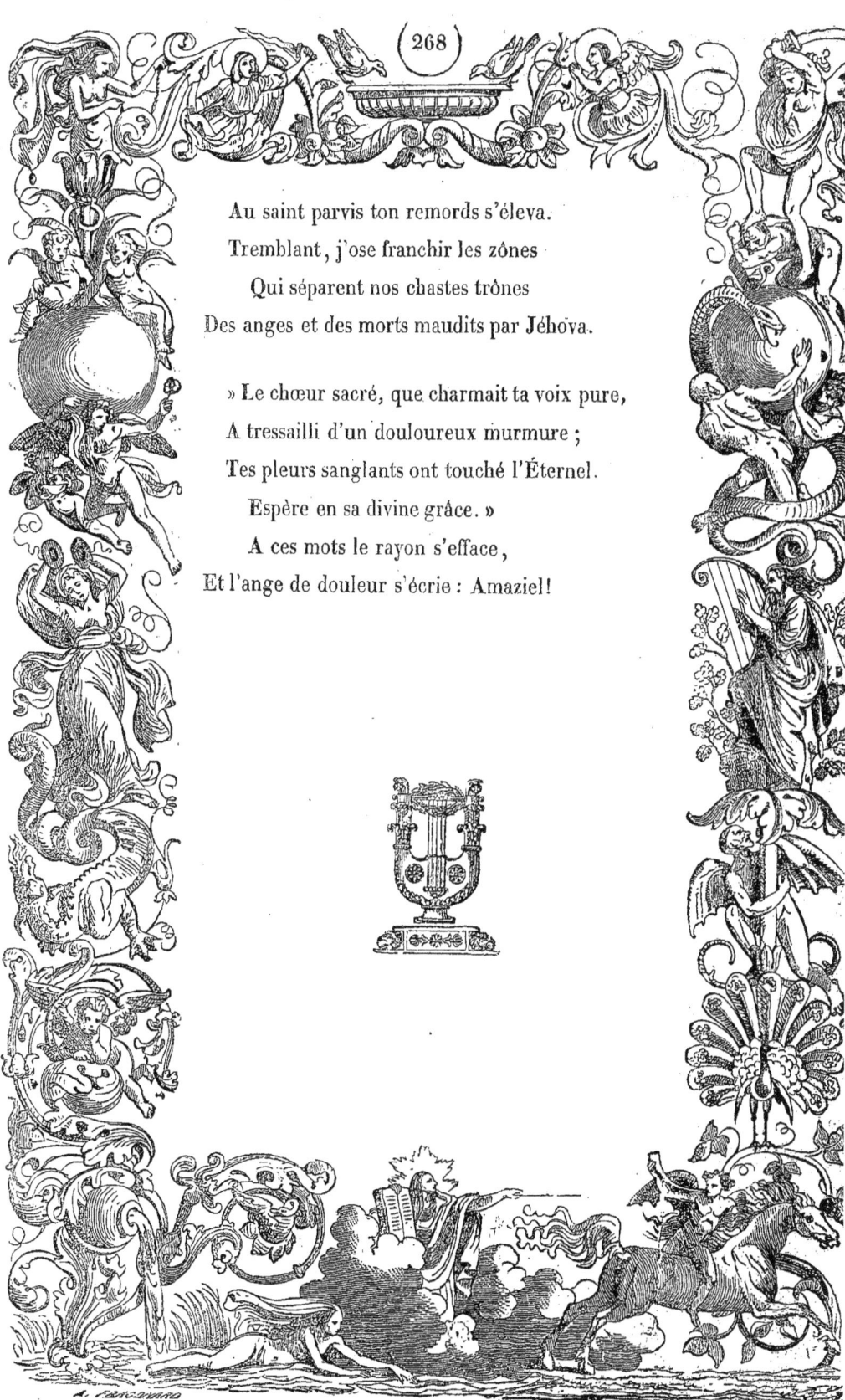

Au saint parvis ton remords s'éleva.
Tremblant, j'ose franchir les zônes
Qui séparent nos chastes trônes
Des anges et des morts maudits par Jéhova.

» Le chœur sacré, que charmait ta voix pure,
A tressailli d'un douloureux murmure ;
Tes pleurs sanglants ont touché l'Éternel.
Espère en sa divine grâce. »
A ces mots le rayon s'efface,
Et l'ange de douleur s'écrie : Amaziel !

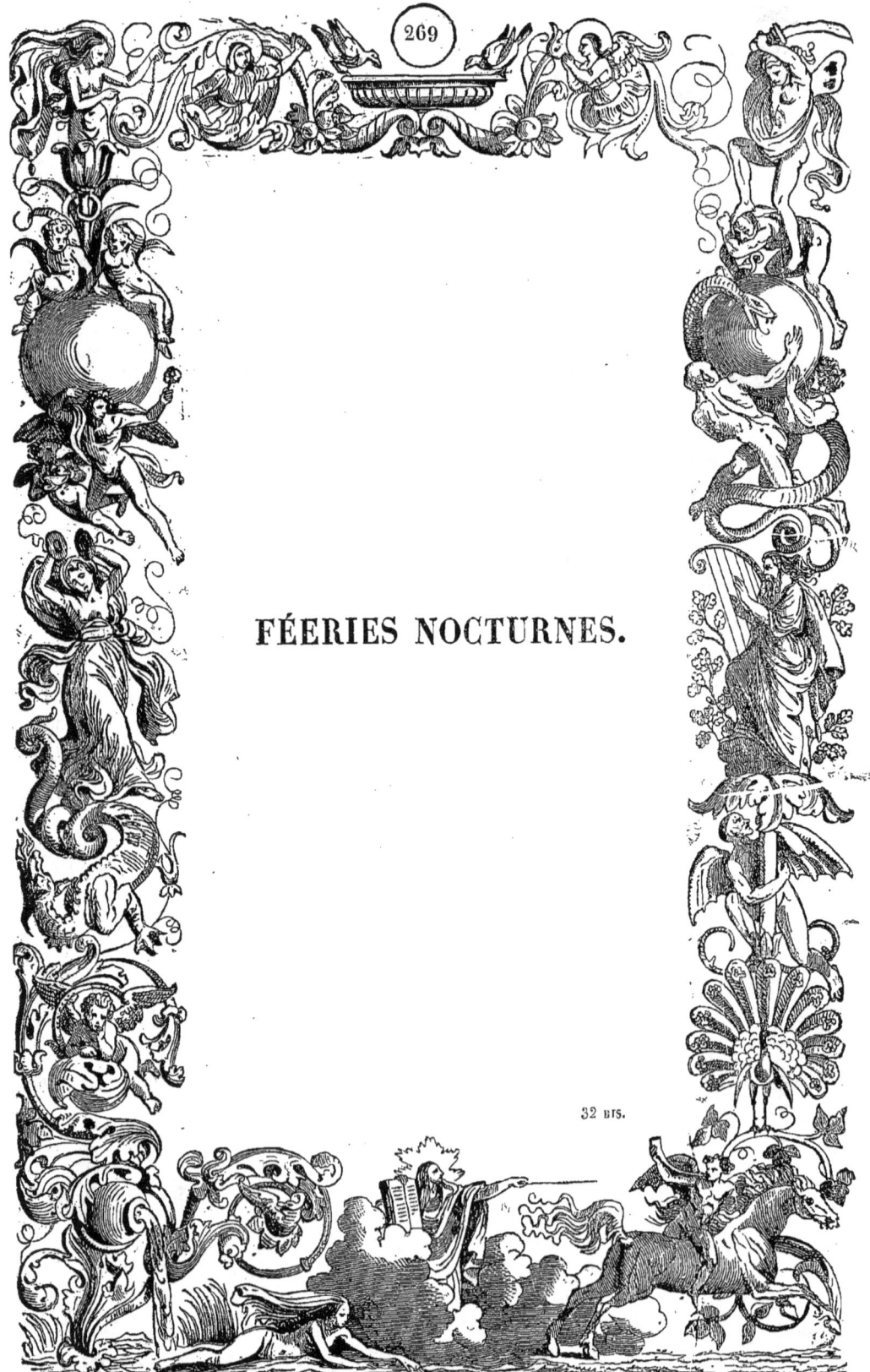

# FÉERIES NOCTURNES.

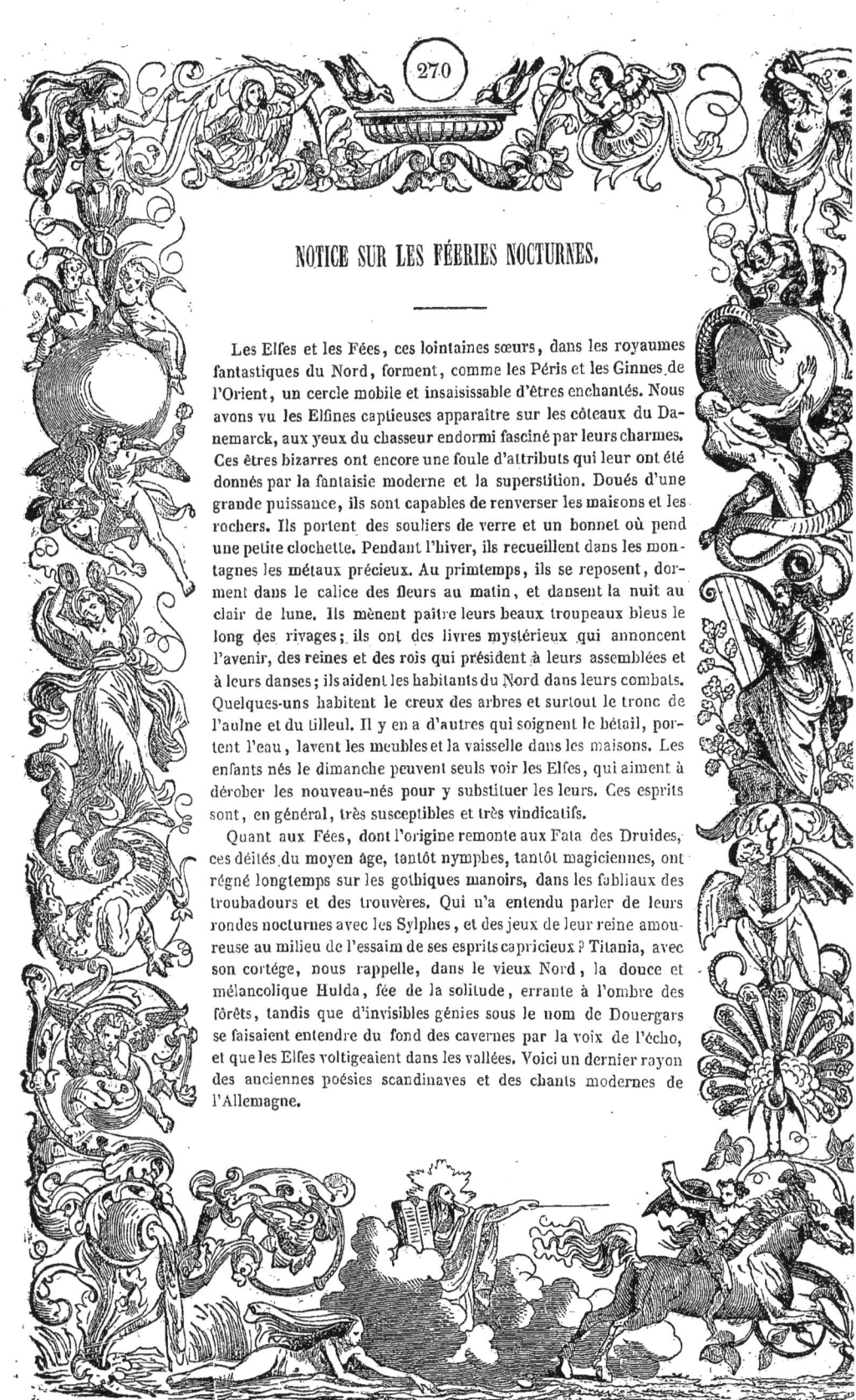

## NOTICE SUR LES FÉERIES NOCTURNES.

Les Elfes et les Fées, ces lointaines sœurs, dans les royaumes fantastiques du Nord, forment, comme les Péris et les Ginnes de l'Orient, un cercle mobile et insaisissable d'êtres enchantés. Nous avons vu les Elfines captieuses apparaître sur les côteaux du Danemarck, aux yeux du chasseur endormi fasciné par leurs charmes. Ces êtres bizarres ont encore une foule d'attributs qui leur ont été donnés par la fantaisie moderne et la superstition. Doués d'une grande puissance, ils sont capables de renverser les maisons et les rochers. Ils portent des souliers de verre et un bonnet où pend une petite clochette. Pendant l'hiver, ils recueillent dans les montagnes les métaux précieux. Au printemps, ils se reposent, dorment dans le calice des fleurs au matin, et dansent la nuit au clair de lune. Ils mènent paître leurs beaux troupeaux bleus le long des rivages; ils ont des livres mystérieux qui annoncent l'avenir, des reines et des rois qui président à leurs assemblées et à leurs danses; ils aident les habitants du Nord dans leurs combats. Quelques-uns habitent le creux des arbres et surtout le tronc de l'aulne et du tilleul. Il y en a d'autres qui soignent le bétail, portent l'eau, lavent les meubles et la vaisselle dans les maisons. Les enfants nés le dimanche peuvent seuls voir les Elfes, qui aiment à dérober les nouveau-nés pour y substituer les leurs. Ces esprits sont, en général, très susceptibles et très vindicatifs.

Quant aux Fées, dont l'origine remonte aux Fata des Druides, ces déités du moyen âge, tantôt nymphes, tantôt magiciennes, ont régné longtemps sur les gothiques manoirs, dans les fabliaux des troubadours et des trouvères. Qui n'a entendu parler de leurs rondes nocturnes avec les Sylphes, et des jeux de leur reine amoureuse au milieu de l'essaim de ses esprits capricieux ? Titania, avec son cortége, nous rappelle, dans le vieux Nord, la douce et mélancolique Hulda, fée de la solitude, errante à l'ombre des forêts, tandis que d'invisibles génies sous le nom de Douergars se faisaient entendre du fond des cavernes par la voix de l'écho, et que les Elfes voltigeaient dans les vallées. Voici un dernier rayon des anciennes poésies scandinaves et des chants modernes de l'Allemagne.

LA REINE DES FÉES.

## LA REINE DES ELFES.

Elfes des forêts, de la plaine,
Elfes des monts, suivez la reine
Sur le gazon perlé des larmes du matin.
Entourés de l'éclat qu'emprunte à la Syrène
Le ver scintillant du ravin,
Accourez à la danse, aux clartés de la lune
Qui se reflète sur la dune.
Ceignez votre front blanc d'un voile vaporeux
Blanchi sur un tombeau sombre et mystérieux.

Venez, accourez à la danse.
Nouez sa légère cadence
Aux lueurs tremblantes du soir.
Prenez pour votre char les toiles argentées
Des brunes araignées,
Ces fileuses du vieux manoir.
Des Elfes voltige la ronde.
Quel pied jamais ne glisse en tournant ici-bas?
Nous, Elfes, nous volons, zéphyrs à l'aile blonde.
Les herbes ne se courbent pas
Sous nos pas.

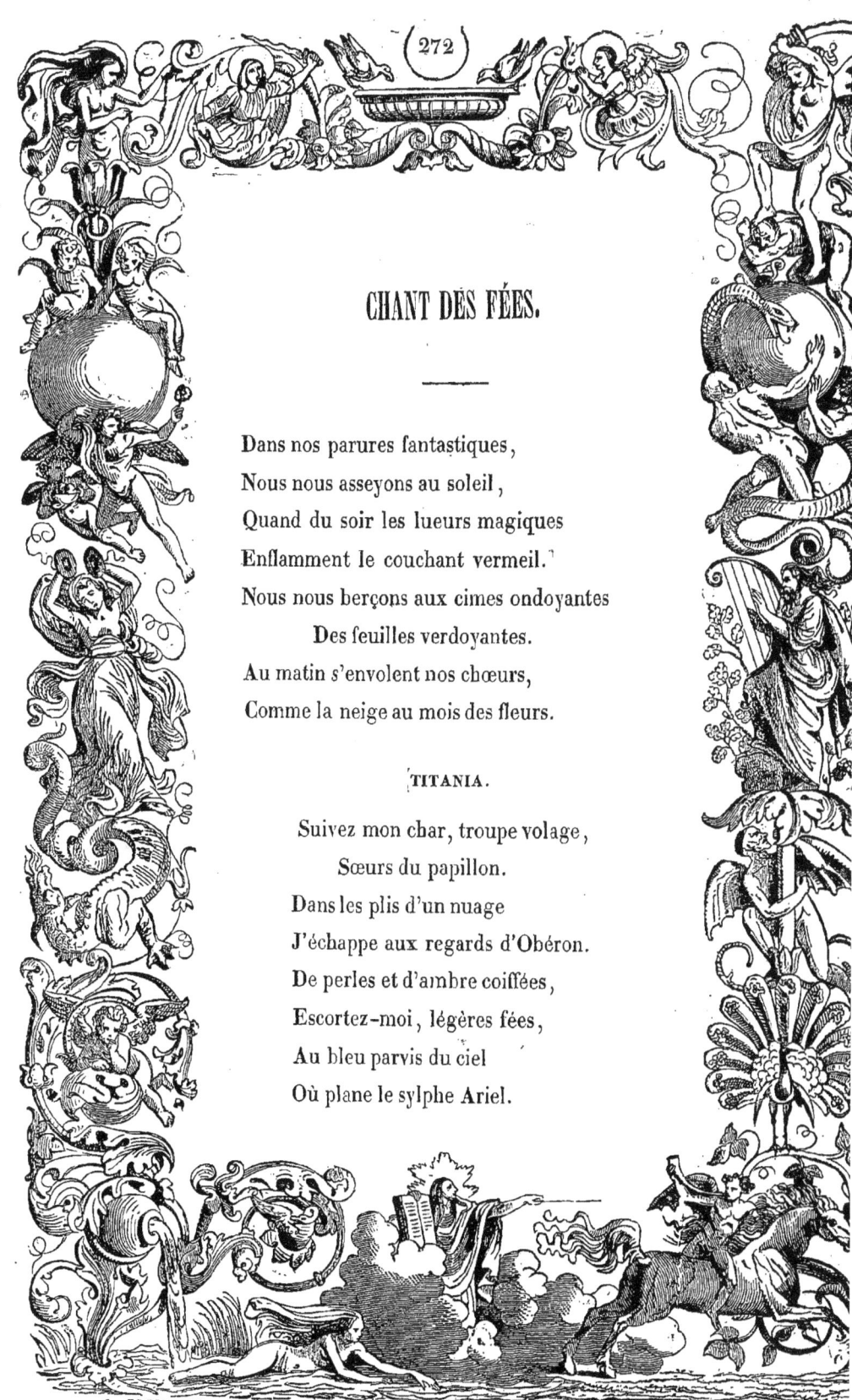

## CHANT DES FÉES.

Dans nos parures fantastiques,
Nous nous asseyons au soleil,
Quand du soir les lueurs magiques
Enflamment le couchant vermeil.
Nous nous berçons aux cimes ondoyantes
    Des feuilles verdoyantes.
Au matin s'envolent nos chœurs,
Comme la neige au mois des fleurs.

### TITANIA.

Suivez mon char, troupe volage,
    Sœurs du papillon.
Dans les plis d'un nuage
J'échappe aux regards d'Obéron.
De perles et d'ambre coiffées,
Escortez-moi, légères fées,
Au bleu parvis du ciel
Où plane le sylphe Ariel.

## BALLADE A LUCIA.

Que le soleil poursuive sa carrière
   Comme un monarque voyageur!
Qu'Astarté verse sa lumière!
   Le monde cherche le bonheur.
Au loin son étoile splendide
   Rayonne où le paon a sa cour;
Partons, dit le marchand avide.
   — Le mien brille en toi, mon amour.


Partons! partons! rêve la jeune fille;
   Le bonheur n'est pas au foyer.
Vers les lieux où l'argent scintille,
   Partons, répète l'ouvrier.
Que le navire ouvre ses ailes!
   Cherchons des dieux, dit le penseur;
Voguons vers des plages nouvelles.
   —Tes dieux sont les miens, o ma sœur.

Le front tourné vers l'astre que j'adore,
Je murmure avec un soupir :
Quand donc paraîtra cette aurore
Promise au céleste avenir ?
Où vont ces bruyants chars de flamme
Qu'on dirait sortis des enfers ?...
Les sylphes meurent, o mon âme.
Tes yeux divins sont mes Fervers.


Adieu, Péris, Elfes mélodieuses,
Filles de la neige ou des fleurs !
J'animai vos perles joyeuses
Avec les gouttes de mes pleurs.
La muse pâle et délaissée
Montre au barde un cyprès obscur.
Embrasse-moi, ma fiancée ;
Retournons tous deux dans l'azur.

# ADDITIONS AUX NOTICES.

D'après les traditions orientales, les Diws et les Péris forment cette race de créatures intermédiaires entre les anges, les hommes et les diables, laquelle est désignée sous le nom générique de génies, ou géants, ou démons, comme l'entendent les Grecs. Ce sont les mêmes que les Arabes appellent Ginn et les Turcs Ginniler. Ils ont gouverné le monde avant le cycle d'Adam, les Diws pendant un règne de mille ans, ensuite les Péris pendant deux mille autres années, sous l'empire de leur souverain monarque Ben Gian. Leur rébellion ayant attiré la colère céleste, Dieu leur envoya, pour les châtier, Éblis qui les vainquit avec leur monarque, et devint lui-même à son tour, par son orgueil révolté, le Satan de l'empire maudit, où il domine toujours dans la théogonie turque. Les génies se divisèrent en deux classes opposées, l'une soumise à son pouvoir ténébreux, l'autre tenant encore aux anges du ciel. Parmi ces derniers se rangent les Péris qui conservèrent leur royaume particulier nommé le Ginnistan, sorte de jardin féerique. La bibliothèque d'Herbelot, où sont consignés tous ces détails, raconte la charmante tradition qui est un des épisodes romanesques de leurs guerres avec les Diws, et que j'ai retracée dans ma pièce d'ouverture. Toutes ces histoires rappellent les anges déchus de la Bible, les Titans de la fable, et nos légendes fantastiques du moyen âge.

Le puits de Zemzem jouit d'une grande vénération à la Mecque où il est l'objet de la dévotion des pèlerins, à cause de son origine et des vertus bienfaisantes de son eau sacrée dont le Koran recommande l'usage. Les Musulmans prétendent qu'il vient de la source que Dieu fit jaillir en faveur d'Agar et d'Ismaël, lorsque, chassés par Abraham, ils erraient dans le désert. La ville d'Irem a été construite, disent-ils encore, dans la Syrie, par Sched-Ad, ce roi qui envoya Zohak-le-Noir contre Jamschid. Elle disparut aussitôt que son fondateur eut été exterminé avec ses sujets. Parfois ses splendeurs divines apparaissent dans la solitude aux croyants qui la confondent avec l'Éden ou leur Paradis. Sous le kalifat de Moavie, un Arabe du désert, allant chercher son chameau dans la plaine de la ville d'Aden, se vit sans y penser aux portes de cette cité admirable qu'il trouva déserte et dont il rapporta des pierres fines.

La vie de Jamschid présente des rapports singuliers avec celle de Salomon, dans les mêmes contes orientaux : Salomon, comme le roi persan, gouverne les génies et les oiseaux et a tout pouvoir sur les êtres invisibles. Voici une curieuse tradition talmudique où se reproduisent sous d'autres traits les aventures de Jamschid. Salomon avait coutume de laisser chez une de ses femmes, toutes les fois qu'il se rendait au bain, son anneau, l'emblème et l'instrument de sa puissance sur les génies. Un de ces génies parvint à s'en rendre maître et s'assit sur le trône. Salomon, dépossédé de son anneau, perdit son royaume et fut obligé d'errer sur la terre, méconnu et renié de ses sujets, jusqu'à ce que l'anneau, que le démon avait jeté dans la mer, retiré par un pêcheur, lui fit regagner son autorité.

Si je passe de la Perse à l'Inde, non moins riche en métamorphoses miraculeuses, l'une des nombreuses femmes de Wishnou naquit dans une rose, de même que la belle déesse Lakmi avait pour trône un lotus. Dans les cimetières de l'Indoustan, par un touchant contraste, ses guirlandes ornent l'arbrisseau qui indique la place où repose un adorateur de Brama; en Turquie on sculpte une rose sur le tombeau des jeunes filles. J'ai lu que dans certains cantons de l'Allemagne on célèbre, comme dans l'Inde, la fête des roses au mois de mai.

Voici l'imitation de l'ariette de Chanfara sur la jeune Oummou-Amr, sans doute l'une des jeunes filles qu'il a connues pendant son premier séjour chez les Fahmides. Cette ariette porte un cachet qui semble appartenir à sa jeunesse et contraste avec la teinte farouche du Lamyat.

### La jeune fille arabe.

Elle est partie, hélas ! ta gazelle rapide,
La jeune vierge au front timide.
Nul voisin n'a reçu l'adieu de son départ,
Ni son baiser, ni son regard.
Elle a fui, pauvre amant, ta gazelle rapide...
Elle a fui, quand l'espoir se glissait dans ton cœur.
Adieu, bonheur !

Son talisman, pour moi, c'est le charme céleste
Qui pare son maintien sous le voile modeste;
Jamais ses yeux baissés n'attisent le désir.
Puis-je ne pas m'en souvenir ?
L'aspect d'un étranger soudain la fait rougir;
Dans sa honte, elle a peur de vous laisser entendre
Sa voix si tendre.

*Traduction en prose de M. Fresnel.*

« Oummou-Amr s'est décidée à partir ! elle est partie sans avoir dit adieu à ses voisins. — Oummou-Amr t'a quitté, pauvre amant ! alors que ton cœur se livrait au désir... Dis adieu au bonheur.

» Ce qui me charme dans cette fille, c'est qu'en marchant elle ne laisse pas glisser son voile et ne tourne pas la tête à droite ou à gauche. A voir ses yeux attachés à la terre, on dirait qu'elle va cherchant quelque chose qu'elle a laissé tomber en chemin. Si jamais elle ose vous adresser la parole, soyez sûr que la honte l'aura bientôt réduite au silence. »

Je dois donner des renseignements plus précis sur Carûn dont il est parlé dans le poëme de Surate. Les mahométans, comme ils ont fait du prophète Élie Kisrh, le gardien de la fontaine de vie, appellent ainsi Coré qu'ils disent avoir été cousin germain de Moïse. Ce Carûn, selon eux, avait acquis de si grands trésors par le moyen de la chimie, qu'il fallait quarante chameaux pour les porter. Ils le représentent comme le modèle des riches avares, et ils ajoutent qu'il fut englouti tout vivant avec sa famille et ses richesses pour avoir refusé de payer la dîme de ses biens, suivant l'ordre de Moïse. Ce personnage caractéristique est le sujet d'une foule de traditions analogues.

Transportons-nous dans les régions du Nord. Les fata des druides, esprits semblables aux génies de l'Orient et de la Grèce, habitent les forêts, les montagnes et les lacs de la vieille Gaule, et se métamorphosent plus tard en fées, magiciennes ou sorcières. Obéron, Merlin, Urgande, Morgane, Mélusine, rois et reines du monde enchanté, aux histoires merveilleuses, sont consacrés par les nombreux poëmes vulgaires de la chevalerie. Avec ces gracieuses figures contrastent les visions lugubres du sabbat, les Wuivres, dragons féminins, les Goules, habitantes des cimetières, les Psylles et les Vampires qui correspondent aux Gorgones, aux Lamies, aux Diws et aux Djins, êtres cabalistiques des royaumes infernaux. Dans un ordre voisin se placent les Willies, souvent mises en scènes par la littérature contemporaine. Elles offrent des analogies frappantes avec les Kelpies, les Trolles, les Rousalkis, et tous les démons du soir. On sait que les Willies sont des jeunes fiancées mortes abandonnées et qui entraînent dans leurs rondes nocturnes les amants infidèles, objets de leur implacable vengeance. La Grèce moderne est aussi toute pleine de pittoresques fictions, retracées dans ses poésies nationales dont les parties les plus remarquables ont été traduites en prose par M. Fauriel, en vers par M. Népomucène Lemercier, l'illustre auteur d'Agamemnon, qui a, comme Millevoye, de belles inspirations à côté de monotones compositions académiques. Ces chants populaires se rapprochent beaucoup par la forme et la naïveté de ceux des Serviens. On en jugera par les deux myriologues suivants. Le premier, encadré dans une légende servienne, est adressé par une jeune fille à la mémoire de celui qu'elle pleure ; le second, originaire de la Grèce, est improvisé, selon l'usage, par une paysanne grecque sur le corps de son époux.

# LE MONUMENT.

### MYRIOLOGUE.

Tout près de Bude, un troupeau dort à l'ombre ;
Un bloc pesant, tombé des hauts remparts,
Roule écraser sous son fatal décombre
Deux beaux pasteurs et leurs agneaux épars.
L'un des bergers, pleuré par sa famille,
Eut les honneurs d'un superbe convoi ;
L'autre n'avait qu'un cœur de jeune fille
Pour le pleurer. « Malheur ! malheur à moi ! »
Se redisait tristement l'orpheline
En descendant la sanglante colline.
« Malheur, cher Marc, o rayon de mon jour !
Dois-je chanter une hymne à ta louange ?
De bouche en bouche, hélas ! ce chant d'amour
Ira tomber en des lèvres de fange.
Sur le tissu choisi pour me parer,
Dois-je broder ton nom et ton image ?
Mais le tissu pourra se déchirer,
Et ton doux nom s'éteindre avec mon gage.
Sur un feuillet dois-je le consacrer ?
De mains en mains le feuillet de ce livre
Pourra tomber chez un vil possesseur.
Avec moi-même il doit mourir et vivre :
Je veux toujours le garder dans mon cœur. »

---

# LE SONGE.

### MYRIOLOGUE.

Je filais en silence, ô sombre vision !
Un jeune homme terrible, à l'aile déployée,
Apparut menaçant au seuil de la maison.
Debout, il faisait luire une sinistre épée.
« Femme, demanda-t-il, où donc est ton époux ?

— A la maison, lui dis-je. Il boude avec caresses,

Pour endormir ses cris, les onduleuses tresses

Du petit Nikolos dont mes yeux sont jaloux.

N'entre pas! n'entre pas! o jeune homme terrible!

Ton aspect ferait peur à notre pauvre enfant.

Ciel! il voulut entrer, le génie invincible.

Je luttais, mais en vain, sous son bras triomphant.

Dans la triste maison il s'élança rapide

Et frappa ton beau sein malgré mes cris, mes pleurs,

Hélas! il le frappa de son glaive homicide

Et menaçait encor notre enfant, ô douleurs! »

Je finirai par une observation générale touchant les diverses poésies dont je donne des imitations. Les exemples que j'en ai cités sont choisis comme les plus originaux, les plus capables d'en faire comprendre le genre et l'essence. Mon ouvrage, circonscrit dans son ensemble idéal, ne saurait pas plus être une chrestomathie littéraire universelle qu'une mythologie encyclopédique, monuments à élever dans un autre ordre et dont il indique les perspectives. Du reste, la plupart de ces poésies, soit indiennes ou persanes, soit scandinaves ou serviennes, etc., ne seraient point goûtées parmi nous, hors du monde savant et lettré, dans des traductions complètes et littérales. La différence du génie des langues, des mœurs et des climats, enfin des notions de l'art, est trop grande pour ne pas y blesser souvent nos esprits ou notre délicatesse. Mais elles se distinguent, en revanche, par des traits pittoresques, par des fictions neuves, par des tableaux imprévus, où brille la nature vivante et primitive, cet inappréciable modèle. Voilà les beautés ou plutôt le soleil dont je voudrais communiquer les rayons à notre littérature, abâtardie au milieu des convulsions de la forme et de la pensée. Entre la sphère nuageuse du bizarre et le monotone domaine de la rhétorique, sont assises de nobles fées, aux chants harmonieux.

## Principaux ouvrages consultés par l'auteur.

La Bibliothèque orientale d'Herbelot; — le Schah-Nameh, livre des rois persans, par Firdouzi, trad. en prose par M. Mohl; — les Livres sacrés de l'Orient, trad. par M. Pauthier; — les OEuvres de Vali, poète indoustan, trad. en prose par M. Garcin de Tassy; — la Bibliographie indoustani, du même auteur; — l'Edda de Saëmund, trad. par M. Mallet; — Chrestomathie arabe, par M. S. de Sacy; — le Poëme des Niebelungen, trad. en prose par madame Ch. Moreau de la Meltière; — l'Essai d'histoire universelle, par M. Boulland; — Voyage dans l'Océanie, par M. Domeny de Rienzi; — Lettres sur les Arabes avant l'Islamisme, par M. Fresnel; — l'Histoire des Gaules, par M. Amédée Thierry; — la Biographie universelle de M. Michaud; — la Mythologie pittoresque de M. Odolant-Desnos; — les Chants populaires du Nord, trad. en prose par M. X. Marmier; — les Chants populaires de l'Allemagne, trad. en prose par M. Séb. Albin; — les Chants populaires de la Grèce moderne, trad. en prose par M. Fauriel — les Chants populaires des Serviens, trad. en prose par madame Élise Voïard.

# TABLE DES MATIÈRES.

|  | pages |
|---|---|
| Introduction. | 1 |
| Les Diws et les Péris, branche de corail, à Lucia. | VII |

### FÉERIES DE L'ORIENT.

| | |
|---|---|
| La coupe de Jamschid, légende persane. | 3 |
| Plaintes d'Arnevas et de Scherinas, suite de la légende. | 19 |
| Zohak enchaîné, fin de la légende. | 23 |
| La clé, gazal. | 29 |
| La Péri, vision du poète. | 33 |
| Mored et Narva, épisode africain. | 39 |
| La rose, gazal. | 49 |
| La caravane, chant des pèlerins. | 53 |
| Les bergères de Krisna, églogue indienne. | 61 |
| La romance du Bougui, océanide. | 69 |
| Le chant des bayadères. | 73 |
| Notice sur l'Arabe Chanfara. | 77 |
| Lamyat-el-arab, poème de Chanfara. | 85 |
| Le lotus, gazal. | 97 |
| Le poème de Surate, imité de Vali. | 101 |
| L'ange déchu, légende biblique. | 107 |
| La fleur du Xénil, romance moresque. | 113 |
| Le vœu d'Hassan, romance turque. | 117 |
| La vision du voyageur, légende arabe. | 121 |
| L'émeraude et le colibri, haïtienne. | 129 |
| Le chant du phénix. | 133 |

### FÉERIES DU NORD.

| | |
|---|---|
| L'ondine, ballade. | 139 |
| La nuit et le jour, harpe éolienne. | 145 |
| La druidesse, poème celte en trois parties. | 149 |
| Chanson de la neige. | 165 |
| La colline des Elfes. | 171 |
| Le chant de Thrym ou le marteau de Thor. | 179 |
| Le pouvoir des Runes. | 189 |
| Le Viking, histoire d'un pirate. | 193 |
| Féeries marines. { Le chant du Trolle. | 205 |
| La Harpe merveilleuse. | 207 |
| La Valkirie et le guerrier. | 209 |
| L'épée de Rolland, chœur des esprits de la montagne. | 215 |
| Le Sylphe et le Gnome. | 219 |
| Harpe boréale. { La coupe du Scandinave. | 231 |
| Les Kelpies. | 233 |
| La romance du Kosak. | 235 |
| Adieu de la jeune Slave. | 237 |

|  |  |  |
|---|---|---|
| Ballades serviennes. | La marjolaine . . . . . . . . . . . | 24 |
|  | Le joueur de tympanon et la Wila. . . . . . . | 242 |
|  | La jeune fille sur le champ de bataille. . . . | 245 |

Le rosier pourpré, myriologue. . . . . . . . . . . . . 248
La danse des morts, légende du moyen âge. . . . . . . 249
La fleur magique. . . . . . . . . . . . . . . . . . . 257
L'ange repentant, épisode de l'enfer. . . . . . . . . 261

|  |  |  |
|---|---|---|
| Féeries nocturnes. | La reine des Elfes. . . . . . . . | 271 |
|  | Le chant des fées. . . . . . . . . | 272 |

Ballade à Lucia. . . . . . . . . . . . . . . . . . . 273
Additions aux notices. . . . . . . . . . . . . . . . 275

|  |  |  |
|---|---|---|
| Myriologues. | Le monument. . . . . . . . . . . . | 277 |
|  | Le songe. . . . . . . . . . . . . | 278 |

## TABLE DES LITHOGRAPHIES.

Frontispice.
Jamschid et ses filles. . . . . . . . . . . . . . . . 14
Blasphème de Jamschid. . . . . . . . . . . . . . . . 17
Zohak enchaîné. . . . . . . . . . . . . . . . . . . . 25
La Péri. . . . . . . . . . . . . . . . . . . . . . . 35
La prêtresse africaine. . . . . . . . . . . . . . . . 41
Offrande de Mored. . . . . . . . . . . . . . . . . . 45
Sacrifice de Mored et de Narva. . . . . . . . . . . . 48
Les pèlerins de la Mecque. . . . . . . . . . . . . . 55
Les bergères de Krisna. . . . . . . . . . . . . . . . 65
Le départ du Bougui. . . . . . . . . . . . . . . . . 71
Les bayadères. . . . . . . . . . . . . . . . . . . . 76
Les adieux de Chanfara. . . . . . . . . . . . . . . . 84
Expédition nocturne de Chanfara. . . . . . . . . . . 93
Vue de Surate. . . . . . . . . . . . . . . . . . . . 103
L'ange déchu. . . . . . . . . . . . . . . . . . . . . 112
La caravane fantastique. . . . . . . . . . . . . . . 125
L'ondine. . . . . . . . . . . . . . . . . . . . . . . 141
Incantation de la Druidesse (1re partie). . . . . . . 153
La Druidesse et le Scalde (2e partie). . . . . . . . 157
Les Elfes et le chasseur. . . . . . . . . . . . . . . 173
Thor et Freya. . . . . . . . . . . . . . . . . . . . 181
Les fiançailles du Viking. . . . . . . . . . . . . . 197
La Valkyrie et le guerrier . . . . . . . . . . . . . 211
Le Sylphe et le Gnome. . . . . . . . . . . . . . . . 223
Les Kelpies. . . . . . . . . . . . . . . . . . . . . 233
Le Léchie et la Rousalkis. . . . . . . . . . . . . . 237
La Wila. . . . . . . . . . . . . . . . . . . . . . . 244
La danse des morts. . . . . . . . . . . . . . . . . . 251
La magicienne. . . . . . . . . . . . . . . . . . . . 259
L'ange repentant. . . . . . . . . . . . . . . . . . . 263
La reine des fées. . . . . . . . . . . . . . . . . . 271

FIN DU VOLUME.

www.ingramcontent.com/pod-product-compliance
Lightning Source LLC
Chambersburg PA
CBHW050731170426
43202CB00013B/2255